·四川大学精品立项教材·

《思想道德与法治》
学生学习指导

主　编　李辽宁　郭绍均
副主编　陈　青　谢卫东

四川大学出版社
SICHUAN UNIVERSITY PRESS

图书在版编目(CIP)数据

《思想道德与法治》学生学习指导 / 李辽宁，郭绍均主编. -- 成都：四川大学出版社，2024.7. -- （四川大学精品立项教材）. -- ISBN 978-7-5690-6999-0

Ⅰ.G641.6；D920.4

中国国家版本馆CIP数据核字第2024R0N133号

书　　名：《思想道德与法治》学生学习指导
　　　　　《Sixiang Daode yu Fazhi》 Xuesheng Xuexi Zhidao
主　　编：李辽宁　郭绍均
丛 书 名：四川大学精品立项教材

选题策划：徐丹红
责任编辑：徐丹红
责任校对：周　颖
装帧设计：墨创文化
责任印制：王　炜

出版发行：四川大学出版社有限责任公司
　　　　　地址：成都市一环路南一段24号（610065）
　　　　　电话：（028）85408311（发行部）、85400276（总编室）
　　　　　电子邮箱：scupress@vip.163.com
　　　　　网址：https://press.scu.edu.cn
印前制作：四川胜翔数码印务设计有限公司
印刷装订：成都金龙印务有限责任公司

成品尺寸：185mm×260mm
印　　张：15
字　　数：400千字

版　　次：2024年7月 第1版
印　　次：2024年7月 第1次印刷
定　　价：45.00元

本社图书如有印装质量问题，请联系发行部调换
版权所有 ◆ 侵权必究

扫码获取数字资源

四川大学出版社
微信公众号

编写说明

根据 2020 年 12 月中宣部、教育部颁发的《新时代学校思想政治理论课改革创新实施方案》，原面向全国高校一年级学生开设的思想政治理论课"思想道德修养与法律基础"调整为"思想道德与法治"，全国统编教材也相应地做了修订。2021 年 8 月，按照课程新方案，我们对原课程配套教学参考用书《〈思想道德修养与法律基础〉学生学习手册》（第八版）作了较大篇幅的修改，并更名为《〈思想道德与法治〉学生学习手册》。在此基础上，我们根据党的二十大报告和习近平总书记关于思政课建设的重要论述，分别于 2022 年和 2023 年对部分内容进行了修订。今年，为深入学习贯彻习近平总书记关于学校思政课最新重要指示精神，贯彻落实新时代学校思政课建设推进会精神，我们再次对本书内容进行了充实和改进，同时将书名调整为《〈思想道德与法治〉学生学习指导》。

本书仍然沿用之前的编写体例。依据教材内容顺序，分为七个部分（绪论，第一章至第六章），每个部分设八个专栏。"重点难点问题解析"对各章的重点、难点问题做了详尽的分析，同时根据中央文件对部分表述进行了优化，帮助学生进一步理解教材内容。"文献阅读"提供了与教学内容有关的重要文献文本，以方便学生学习。"学者论坛"介绍了国内外学者对相关问题的研究成果，以引导学生对问题进行深入思考。"管中窥豹"是教材内容的延伸，帮助学生从不同的视角加深理解教材所涉及的知识和理论。"撷英荟萃"则撷取了与各章内容相关的名人名言、格言警句，这些智慧的精华能带来心灵的启迪。"扩展阅读"精心选择了可供课外学习的书目，并且说明了推荐理由。"案例讨论"中选择了生活中鲜活的事例，使课堂学习与现实更紧密地联系起来，为案例教学提供素材。"实践方案"为学生在第二课堂的学习实践提供指导。为了帮助学生掌握研究型学习的一些基本方法，更好地完成"实践方案"的任务，本书还简要介绍了社会调查的方法和研究报告（研究论文）的写作方法作为"附录"。另外，每章的"思考与练习"，为学生课后复习提供了方便。

本次修订，在"文献阅读"中新增了习近平总书记近年来的部分重要讲话的节选、《新时代公民道德建设实施纲要》的节选，以及党的二十大报告的节选，为习近平新时代中国特色社会主义思想进教材、进课堂、进头脑进一步奠定了基础。在"案例讨论"中，新增了习近平总书记青年时期工作学习的片段。思想政治理论课必须不断与时俱进、体现马克思主义中国化最新理论成果。因此，在本书的其他专栏中，我们也尽可能地使用了最新的研究成果和贴近大学生实际的材料。

本书是四川大学思想政治理论课教育教学改革的成果，期望能够对"思想道德与法治"课程教学质量的不断提升有所助益。本书可以为任课教师教学提供材料、案例，也可以为学生课后自主学习以及实践提供参考。

本书编写组
2024 年 7 月

目　　录

绪论　担当复兴大任　成就时代新人 …………………………………………（1）
　【重点难点问题解析】……………………………………………………………（1）
　　一、大学生为什么要学习"思想道德与法治"课程？……………………（1）
　　二、如何理解中国特色社会主义新时代？………………………………（2）
　　三、当代大学生的历史使命和成才目标是什么？………………………（3）
　　四、如何理解"时代新人"？………………………………………………（4）
　　五、如何理解新时代、新发展阶段与新征程？……………………………（4）
　　六、怎样理解思想道德素质与法律素质的关系？………………………（5）
　　七、什么是新质生产力？…………………………………………………（5）
　【文献阅读】………………………………………………………………………（6）
　　在纪念五四运动100周年大会上的讲话（节选）………………………（6）
　　坚持党的领导传承红色基因扎根中国大地　走出一条建设中国特色世界一流
　　　大学新路（节选）…………………………………………………………（8）
　【学者论坛】………………………………………………………………………（10）
　　深刻理解中国特色社会主义进入新时代…………………………………（10）
　　大学的观念（节选）………………………………………………………（12）
　【管中窥豹】………………………………………………………………………（15）
　　让法安天下，德润人心……………………………………………………（15）
　　向新质生产力要增长新动能（节选）……………………………………（16）
　【撷英荟萃】………………………………………………………………………（18）
　【扩展阅读】………………………………………………………………………（19）
　【案例讨论】………………………………………………………………………（19）
　　在脱贫攻坚第一线谱写新时代青春之歌…………………………………（19）
　　中国最牛高校优秀生，你服不？…………………………………………（22）
　【实践方案】………………………………………………………………………（24）
　　方案1　我的大学——参观校史馆
　　方案2　名师访谈……………………………………………………………（24）
　　方案3　学长访谈……………………………………………………………（25）

第一章　领悟人生真谛　把握人生方向 ………………………………………（26）
　【重点难点问题解析】……………………………………………………………（26）
　　一、什么是人的本质？怎样理解马克思关于人的本质的论述？………（26）

1

二、如何正确理解个人与社会的关系？……………………………………………（27）
　　三、什么是人生观？如何理解人生目的、人生价值、人生态度的关系？………（28）
　　四、人生价值评价的标准和正确方法是什么？…………………………………（29）
　　五、新时代的大学生怎样才能成就出彩人生？…………………………………（30）
【文献阅读】………………………………………………………………………………（31）
　　在庆祝中国共产主义青年团成立100周年大会上的讲话（节选）……………（31）
　　新时代的中国青年（节选）………………………………………………………（32）
【学者论坛】………………………………………………………………………………（35）
　　马克思与我们………………………………………………………………………（35）
　　人生的境界…………………………………………………………………………（37）
【管中窥豹】………………………………………………………………………………（38）
　　新时代 我们如何学雷锋…………………………………………………………（38）
　　人工智能与马克思人的本质的"新确证"………………………………………（40）
【撷英荟萃】………………………………………………………………………………（42）
【扩展阅读】………………………………………………………………………………（43）
【案例讨论】………………………………………………………………………………（44）
　　在奋斗征程上担当历练奉献青春力量……………………………………………（44）
　　申纪兰："勿忘人民、勿忘劳动"………………………………………………（48）
【实践方案】………………………………………………………………………………（51）
　　方案1　寻找身边的学术"男神、女神"………………………………………（51）
　　方案2　大学生人生观现状的调查………………………………………………（51）
　　方案3　我是一名"调解员"……………………………………………………（51）

第二章　追求远大理想　坚定崇高信念……………………………………………（52）
【重点难点问题解析】……………………………………………………………………（52）
　　一、理想信念对于大学生成长成才有什么意义？………………………………（52）
　　二、为什么要信仰马克思主义？…………………………………………………（53）
　　三、为什么要增强对中国特色社会主义的信念？………………………………（53）
　　四、如何认识理想与现实的关系？………………………………………………（54）
　　五、如何认识个人理想与社会理想的关系？……………………………………（55）
【文献阅读】………………………………………………………………………………（55）
　　在纪念马克思诞辰200周年大会上的讲话（节选）……………………………（55）
　　青年在择业时的考虑（节选）……………………………………………………（58）
【学者论坛】………………………………………………………………………………（60）
　　把中国式现代化宏伟事业不断推向前进…………………………………………（60）
【管中窥豹】………………………………………………………………………………（63）
　　习近平：正确理解和大力推进中国式现代化……………………………………（63）
【撷英荟萃】………………………………………………………………………………（65）
【扩展阅读】………………………………………………………………………………（66）

【案例讨论】…………………………………………………………………(68)
  难忘梁家河：习近平的知青岁月……………………………………(68)
  让中国人千年登月梦在我们手中实现………………………………(70)
【实践方案】…………………………………………………………………(72)
  方案1 我的人生理想………………………………………………(72)
  方案2 成功的秘诀——成功人士访谈………………………………(73)
  方案3 参观当地革命历史纪念场馆………………………………(73)

第三章 继承优良传统 弘扬中国精神 ……………………………(74)
【重点难点问题解析】………………………………………………………(74)
  一、什么是中国精神？怎样理解中国精神的丰富内涵？……………(74)
  二、怎样理解中国精神是民族精神和时代精神的统一？……………(75)
  三、爱国主义的基本内涵是什么？……………………………………(76)
  四、如何做新时代的忠诚爱国者？……………………………………(77)
  五、为什么实现中国梦必须弘扬中国精神？…………………………(78)
  六、大学生如何走在改革创新的时代前列？…………………………(78)
【文献阅读】…………………………………………………………………(79)
  习近平关于中国精神、传统文化等的重要论述摘编…………………(79)
【学者论坛】…………………………………………………………………(91)
  中华民族现代文明以中华优秀传统文化为思想根基…………………(91)
  铸就中国共产党人的精神谱系，提升中华民族的精神境界…………(91)
  中华民族最根本的精神基因……………………………………………(93)
  尊重、传承和创新中华文化是当代中华爱国主义的重要使命………(94)
  如何理解提升国家创新体系整体效能？………………………………(96)
  为什么增强自主创新能力要加强基础研究？…………………………(97)
【管中窥豹】…………………………………………………………………(98)
  伟大建党精神：中国共产党的精神之源………………………………(98)
【撷英荟萃】…………………………………………………………………(102)
【扩展阅读】…………………………………………………………………(103)
【案例讨论】…………………………………………………………………(104)
  徐僖：探寻高分子材料的世界…………………………………………(104)
  大地之子黄大年…………………………………………………………(105)
【实践方案】…………………………………………………………………(109)
  方案1 参观爱国主义教育基地………………………………………(109)
  方案2 我们都是一家人…………………………………………………(110)
  方案3 说说我的家乡美…………………………………………………(110)

第四章 明确价值要求 践行价值准则 ……………………………(111)
【重点难点问题解析】………………………………………………………(111)
  一、如何理解社会主义核心价值观的科学内涵？……………………(111)

二、如何理解社会主义核心价值观的渊源根据? ……………………………………(112)
　　三、如何理解培育和践行社会主义核心价值观的重大意义? ……………………(113)
　　四、社会主义核心价值观的践行要求是什么? ……………………………………(114)
【文献阅读】………………………………………………………………………………(115)
　　青年要自觉践行社会主义核心价值观(节选) ……………………………………(115)
【学者论坛】………………………………………………………………………………(118)
　　把握核心价值体系与核心价值观的辩证关系 ……………………………………(118)
　　社会主义核心价值观培育和践行的着力点 ………………………………………(120)
【管中窥豹】………………………………………………………………………………(122)
　　深刻认识全人类共同价值与社会主义核心价值观的辩证关系 …………………(122)
　　论普世价值与价值共识 ……………………………………………………………(124)
【撷英荟萃】………………………………………………………………………………(128)
【扩展阅读】………………………………………………………………………………(129)
【案例讨论】………………………………………………………………………………(130)
　　习近平的青年志:中国梦属于青年一代 …………………………………………(130)
　　黄大发:绝壁凿"天渠"壮志凌山河 ……………………………………………(132)
　　高某考试作弊,学校不授予学位,法院支持谁? ………………………………(136)
【实践方案】………………………………………………………………………………(137)
　　方案1　弘扬社会主义核心价值观主题演讲比赛 ………………………………(137)
　　方案2　先进模范人物访谈 ………………………………………………………(137)
　　方案3　"社会主义核心价值观我践行"微视频大赛 …………………………(137)

第五章　遵守道德规范　锤炼道德品格 ……………………………………………(139)
【重点难点问题解析】……………………………………………………………………(139)
　　一、如何正确认识道德的起源和本质? ……………………………………………(139)
　　二、怎样理解为人民服务是社会主义道德的核心? ………………………………(141)
　　三、怎样理解集体主义是社会主义道德的原则? …………………………………(142)
　　四、如何推动中华传统美德的创造性转化与创新性发展? ………………………(143)
　　五、如何认识中国革命道德的当代价值? …………………………………………(144)
　　六、当代公共生活有哪些特征? 公共生活为什么需要公共秩序? ………………(145)
　　七、大学生应当树立怎样的择业观和创业观? ……………………………………(145)
　　八、爱情的本质是什么? 大学生应树立怎样的恋爱观? …………………………(146)
　　九、大学生如何通过参与道德实践引领社会风尚? ………………………………(147)
【文献阅读】………………………………………………………………………………(147)
　　党的二十大报告(节选) ……………………………………………………………(147)
　　新时代公民道德建设实施纲要(节选) ……………………………………………(148)
【学者论坛】………………………………………………………………………………(150)
　　弘扬传统美德　创建美好生活 ……………………………………………………(150)
　　接好新时代公民道德建设的"地气" ……………………………………………(152)

【管中窥豹】……………………………………………………………………………………(154)
　　让世界看到自信从容的中国——从北京冬奥会看文化自信……………………(154)
【撷英荟萃】……………………………………………………………………………………(155)
【扩展阅读】……………………………………………………………………………………(157)
【案例讨论】……………………………………………………………………………………(158)
　　抗疫一线医务人员英雄群体：大医精诚写大义……………………………………(158)
　　"高光"下的"守常"人生……………………………………………………………(160)
　　镜头内造"人设"，镜头外丢公德……………………………………………………(162)
【实践方案】……………………………………………………………………………………(164)
　　方案1　辩论赛……………………………………………………………………………(164)
　　方案2　社会公德现状调查………………………………………………………………(164)
　　方案3　大学生恋爱观调查………………………………………………………………(164)
　　方案4　自主创业大学毕业生访谈………………………………………………………(165)

第六章　学习法治思想　提升法治素养 …………………………………………(166)
【重点难点问题解析】…………………………………………………………………………(166)
　　一、如何理解法和法律？…………………………………………………………………(166)
　　二、我国社会主义法律的本质特征是什么？……………………………………………(167)
　　三、怎样理解习近平法治思想是全面依法治国的根本遵循？…………………………(167)
　　四、怎样理解党的领导和依法治国的关系？……………………………………………(168)
　　五、怎样理解我国宪法的基本原则？……………………………………………………(169)
　　六、怎样理解法治思维的内涵？…………………………………………………………(170)
　　七、怎样理解法律权利和法律义务的概念？……………………………………………(171)
　　八、怎样理解"依法行使法律权利"？…………………………………………………(172)
【文献阅读】……………………………………………………………………………………(172)
　　坚持走中国特色社会主义法治道路　更好推进中国特色社会主义法治体系建设
　　　（节选）………………………………………………………………………………(172)
　　高举中国特色社会主义伟大旗帜　为全面建设社会主义现代化国家而团结奋斗
　　　（节选）………………………………………………………………………………(175)
【学者论坛】……………………………………………………………………………………(176)
　　以习近平法治思想为指导推进法治中国建设……………………………………………(176)
　　以中国式法治现代化全面推进法治中国建设（节选）…………………………………(180)
【管中窥豹】……………………………………………………………………………………(182)
　　法治思维及其养成………………………………………………………………………(182)
【撷英荟萃】……………………………………………………………………………………(183)
【扩展阅读】……………………………………………………………………………………(184)
【案例讨论】……………………………………………………………………………………(185)
　　"自甘风险"案……………………………………………………………………………(185)
　　骚扰女同事被开除向公司索赔案…………………………………………………………(186)

女大学毕业生参与电信诈骗向被害人预警案 …………………………………… (187)
【实践方案】 …………………………………………………………………………… (188)
  方案1 法律知识竞赛 ……………………………………………………………… (188)
  方案2 旁听法庭审判 ……………………………………………………………… (189)
  方案3 法治宣传志愿者 …………………………………………………………… (189)
  方案4 制定"班规" ……………………………………………………………… (189)

附录1 社会调查的方法 ……………………………………………………………… (191)
附录2 怎样撰写研究报告 …………………………………………………………… (198)
 【思考与练习】 绪论 担当复兴大任 成就时代新人 ……………………… (201)
 【思考与练习】 第一章 领悟人生真谛 把握人生方向 ……………………… (203)
 【思考与练习】 第二章 追求远大理想 坚定崇高信念 ……………………… (207)
 【思考与练习】 第三章 继承优良传统 弘扬中国精神 ……………………… (211)
 【思考与练习】 第四章 明确价值要求 践行价值准则 ……………………… (215)
 【思考与练习】 第五章 遵守道德规范 锤炼道德品格 ……………………… (219)
 【思考与练习】 第六章 学习法治思想 提升法治素养 ……………………… (223)

后 记 …………………………………………………………………………………… (227)

绪论　担当复兴大任　成就时代新人

重点 难点 问题解析

一、大学生为什么要学习"思想道德与法治"课程？

当代大学生是改革开放后成长起来的一代青年，其成长过程正好与我国社会急剧变革、中国特色社会主义事业快速发展的进程同步，大学生必将承担起继往开来、将这一伟大事业继续推向前进的历史使命。要成为堪当重任的栋梁之材，除了要具备扎实深厚的科学文化知识和素养，同时还需要具备良好的思想道德素质与法律素质。大学一年级开设的《思想道德修养与法律基础》课程，其目的就是要在同学们进入大学学习生活之初，引导大家思考自己新的身份，树立正确的世界观、人生观、价值观、道德观和法治观，逐步完成自我角色的转换和定位，从而正确认识大学和社会，成为一名合格的大学生，走上成长成才的正确道路。

《思想道德与法治》是高校思想政治理论课中的第一门。学习本课程能够从哪些方面帮助大学生提高自身思想道德素质和法律素质呢？

第一，学习本课程有助于大学生了解党和国家对大学生在思想、政治、道德和法律素质等方面的要求，明确自己努力的方向。许多同学对大学学习生活不了解、不适应，不知道自己现在要干什么，更没有认真思考过辛辛苦苦考上大学的目的和意义，因此会产生迷茫和困惑。通过学习本课程，能够帮助同学们认识我们今天所处的时代环境的特征，了解党和人民对大学生的期望和要求，认清现实，确立新的人生方向和目标，为大学阶段的学习和发展找到强劲持久的动力。

第二，本课程将带领同学们思考人生目的、人生态度、人生价值等重要的人生课题，帮助同学们学会反思自己的生活，并追求有意义的生存方式。本课程将为同学们提供一个思考和讨论的平台，让同学们能够有机会对身边的事物和社会生活中的有关现象进行分析、思考，建立起认识主客观世界的正确方法，用正确的世界观、人生观、价值观指导自己的人生实践，为成为合格的社会公民和栋梁之材奠定良好的思想基础。

第三，通过本课程的学习，帮助同学们提高思想道德素质与法律素养，成为有道德的、遵纪守法的公民并成才立业。人才素质不仅指文化素质，还包括思想政治素质、审美素质、法律素质等，而道德素质是综合素质的核心。一个有能力有理想的人，必须首先是一个有道德的、遵纪守法的人，才能确保正确的行为目标和行动方向。所谓现代社会与和谐社会，都离不开完善、有效的社会规则，这就要求社会成员养成自觉遵守规则的意识和习惯。学习道德知识能帮助大家思考和认识应该做什么样的人以及怎样做人，学习法律知识能帮助大家认识应该做什么或不应该做什么。通过本课程学习，了解社会道德、法律规范并用以指导和约束自己的行为，形成正确的道德观和法治观，是大学生走向社会、成为合格建设者和接班人的必备条件。

二、如何理解中国特色社会主义新时代？

习近平同志在党的十九大报告中指出："中国特色社会主义进入了新时代"。这是对我国发展新的历史方位的科学判断。这一重大政治论断，是在科学地把握时代趋势和国际局势重大变化，科学把握世情、国情、党情深刻变化的基础上做出的，有着充分的时代依据、理论依据和实践依据。这一重大政治论断，为我们认识和把握当代中国社会发展变革的新特征，认识历史新使命，明确新任务提供了时代坐标和科学依据。

1. "中国特色社会主义进入了新时代"重大论断的依据

一是中国特色社会主义进入了新的发展阶段。改革开放 40 年来尤其是党的十八大以来，以习近平同志为核心的党中央领导人民取得改革开放和社会主义现代化建设的历史性成就，发展站到了新的历史起点上，发展的环境和条件有了重大变化，对发展水平和质量有了比以往更高的要求。

二是我国社会主要矛盾发生了新的变化。社会主要矛盾状况及其变化是社会发展阶段性划分的重要依据。党的十九大提出，我国社会主要矛盾已经由人民日益增长的物质文化需要同落后的社会生产之间的矛盾，转化为人民日益增长的美好生活需要和不平衡不充分的发展之间的矛盾。我国社会主要矛盾发生的变化，将对我国发展全局产生广泛而深刻的影响。

三是历史交汇期新的奋斗目标。从党的十九大到党的二十大，是"两个一百年"奋斗目标的历史交汇期，我们既要全面建成小康社会、实现第一个百年奋斗目标，又要乘势而上开启全面建设社会主义现代化国家新征程，向第二个百年奋斗目标进军。党的十九大又将实现第二个百年奋斗目标分为两个阶段安排，不仅使实现"两个一百年"奋斗目标的路线图、时间表更加清晰，而且意味着原定我国基本实现现代化的目标将提前 15 年完成，第二个百年奋斗目标则充实提升为全面建成社会主义现代化强国。

四是我国国际环境发生的新变化。世界正处于大发展大变革大调整时期，我国发展仍处于重要战略机遇期和历史机遇期。当代中国已不再是国际秩序的被动接受者，而是积极的参与者、建设者、引领者。中国日益走近世界舞台中央，世界对中国的关注，从未像今天这样广泛、深切、聚焦；中国对世界的影响，也从未像今天这样全面、深刻、长远。同时挑战也十分严峻，外部环境更加复杂，一些势力对我国的阻遏、忧惧、施压不断增大。

2. 新时代的丰富内涵

这个新时代，是承前启后、继往开来、在新的历史条件下继续夺取中国特色社会主义伟大胜利的时代。在中国特色社会主义新时代，我们党治国理政第一位的任务，就是紧紧围绕坚持和发展中国特色社会主义这个主题，团结带领人民奋力实现"两个一百年"奋斗目标，谱写中国特色社会主义新的伟大篇章，让社会主义在中国展现出更加强大的生命力。

这个新时代，是决胜全面建成小康社会，进而全面建设社会主义现代化强国的时代。党的十九大围绕实现"两个一百年"奋斗目标，对经济建设、政治建设、文化建设、社会建设、生态文明建设等作出战略部署。到 2020 年如期全面建成小康社会，是党向人民、向历史作出的庄严承诺，因此，坚忍不拔、锲而不舍地为全面建成小康社会、全面建成社会主义现代化强国而奋斗，是新时代的必然要求和历史任务。

这个新时代，是全体中华儿女勠力同心、奋力实现中华民族伟大复兴中国梦的时代。实现中华民族伟大复兴，是近代以来中国人民最伟大的梦想，凝聚了几代中国人的夙愿。

这个新时代，是我国日益走近世界舞台中央、不断为人类作出更大贡献的时代。面对国际格局和国际关系的深度调整，面对局部冲突和动荡频发、人类需要应对许多共同挑战的外部环境，我们必须统筹国内国际两个大局，始终高举和平、发展、合作、共赢的旗帜，恪守维护世界和平、促进共同发展的外交政策宗旨，牢牢把握构建人类命运共同体的目标追求，始终不渝走和平发展道路、奉行互利共赢的开放战略，坚持正确义利观，树立共同、综合、合作、可持续的新安全观，谋求开放创新、包容互惠的发展前景，促进和而不同、兼收并蓄的文明交流，始终做世界和平的建设者、全球发展的贡献者、国际秩序的维护者。

3. 新时代的重大意义

党的十九大用"三个意味着"，对中国特色社会主义进入新时代的重大意义作出了高度概括。

第一，中国特色社会主义进入新时代，意味着近代以来久经磨难的中华民族迎来了从站起来、富起来到强起来的伟大飞跃，迎来了实现中华民族伟大复兴的光明前景。

第二，中国特色社会主义进入新时代，意味着科学社会主义在21世纪的中国焕发出强大生机活力，在世界上高高举起了中国特色社会主义伟大旗帜。

第三，意味着中国特色社会主义道路、理论、制度、文化不断发展，拓展了发展中国家走向现代化的途径，给世界上那些既希望加快发展又希望保持自身独立性的国家和民族提供了全新选择，为解决人类问题贡献了中国智慧和中国方案。

中国特色社会主义进入新时代，对党和国家工作提出了许多新要求。要有更高的境界、更强的本领、更优的作风、更好的精神状态，积极主动顺应、锐意开拓进取，创造无愧于新时代的新成就。

三、当代大学生的历史使命和成才目标是什么？

新时代是属于奋斗者的，也是属于青年一代的。当代大学生是继往开来的一代，是需要迎接挑战的一代。中国特色社会主义新时代的历史定位造就了当代大学生不同寻常的历史使命。当代大学生承担着建设中国特色社会主义，实现中华民族伟大复兴的历史使命。这需要同学们面对世界科技文化的发展，应付复杂多变的国际环境，承担新阶段下我国发展的新任务。大学生要以民族复兴为己任，做有理想有本领有担当的时代新人。

要有崇高的理想信念，牢记使命、自信自励。人生之路是奋斗出来的，而奋斗须由理想信念指引。当代青年应当站在世界与历史的高度，以更宽广的胸怀，坚定对中国特色社会主义的道路自信、理论自信、制度自信与文化自信。新时代的青年人，是中国梦的实践者，亦将是中华民族伟大复兴的亲历者与见证者，只有树立坚定的理想信念，才能在滚滚洪流中保持青年人的赤诚本色，完成历史所赋予的光荣使命。

要有高强的本领才干，勤奋学习，全面发展。人生之路是走出来的，青春是用来奋斗的。青年人不仅要有坚定的信念，还要有脚踏实地的执行力、行动力。现代社会对人才素质的要求是专精攻，要求人才具备多方面的才能。因此，大学生需要在学习过程中加深专业素养，提高创新创造能力，培养独立解决问题的能力，努力成为全面发展的时代新人。

要有天下兴亡、匹夫有责的担当精神，讲求奉献，实干进取。大学生要明确自己肩负的历史使命和社会责任，将个人发展与国家民族的发展紧紧联系起来，在为祖国建功立业的奋斗中实现自己的人生价值。成为一个有担当的人，不仅意味着做自己能力范围内可以做的事，更意味着明确并且愿意承担责任及行为的后果。大学生要自觉地培养国家意识、民族意识、公民意识、法治意识等，不断提高自己的道德素养，在实践中历练，在奉献社会中成长成才。

四、如何理解"时代新人"？

《中共中央关于党的百年奋斗重大成就和历史经验的决议》指出："党和人民事业发展需要一代代中国共产党人接续奋斗，必须抓好后继有人这个根本大计。""时代新人"正是对这一根本大计方针目标的具体体现。围绕民族复兴、国家富强的历史任务，广大青年应当积极投身到全面建成社会主义现代化强国的时代浪潮中，明大德、成大才、担大任，让青春之光融入中国式现代化建设中。纵观中国共产党的百年教育理念，"新人"理念可以上溯至从抗日救国时期的"无产阶级革命新人"。随着时代演进与国情变化，我们党在不同历史时期还分别提出过"社会主义新人""四有新人""四个新一代"等"新人"理念。可以说，在不同历史时期，我们党都把引领广大青年将自身成长与国家建设与民族复兴紧密结合起来视为人才培养的核心。在进入新时代之后，围绕"为谁培育人，培育什么人，怎样培育人"，培养有理想、有本领、有担当的时代新人成为对"新人"的最新诠释。这意味着，广大青年需从理想信念、精神品质、本领才干和价值追求上提升自己的思想觉悟与时代责任感。正如习近平总书记所说："青年一代有理想、有担当，国家就有前途，民族就有希望，实现我们的发展目标就有源源不断的强大力量。"争做时代新人既是新时代对广大青年的热烈召唤，也是广大青年的引路明灯。只有将个人前途融入国家、民族的发展，青春之花才能绚丽绽放。

五、如何理解新时代、新发展阶段与新征程？

党的十九大报告提出中国特色社会主义进入新时代这一时代命题。这一时代命题以中国社会主义建设的历史经验与时代机遇为契机，基于对新时代发展特征的精准定位与对中华民族伟大复兴这一历史使命的准确把握，提出到2035年基本实现社会主义现代化，到21世纪中叶，把我国建设成为一个富强民主文明和谐美丽的社会主义现代化强国。这一重大论断，揭示出我国经济社会发展的阶段性特征，描绘出实现中华民族伟大复兴的美好愿景，为当前党和国家大政方针的制定奠定理论依据，为把握新时代的发展要求提供现实依据。

新征程是对新时代的路径特征与发展特质的概括与凝练。十九大报告指出，在全面建成小康社会之后，中国将"开启全面建设社会主义现代化国家新征程"。这是指，在实现第一个百年目标后，我国社会主义现代化建设将进入新发展阶段，其发展目标与实现途径既是对改革开放实践经验的继承，也是对社会主义现代化建设的升华。它是社会主义初级阶段向更高阶段发展的重要桥架。新征程，既是指发展阶段之新，也是指在发展理念、发展目标和发展途径上的突破。

2020年8月，习近平总书记在主持召开经济社会领域专家座谈会时指出："'十四五'时期是我国全面建成小康社会、实现第一个百年奋斗目标之后，乘势而上开启全面建设社会主义现代化国家新征程、向第二个百年奋斗目标进军的第一个五年，我国将进入新发展阶段。"新发展阶段以实施"十四五"规划为标志，是全面建成小康社会之后新时代的新阶段。其根本任务是实现2035年和2049年两个战略目标。新发展阶段以推动高质量发展为突出主题。从我国社会主义现代化历史来看，新发展阶段是中国特色社会主义现代化不断成熟并取得历史性成就的阶段。它突出体现了中国共产党对中国式现代化建设的理念自信与实践坚持。

六、怎样理解思想道德素质与法律素质的关系？

思想道德素质主要包括思想政治素质和道德素质，法律素质是指人们学法遵法守法用法的素养和能力。思想道德素质和法律素质都是人的基本素质，体现着人们协调各种关系、处理各种问题时所表现出的是非善恶判断能力和行为选择能力，是政治素养、道德品格和法律意识的综合体，决定着人们在日常生活中的行动目的和方向。

道德与法律都是调节人的思想行为、协调人际关系、维护社会秩序的规则、手段，它们既相互区别，又相互联系。社会主义思想道德与社会主义法律相辅相成、缺一不可，有着密不可分的联系。思想道德所体现的价值标准和价值观念为社会主义法律提供了价值准则和道义基础，它是社会主义法律正义性与合法性的基础，为社会主义法律的制定提供了价值标准。其中的自由、民主、平等、公正、和谐、诚信、友善等价值观念，对社会主义法律的制定和实施有重要指引作用。它还能促进人们自觉守法、维护法律权威和严格实施法律，弥补法律的不足。

社会主义法律为思想道德建设提供制度保障。它是国家政治、经济、文化及其他管理的重要手段。法律的公布和实施，有力地传播和维护了社会主义思想道德，对违法犯罪的制裁，也表达了对此类行为的否定性道德评价。当国家把社会主义思想道德的核心内容吸收在法律中转化为法律原则和法律规范时，就对其在国家和社会生活中的主流地位做了确认，并通过这种确认，为其提供法律支持。

国家和社会治理既需要法律的规范和强制作用，又需要道德的教化与引领。做一名全面发展的大学生，就要不断提高自己的思想道德素养和法律素养。

七、什么是新质生产力？

2023年9月，习近平总书记在黑龙江省考察时提出，东北要牢牢把握高质量发展这个首要任务和构建新发展格局这个战略任务，"整合科技创新资源，引领发展战略性新兴产业和未来产业，加快形成新质生产力"。当前，我国正处于建设中国式现代化的关键阶段。依托科技创新，扎根布局新兴技术与未来产业，推动实现高质量发展是新质生产力的核心。在马克思主义政治经济学中，生产力指人类生存和发展的物质创造能力，在与生产关系的辩证关系中居于核心地位，是考察社会进步的标识与衡量社会发展水平的量尺。科学发展与科技进步是推动生产力发展的重要手段。新质生产力将科学技术的突破视为提升经济发展质量、加快经济发展速度、决定经济发展方向的核心驱动力。

新质生产力的"新"体现在将科技创新与核心技术突破视为产业升级的主推力。伴随技术革命的展开，生产要素将得到创新性配置，进而推动产业升级。因此，新质生产力强调科技创新的重要性，提倡以人工智能、大数据等新技术、新要素引领新兴产业的发展，深刻发掘技术创新的内驱力，把握时机引领产业发展的方向。新质生产力热情拥抱未来产业，并力求在产业升级的过程中发展出全新的适应时代发展方向与人民美好生活诉求的产业新业态。新质生产力与传统资本主义经济发展路径的巨大不同正在于，其推动生产力进步与产业升级的动机在于完成对人民美好生活的承诺，而不是被血汗浸透的资本主义剥削逻辑。

因此，新质生产力努力探求一种人与自然和谐共生的绿色经济发展模式。生态生产力被视为生产力的新质化，同时也划定出科技发展的环保界限。科技的日新月异不能以环境为代价。相反，产业升级能够以更优化更环保的方式完成产业链整合，一方面做到降本增效，另一方面做到环境优化。同时，新质生产力是高质量发展的物质基础，是中国式现代化的根本动力。通过充分吸收世界先进经验，结合中国国情，新质生产力将为中国在全球竞争中提供新的优势与机遇。

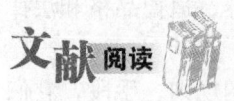

在纪念五四运动100周年大会上的讲话（节选）

（2019年4月30日）

习近平

青年是整个社会力量中最积极、最有生气的力量，国家的希望在青年，民族的未来在青年。今天，新时代中国青年处在中华民族发展的最好时期，既面临着难得的建功立业的人生际遇，也面临着"天将降大任于斯人"的时代使命。新时代中国青年要继续发扬五四精神，以实现中华民族伟大复兴为己任，不辜负党的期望、人民期待、民族重托，不辜负我们这个伟大时代。

第一，新时代中国青年要树立远大理想。青年的理想信念关乎国家未来。青年理想远大、信念坚定，是一个国家、一个民族无坚不摧的前进动力。青年志存高远，就能激发奋进潜力，青春岁月就不会像无舵之舟漂泊不定。正所谓"立志而圣则圣矣，立志而贤则贤矣"。青年的人生目标会有不同，职业选择也有差异，但只有把自己的小我融入祖国的大我、人民的大我之中，与时代同步伐、与人民共命运，才能更好实现人生价值、升华人生境界。离开了祖国需要、人民利益，任何孤芳自赏都会陷入越走越窄的狭小天地。

新时代中国青年要树立对马克思主义的信仰、对中国特色社会主义的信念、对中华民族伟大复兴中国梦的信心，到人民群众中去，到新时代新天地中去，让理想信念在创业奋斗中升华，让青春在创新创造中闪光！

第二，新时代中国青年要热爱伟大祖国。孙中山先生说，做人最大的事情，"就是要知道怎么样爱国"。一个人不爱国，甚至欺骗祖国、背叛祖国，那在自己的国家、在世界上都是很丢脸的，也是没有立足之地的。对每一个中国人来说，爱国是本分，也是职责，是心之所系、情之所归。对新时代中国青年来说，热爱祖国是立身之本、成才之基。当代中国，爱国主义的本质就是坚持爱国和爱党、爱社会主义高度统一。

新时代中国青年要听党话、跟党走，胸怀忧国忧民之心、爱国爱民之情，不断奉献祖国、奉献人民,以一生的真情投入、一辈子的顽强奋斗来体现爱国主义情怀,让爱国主义的伟大旗帜始终在心中高高飘扬!

第三,新时代中国青年要担当时代责任。时代呼唤担当,民族振兴是青年的责任。鲁迅先生说,青年"所多的是生力,遇见深林,可以辟成平地的,遇见旷野,可以栽种树木的,遇见沙漠,可以开掘井泉的"。在实现中华民族伟大复兴的新征程上,应对重大挑战、抵御重大风险、克服重大阻力、解决重大矛盾,迫切需要迎难而上、挺身而出的担当精神。只要青年都勇挑重担、勇克难关、勇斗风险,中国特色社会主义就能充满活力、充满后劲、充满希望。青年要保持初生牛犊不怕虎、越是艰险越向前的刚健勇毅,勇立时代潮头,争做时代先锋。一切视探索尝试为畏途、一切把负重前行当吃亏、一切"躲进小楼成一统"逃避责任的思想和行为,都是要不得的,都是成不了事的,也是难以真正获得人生快乐的。

新时代中国青年要珍惜这个时代、担负时代使命,在担当中历练,在尽责中成长,让青春在新时代改革开放的广阔天地中绽放,让人生在实现中国梦的奋进追逐中展现出勇敢奔跑的英姿,努力成为德智体美劳全面发展的社会主义建设者和接班人!

第四,新时代中国青年要勇于砥砺奋斗。奋斗是青春最亮丽的底色。"自信人生二百年,会当水击三千里。"民族复兴的使命要靠奋斗来实现,人生理想的风帆要靠奋斗来扬起。没有广大人民特别是一代代青年前赴后继、艰苦卓绝的接续奋斗,就没有中国特色社会主义新时代的今天,更不会有实现中华民族伟大复兴的明天。千百年来,中华民族历经苦难,但没有任何一次苦难能够打垮我们,最后都推动了我们民族精神、意志、力量的一次次升华。今天,我们的生活条件好了,但奋斗精神一点都不能少,中国青年永久奋斗的好传统一点都不能丢。在实现中华民族伟大复兴的新征程上,必然会有艰巨繁重的任务,必然会有艰难险阻甚至惊涛骇浪,特别需要我们发扬艰苦奋斗精神。奋斗不只是响亮的口号,而是要在做好每一件小事、完成每一项任务、履行每一项职责中见精神。奋斗的道路不会一帆风顺,往往荆棘丛生、充满坎坷。强者,总是从挫折中不断奋起、永不气馁。

新时代中国青年要勇做走在时代前列的奋进者、开拓者、奉献者,毫不畏惧面对一切艰难险阻,在劈波斩浪中开拓前进,在披荆斩棘中开辟天地,在攻坚克难中创造业绩,用青春和汗水创造出让世界刮目相看的新奇迹!

第五,新时代中国青年要练就过硬本领。青年是苦练本领、增长才干的黄金时期。"青春虚度无所成,白首衔悲亦何及。"当今时代,知识更新不断加快,社会分工日益细化,新技术新模式新业态层出不穷。这既为青年施展才华、竞展风采提供了广阔舞台,也对青年能力素质提出了新的更高要求。不论是成就自己的人生理想,还是担当时代的神圣使命,青年都要珍惜韶华、不负青春,努力学习掌握科学知识,提高内在素质,锤炼过硬本领,使自己的思维视野、思想观念、认识水平跟上越来越快的时代发展。

新时代中国青年要增强学习紧迫感,如饥似渴、孜孜不倦学习,努力学习马克思主义立场观点方法,努力掌握科学文化知识和专业技能,努力提高人文素养,在学习中增长知识、锤炼品格,在工作中增长才干、练就本领,以真才实学服务人民,以创新创造贡献国家!

第六,新时代中国青年要锤炼品德修为。人无德不立,品德是为人之本。止于至善,是中华民族始终不变的人格追求。我们要建设的社会主义现代化强国,不仅要在物质上强,更要在精神上强。精神上强,才是更持久、更深沉、更有力量的。青年要把正确的道德认知、自觉的道德养成、积极的道德实践紧密结合起来,不断修身立德,打牢道德根基,在人生道路上走得更正、走得更远。面对复杂的世界大变局,要明辨是非、恪守正道,不人云亦云、盲目跟风。面对外部诱惑，要保持定力、严守规矩，用勤劳的双手和诚实的劳动创造美好生活，拒绝投机取巧、远离自作聪明。面对美好岁月，要有饮水思源、懂得回报的感恩之心，感恩党和国家，感恩社会和人民。要在奋斗中摸爬滚打，体察世间冷暖、民众忧乐、现实矛盾，从中找到人生真谛、生命价值、事业方向。

新时代中国青年要自觉树立和践行社会主义核心价值观，善于从中华民族传统美德中汲取道德滋养，从英雄人物和时代楷模的身上感受道德风范，从自身内省中提升道德修为，明大德、守公德、严私德，自觉抵制拜金主义、享乐主义、极端个人主义、历史虚无主义等错误思想，追求更有高度、更有境界、更有品位的人生，让清风正气、蓬勃朝气遍布全社会！

············

坚持党的领导传承红色基因扎根中国大地
走出一条建设中国特色世界一流大学新路（节选）

（节选自新华社 2022 年 4 月 25 日报道：习近平在中国人民大学考察时强调：坚持党的领导传承红色基因扎根中国大地 走出一条建设中国特色世界一流大学新路 _ 滚动新闻 _ 中国政府网（www.gov.cn））

新华社北京 4 月 25 日电 在五四青年节即将到来之际，中共中央总书记、国家主席、中央军委主席习近平 25 日上午来到中国人民大学考察调研。习近平代表党中央，向全国各族青年致以节日的祝贺，向中国人民大学全体师生员工、向全国广大教育工作者和青年工作者致以诚挚的问候。习近平希望全国广大青年牢记党的教诲，立志民族复兴，不负韶华，不负时代，不负人民，在青春的赛道上奋力奔跑，争取跑出当代青年的最好成绩！

习近平强调，"为谁培养人、培养什么人、怎样培养人"始终是教育的根本问题。要坚持党的领导，坚持马克思主义指导地位，坚持为党和人民事业服务，落实立德树人根本任务，传承红色基因，扎根中国大地办大学，走出一条建设中国特色、世界一流大学的新路。广大青年要做社会主义核心价值观的坚定信仰者、积极传播者、模范践行者，向英雄学习、向前辈学习、向榜样学习，争做堪当民族复兴重任的时代新人，在实现中华民族伟大复兴的时代洪流中踔厉奋发、勇毅前进。

习近平同青年学生一起就座，认真倾听并参与讨论，对学校立足自身优势，不断推进思政课教学改革创新，打造高精尖水平思政课的做法表示肯定。他强调，思想政治理论课能否在立德树人中发挥应有作用，关键看重视不重视、适应不适应、做得好不好。思政课的本质是讲道理，要注重方式方法，把道理讲深、讲透、讲活，老师要用心教，学生要用心悟，达到沟通心灵、启智润心、激扬斗志。青少年思想政治教育是一个接续的过程，要针对青少年成长的不同阶段，有针对性地开展思想政治教育。希望人民大学绵绵用力，久久为功，止于至善，为全国大中小学思政课教学提供更多"金课"。也鼓励各地高校积极开展与中小学思政课共建，共同推动大中小学思政课一体化建设。习近平勉励同学们坚定中国特色社会主义道路自信、理论自信、制度自信、文化自信，在全面建设社会主义现代化国家新征程中勇当开路先锋、争当事业闯将。

习近平强调，建设世界一流的中国特色社会主义大学，培养社会主义建设者和接班人，必须有世界一流的大师。要高度重视教师队伍建设，特别是要加强中青年教师骨干的培养，把人民大学打造成为我国人文社会科学研究和教学领域的重要人才中心和创新高地。

习近平强调，我国有独特的历史、独特的文化、独特的国情，建设中国特色、世界一流大学不能跟在别人后面依样画葫芦，简单以国外大学作为标准和模式，而是要扎根中国大地，走出一条建设中国特色、世界一流大学的新路。中国人民大学从陕北公学成立之初就鲜明提出要培养"革命的先锋队"，到新中国成立之初提出培养"万千建国干部"，到改革开放新时期提出培养"国民表率、社会栋梁"，再到新时代提出培养"复兴栋梁、强国先锋"，始终不变的是"为党育人、为国育才"，展现了"党办的大学让党放心、人民的大学不负人民"的精神品格。希望中国人民大学落实立德树人根本任务，传承红色基因，让听党话、跟党走的信念成为人大师生的自觉追求。

习近平指出，高校是我国哲学社会科学"五路大军"中的重要力量。当前，坚持和发展中国特色社会主义理论和实践提出了大量亟待解决的新问题，世界百年未有之大变局加速演进，世界进入新的动荡变革期，迫切需要回答好"世界怎么了"、"人类向何处去"的时代之题。要坚持把马克思主义基本原理同中国具体实际相结合、同中华优秀传统文化相结合，立足中华民族伟大复兴战略全局和世界百年未有之大变局，不断推进马克思主义中国化时代化。加快构建中国特色哲学社会科学，归根结底是建构中国自主的知识体系。要以中国为观照、以时代为观照，立足中国实际，解决中国问题，不断推动中华优秀传统文化创造性转化、创新性发展，不断推进知识创新、理论创新、方法创新，使中国特色哲学社会科学真正屹立于世界学术之林。哲学社会科学工作者要做到方向明、主义真、学问高、德行正，自觉以回答中国之问、世界之问、人民之问、时代之问为学术己任，以彰显中国之路、中国之治、中国之理为思想追求，在研究解决事关党和国家全局性、根本性、关键性的重大问题上拿出真本事、取得好成果。要发挥哲学社会科学在融通中外文化、增进文明交流中的独特作用，传播中国声音、中国理论、中国思想，让世界更好读懂中国，为推动构建人类命运共同体作出积极贡献。

习近平强调，好的学校特色各不相同，但有一个共同特点，都有一支优秀教师队伍。对教师来说，想把学生培养成什么样的人，自己首先就应该成为什么样的人。培养社会主义建设者和接班人，迫切需要我们的教师既精通专业知识、做好"经师"，又涵养德行、成为"人师"，努力做精于"传道授业解惑"的"经师"和"人师"的统一者。教育是一门"仁而爱人"的事业，有爱才有责任。广大教师要严爱相济、润己泽人，以人格魅力呵护学生心灵，以学术造诣开启学生智慧，把自己的温暖和情感倾注到每一个学生身上，让每一个学生都健康成长，让每一个孩子都有人生出彩的机会。老师应该有言为士则、行为世范的自觉，不断提高自身道德修养，以模范行为影响和带动学生，做学生为学、为事、为人的大先生，成为被社会尊重的楷模，成为世人效法的榜样。

习近平指出，立足新时代新征程，中国青年的奋斗目标和前行方向归结到一点，就是坚定不移听党话、跟党走，努力成长为堪当民族复兴重任的时代新人。希望广大青年用脚步丈量祖国大地，用眼睛发现中国精神，用耳朵倾听人民呼声，用内心感应时代脉搏，把对祖国血浓于水、与人民同呼吸共命运的情感贯穿学业全过程、融汇在事业追求中。

学者论坛

深刻理解中国特色社会主义进入新时代

陈 晋

习近平同志在党的十九大报告中指出："中国特色社会主义进入了新时代。"这是对我国发展新的历史方位的科学判断。深刻理解中国特色社会主义进入新时代的重大政治论断，需要与深刻理解我国社会主要矛盾发生新变化的新特点、深刻理解分两步走全面建设社会主义现代化国家的新目标有机结合起来。只有将这些方面有机结合起来，才能准确把握习近平新时代中国特色社会主义思想的历史起点和逻辑前提。

进入新时代意味着中国特色社会主义站到更高层级的历史方位上

时代是表述特定社会历史阶段的范畴，不同时代有不同内涵。我们坚持和发展中国特色社会主义，面对的最大国情是我国正处于并将长期处于社会主义初级阶段。但是，社会主义初级阶段是一个很长时期，其特点不可能不发生某些阶段性变化。因此，在社会主义初级阶段这个长历史过程中，我国社会主要矛盾也必然随着社会发展而变化。与时俱进地对中国特色社会主义所处的历史方位作出清醒判断，是我们党领导人民不断开创中国特色社会主义新局面的必然要求，也是党的创造力、领导力的具体体现。

习近平同志在党的十九大报告中明确作出中国特色社会主义进入新时代的重大政治论断，准确反映了中国特色社会主义在长期建设中取得的历史性成就、党和国家事业发生的历史性变革，准确反映了党的十八大以来取得的全方位、开创性成就和深层次、根本性变革。这些成就和变革的重大意义，主要体现在习近平同志在党的十九大报告中提出的"三个意味着"：意味着近代以来久经磨难的中华民族迎来了从站起来、富起来到强起来的伟大飞跃，迎来了实现中华民族伟大复兴的光明前景；意味着科学社会主义在21世纪的中国焕发出强大生机活力，在世界上高高举起了中国特色社会主义伟大旗帜；意味着中国特色社会主义道路、理论、制度、文化不断发展，拓展了发展中国家走向现代化的途径，给世界上那些既希望加快发展又希望保持自身独立性的国家和民族提供了全新选择，为解决人类问题贡献了中国智慧和中国方案。这"三个意味着"，从中华民族的命运、社会主义的命运和世界发展的命运三个维度，勾画出中国特色社会主义进入新时代的参照坐标。

中国特色社会主义进入新时代，使中国的发展站到一个更高层级的历史方位上。从这个历史方位往前看，新时代的内涵，在国家层面是决胜全面建成小康社会、进而全面建设社会主义现代化国家；在人民层面是不断创造美好生活、逐步实现全体人民共同富裕；在中华民族层面是奋力实现中华民族伟大复兴；在中国和世界的关系层面是中国日益走近世界舞台中央、不断为人类作出更大贡献。显然，这些内涵和使命是紧扣中国梦包括的国家富强、民族振兴、人民幸福具体目标来说的。也就是说，新时代是通过努力奋斗更真切地贴近实现中国梦的时代。

作出中国特色社会主义进入新时代的重大政治论断，彰显了中国共产党审时度势的非凡能力。习近平同志去年在"七一"重要讲话中讲了一句非常深刻的话，他说："历史总是要前进的，历史从不等待一切犹豫者、观望者、懈怠者、软弱者。只有与历史同步伐、与时共命运的人，才能赢得光明的未来。"中国共产党在革命、建设、改革的不同历史时期之所以能不断取得巨大成功，关键在于能够在时代变化的关头准确判断历史方向、正确把握形势发展的趋势和时代大潮的走向。作出中国特色社会主义进入新时代的重大政治论断，从新的历史起点和时代条件出发谋划发展，必将不断开创中国特色社会主义新局面。

进入新时代的重要标志是我国社会主要矛盾的变化

事物发展的阶段性主要表现为主要矛盾的变化或矛盾主要方面的变化。习近平同志在党的十九大报告中作出中国特色社会主义进入新时代的重大政治论断，最关键的理论和实践基础是我国社会主要矛盾已经从"人民日益增长的物质文化需要同落后的社会生产之间的矛盾"转化为"人民日益增长的美好生活需要和不平衡不充分的发展之间的矛盾"。我国社会主要矛盾的变化，是中国特色社会主义进入新时代的重要标志，也是新时代的重要特征。

1981年党的十一届六中全会通过的《关于建国以来党的若干历史问题的决议》，正式对社会主要矛盾作了概括："社会主义改造基本完成以后，我国所要解决的主要矛盾，是人民日益增长的物质文化需要同落后的社会生产之间的矛盾。"从那以后，我们党一再强调社会主要矛盾问题，并且都是将其同国情、同解放和发展社会生产力的历史任务联系起来讲。党的十九大报告正式提出"人民日益增长的美好生活需要和不平衡不充分的发展"这一新的社会主要矛盾，也是同国情问题、同解放和发展社会生产力问题紧密联系的。

关于"人民日益增长的美好生活需要"，可以从两个方面来看。一是人民需要的内涵大大扩展。不仅对物质文化生活提出更高要求，而且从人的全面发展和社会全面进步的角度提出更多要求，比如民主、法治、公平、正义、安全、环境等方面的需要日益增长起来。也就是说，人民的需要从物质文化领域向物质文明、政治文明、精神文明、社会文明、生态文明全面拓展。二是人民需要的层次大大提升。比如，期待有更好的教育、更稳定的工作、更满意的收入、更可靠的社会保障、更高水平的医疗卫生服务、更舒适的居住条件、更优美的环境、更丰富的精神文化生活。这些需要呈现多样化多层次多方面的特点。

关于"不平衡不充分的发展"，主要是指我国社会生产力水平总体上显著提高，已经不是"落后的社会生产"那样一种局面了。但面对新的社会需要，我们的供给还有许多差距，发展不平衡不充分的问题在新时代凸显出来，成为满足人民日益增长的美好生活需要的主要制约因素。所谓发展不平衡，有区域发展不平衡，比如东部和西部发展不平衡；有城乡发展不平衡；有供需结构不平衡，比如既存在落后产能过剩的情况，又存在有效供给不足的问题；也有群体发展不平衡，比如收入分配差距依然较大。所谓发展不充分，主要指创新能力不够强，发展的能力和水平、质量和效益还需要提高，转变发展方式还处于攻坚阶段，等等。这就要求努力实现更高质量、更有效率、更加公平、更可持续的发展。

我国社会主要矛盾的变化是关系全局的历史性变化，对党和国家工作提出了许多新要求，成为我国制定各方面政策的重要依据。但是这个变化还不足以改变我国仍处于并将长期处于社会主义初级阶段这个最大的国情，不足以改变我国仍是世界最大发展中国家这个最大的实际。因此，应把对最大国情的清醒认识和对社会主要矛盾的科学分析有机统一起来，这样才能在与时代同行中既不割断历史、又不迷失方向，既不落后于时代、又不超越阶段。

进入新时代要朝全面建设社会主义现代化国家的新目标前进

作出中国特色社会主义进入新时代的重大政治论断，是和确立分两步走全面建设社会主义现代化国家的新目标紧密联系在一起的。

  制定、调整和实现发展战略目标，是我们党领导人民建设社会主义一以贯之的领导方法，也是体现我国发展时代性的重要标志。毛泽东同志在1962年就明确提出，如果从新中国成立算起，"要建设起强大的社会主义经济，我估计要花一百多年。"1987年，邓小平同志考虑我国发展目标的时候，正式提出"三步走"战略目标。在解决人民温饱问题、人民生活总体上达到小康水平这两个目标已提前实现的情况下，我们党又把建党一百年和新中国成立一百年作为发展战略目标的两个时间节点。党的十八大明确第一个百年奋斗目标是"全面建成小康社会"，第二个百年奋斗目标是"建成富强民主文明和谐的社会主义现代化国家"。

  从党的十九大到党的二十大，是"两个一百年"奋斗目标的历史交汇期。从现在算起，再有3年便可全面建成小康社会，实现第一个百年奋斗目标。由此便出现一个新问题：怎样规划实现党的第二个百年奋斗目标？对此，习近平同志在党的十九大报告中创造性地提出分两步走全面建设社会主义现代化国家。第一步，从2020年到2035年，奋斗15年，基本实现社会主义现代化。第二步，从2035年到21世纪中叶，再奋斗15年，把我国建成富强民主文明和谐美丽的社会主义现代化强国。

  这个战略安排提升了党的第二个百年奋斗目标的内涵。一是把原来确立的基本实现社会主义现代化的目标提前到2035年完成。这是因为中国的发展超乎预期，中国特色社会主义道路迸发出来的巨大创造力已经并将继续深刻而快速地改变中国的面貌，我们有把握到2035年基本实现现代化。二是基本实现现代化的目标能够提前完成，第二个百年奋斗目标自然也要升级。于是，党的十九大报告把第二个百年奋斗目标表述为"把我国建成富强民主文明和谐美丽的社会主义现代化强国"。与党的十八大报告相比，这个目标增加了"美丽"的要求和"强国"的表述，意味着我们的新目标不是建成一般意义上的社会主义现代化国家，而是如党的十九大报告提出的，到那时，"我国物质文明、政治文明、精神文明、社会文明、生态文明将全面提升，实现国家治理体系和治理能力现代化，成为综合国力和国际影响力领先的国家，全体人民共同富裕基本实现，我国人民将享有更加幸福安康的生活，中华民族将以更加昂扬的姿态屹立于世界民族之林。"

（摘编自：《人民日报》，2017年11月8日 第7版；作者为中央文献研究室副主任）

大学的观念（节选）

雅斯贝尔斯

作为特殊学校的大学

  大学也是一种学校，但是一种特殊的学校。学生在大学里不仅要学习知识，而且要从教师的教诲中学习研究事物的态度，培养影响其一生的科学思维方式。大学生要具有自我负责的观念，并带着批判精神从事学习，因而拥有学习的自由；而大学教师则是以传播科学真理为己任，因此他们有教学的自由。

  大学的理想要靠每一位学生和教师来实践，至于大学组织的各种形式则是次要的。如果这种大学理想的活动被消解，那么单凭组织形式是不能挽救大学生命的，而大学的生命全在于教师传授给学生新颖的、符合自身境遇的思想来唤起他们的自我意识。大学生们总是潜心地寻觅这种理想并时刻准备接受它，但当他们从教师那里得不到任何有益的启示时，他们便感到理想的缥缈和希望的破灭而无所适从。如果事实果真如此，那他们就必须经历人生追求真理的痛苦磨难去寻求理想的亮光。

我认为，大学的理想始终存在着，只要西方国家的大学里还把自由作为其生命的首要原则，那么实现这种理想则依赖于我们每一个人，依赖于理解这一理想并将它广为传播的单个个人。

青年一代正因为年轻气盛，所以从其天性来说，他们对真理的敏感程度往往比成熟以后更为灵敏。哲学教授的任务就是，向年轻一代指出哪些是对思想史做出重大贡献的哲学家，不能让学生们把这些哲学家与普通的哲学家混为一谈。哲学教授应激励学生对所有可知事物、科学的意义以及生活的真实性持开放的态度，并通过自己对此所作的彻底深入的思考和演讲，激发学生去把握和深思。哲学教授应生活在大学的理想之中，并且意识到自己有责任去创新、去建设和实现这一理想，他不必讳言知识的极限，但是他要教授适当的内容。

危机与振兴

由于众多大学并存的现象，造成了毁灭真正学术的趋势，因为学术研究为了拥有读者，只好投其大众之好，而大众往往只顾及实际的目的、考试以及与此相关的东西。受其影响，研究工作也只限于那些有实际用途之物上，于是，学术就被限制在可了解、可学习的客体范围内，本来应是生存在永无止境的精神追求的大学，这时也变成了普通学校。另一方面，固定的学习计划解除了单个个人在寻找自己的精神发展之路上所要经历的危险，但是，缺少这种在精神自由中的冒险，也就失去了独立思想的可能性本源，而仅仅剩下发达的专业技巧而已。也许他仍可成为具有广博知识的研究者，但理想中的人物是具有独到精辟见解的学者，而并非是那种掉书袋的研究者。当人们开始分不清这两种人时，那便是大学衰落的信号。

在商品经济发达的今天，真正献身于学术研究的人是需要勇气的，在一般人看来也是一件不平常的事，但有史以来研究工作就不属于普通人所能从事的工作。一个运用科学方法进行研究的人，只有当他把追求真理当作一种内在的需要时，才算是真正参与学术研究。科学的危机就其实质而言，就是人的危机，是人们不能以无限的求知欲面对科学发展所产生的危机。

目前整个世界弥漫着对科学的错误看法。科学享受着过分的尊重，由于现实生活秩序只有通过技术才得以治理，而技术则通过科学成为可能，所以，在这个时代里人们产生了对科学技术的信仰。但是，科学的本真意义被遮蔽，人们仅仅钦佩科学的成就，却并不明白科学的奥义，因此，这种盲目的信仰只能变成迷信。真正的科学是一种智者的知识，假如把信仰科学的焦点集中在科学技术的成果上，而不去了解其方法，那么在这种错觉中，迷信就成了真正信仰的赝品，人们就会把希望寄托在仿佛是固定不变的科学成果上。对科学的迷信导致了：对一切事物的了解都是乌托邦式的，认为科学技术无所不能，一切困难都可以克服，人类从此可以过上幸福富裕的生活。简而言之，就是把凡是理性思考的内容看成绝对正确的信条。这种迷信的力量几乎侵蚀了所有人的心灵，包括学者在内，这种迷信在某些个别情况下似乎被克服了，但总是一再出现，并在相信这种迷信的人与本真科学的批判理性之间撕开了无底的深渊。

大学的改革

从大学改革的双重观点来说，与这两项任务不可分离的，一是大学组织和建设的外部改造，二是为赢得大学观念新形态的思维方式的内在转变。单纯以课程来实现知识的供给那就将失去它本来的意义，同样的，单纯的观念玄思也将造成乌托邦式的狂热。怎样正确处理这二者之间的关系，决定着大学的命运。

人们普遍认为，大学的更新要与整个人类观念的改变联系起来把握，其结果仿佛会导致国家观念的觉醒。一个真正的民主国家懂得怎样运用权力，唯其如此，国家的意义才能深深扎根于民众的日常思维方式中。如同所有精神生活一样，国家不断校正自我的形象，在精神的斗争中显示出自由，精神通过共同的任务存在于与它相连的对立面中。这样的国家充满了尊重知识的气氛，因此，在大学的精神创造中不仅要寻求最透明的意识，而且还要寻找国民教育的根源。

学生的自由与责任

大学生是未来的学者和研究者。即使他将来选择实用性的职业，从事实际的工作，但在他的一生中，将永远保持科学的思维方式。

原则上，学生有学习的自由，他再也不是一个高中生，而是成熟的、高等学府中的一分子。如果要培养出科学人才和独立的人格，就要让青年人勇于冒险，当然，也允许他们懒惰、散漫，并因此而脱离学术职业的自由。

假如我们希望大学之门为每一个有能力的人敞开，就应该让全国公民，而不是某些阶层中的能干人拥有这项权利。这就是说不要因为一些需要特别技巧应付的考试而淘汰了真正具有创造精神的人。

通过一连串考试，一步一步地抵达目的地，这种方式对不能独立思考的芸芸众生来说是十分有利的，而对有创造精神的人来说，考试则意味着自由学习的结束。大学应始终贯穿这一思想观念：即大学生应是独立自主、把握自己命运的人，他们已经成熟不需要教师的引导，因为他们能把自己的生活掌握在手中。他们有选择地去听课、聆听不同的看法、事实和建议，为的是自己将来去检验和决定。谁要想找一位领导者，就不该进入大学的世界，真正的大学生能主动地替自己定下学习目标，善于开动脑筋，并且知道工作意味着什么。大学生在交往中成长，但仍保持其个性，他们不是普通人，而是敢拿自己来冒险的个人。这种冒险既是现实的又必须带有想象力。同时，这也是一种精神上的升华，每一个人都可以感觉到自己被召唤成为最伟大的人。

....

如果人们不是从精神冒险和对学习生涯自我负责中萌发自我意识，而是听任所偏好的社会为自己定下生活目标，屈从于老一辈人的幸福观；如果人们不是独立地去思考，而是让传统的观念烙下印记，那么，这些传统观念将取代年轻人所特有的精神躁动感。

（摘编自：雅斯贝尔斯著《什么是教育》，邹进译，北京：生活·读书·新知三联书店，1991年版）

让法安天下，德润人心

新华社评论员

"法律是准绳，任何时候都必须遵循；道德是基石，任何时候都不可忽视。"习近平总书记在中央政治局第三十七次集体学习时发表重要讲话，着眼推进国家治理体系和治理能力现代化，深刻把握治国理政规律，深入阐释法治与德治的辩证关系，为我们在新的历史条件下坚持依法治国和以德治国相结合，使法治和德治在国家治理中相互补充、相互促进、相得益彰，提供了思想遵循和行动指南。

"徒善不足以为政，徒法不能以自行。"法律是成文的道德，道德是内心的法律。实践表明，法律和道德都具有规范社会行为、调节社会关系、维护社会秩序的作用，在国家治理中都有其地位和功能。法律有效实施有赖于道德支持，道德践行也离不开法律约束，法治和德治不可分离、不可偏废。改革开放以来，我们党深刻总结经验教训，走出了一条中国特色社会主义法治道路，其鲜明特点就是坚持依法治国和以德治国相结合，强调法治和德治两手抓、两手都要硬。迈向全面依法治国新征程，实现民族复兴的中国梦，只有让法律和道德协同发力，统筹推进以德治为基础的法治建设、以法治为保障的德治建设，我们才能不断推进国家治理现代化，实现长治久安。

新形势下，坚持依法治国和以德治国相结合，就要以德化人，强化道德对法治的支撑作用，发挥道德的教化作用，为全面依法治国创造良好人文环境。要在道德体系中体现法治要求，努力使道德体系同社会主义法律规范相衔接、相协调、相促进。要在道德教育中突出法治内涵，注重培育人们的法律信仰、法治观念、规则意识。要把道德要求贯彻到法治建设中，树立法律法规的鲜明道德导向，弘扬美德义行，以社会主义核心价值观贯穿立法、执法、司法的全过程，把条件适宜的道德要求及时上升为法律规范，使社会主义法治成为良法善治，引导全社会崇德向善。

思想是行动的先导，共识是实践的动力。法律要发挥作用，首先全社会要信仰法律；道德要得到遵守，必须提高全体人民道德素质。既加强法治宣传教育，又加强道德建设，才能不断提高全民法治意识和道德自觉，使人们发自内心信仰和崇敬宪法法律，树立良好道德风尚，为法治和德治厚植社会根基。

新形势下，坚持依法治国和以德治国相结合，就要以法养德，运用法治手段解决道德领域突出问题，以严格执法、公正司法为道德建设保驾护航。法律是底线的道德，也是道德的保障。以法治承载道德理念，道德才有可靠制度支撑。加强相关立法工作，发挥司法断案惩恶扬善功能，依法加强对群众反映强烈的诚信缺失等失德行为的整治，加大对见利忘义、制假售假等违法行为的执法力度，让败德违法者受到惩治、付出代价，就能以法治力量弘扬真善美、打击假恶丑。

新形势下，坚持依法治国和以德治国相结合，就要以上率下，发挥好领导干部的关键作用。"人不率，则不从；身不先，则不信。"不管是法治建设还是道德建设，领导干部既应积极推动，也应以身作则。要坚持把领导干部带头学法、模范守法作为全面依法治国的关键，推动领导干部学法经常化、制度化。领导干部要努力成为全社会的道德楷模，以德修身、以德立威、以德服众，带头注重家庭、家教、家风，才能以共产党人的高尚品格和廉洁操守，带动全社会崇德向善、尊法守法。

法安天下，德润人心。坚持依法治国和以德治国相结合，是关系中国特色社会主义事业长远发展的根本大计。让我们在以习近平同志为核心的党中央坚强领导下，坚定不移走中国特色社会主义法治道路，把法治中国建设好，把社会主义核心价值观弘扬好，奋力开创全面依法治国新局面，共同描绘思想道德建设新图景。

（来源：新华网，2016年12月11日）

向新质生产力要增长新动能（节选）

经济日报编辑部

从习近平总书记在考察调研时第一次提出"新质生产力"，到"新质生产力"正式进入中央文件，这个令人耳目一新的原创性概念，不仅指明了新发展阶段激发新动能的决定力量，更明确了重塑全球竞争新优势的关键着力点。我们要深刻认识新质生产力的概念、内涵、要义，准确把握新质生产力的主阵地、主力军，依托加快形成和发展新质生产力，开辟高质量发展的新领域新赛道，为推进中国式现代化提供持久动能。

准确把握新质生产力的科学内涵

新质生产力是什么？"整合科技创新资源，引领发展战略性新兴产业和未来产业，加快形成新质生产力。"习近平总书记的重要论述，为我们理解把握新质生产力提供了根本遵循。这一重要论断，是对马克思主义生产力理论的创新发展和重要拓展，是习近平经济思想的原创性贡献，理论意义深刻，实践意义重大。

新质生产力，要义就在科技创新，在于技术的革命性突破。科技是第一生产力，创新是第一动力。关键核心技术是要不来、买不来、讨不来的！要于变局中开新局，只有牢牢抓住科技创新这个"牛鼻子"，整合优化创新资源，持续加大研发投入，增强原始创新，突破更多颠覆性技术和前沿技术，实现科技自立自强。

新质生产力的"新"，核心在以科技创新推动产业创新。科技创新应坚持以企业为主体、市场为导向、产学研用深度融合，一体化推进部署创新链、产业链、人才链，从而提高科技成果转化和产业化水平。

新质生产力的"质"，可以从两个方面理解，其一是质态，其二是质效。从质态看，数据具有流动性、虚拟性，新质生产力把数据作为驱动经济运行的新质生产要素，从而打破了传统生产要素的质态。提质增效就是要提高生产效率、降低生产成本、提升产品质量、减少能源消耗和环境污染，拉长产业链条，提高产品附加值，提升产业竞争力。

新质生产力，最终落脚点还在生产力。新质生产力是生产力发展和科技进步的产物，代表着人类改造自然能力的提升，必然要依靠新型劳动者带来更多颠覆式创新，把人才红利注入创新驱动高质量发展的进程，以"新"提"质"、以"质"催"新"，塑造更多发展新动能新优势。

综合来看，新质生产力是技术颠覆性突破、生产要素创新性配置、产业飞跃性升级带来的新时代先进生产力。新质生产力以科技创新为要义，以高质量发展为目标，融合了人工智能、大数据等新技术、新要素，要走出一条生产要素投入少、资源配置效率高、资源环境成本低、经济社会效益好的新增长路径。

充分认识发展新质生产力的重大意义

为何要发展新质生产力？

——建设社会主义现代化强国的坚实支撑。现代化产业体系是现代化国家的物质技术基础，必须把发展经济的着力点放在实体经济上，为实现第二个百年奋斗目标提供坚强物质支撑。拥有处于世界领先地位的战略性新兴产业和未来产业，是强国的重要标志。要建设制造强国、质量强国、航天强国、交通强国、网络强国、数字中国，只有紧紧抓住人工智能、新材料技术、生物技术等技术突破口，千方百计激发创新主体活力，大力发展战略性新兴产业和未来产业，才能夯实社会主义现代化强国建设的物质技术基础。

——推动经济社会高质量发展的重要动力。习近平总书记在黑龙江考察时提出这一新概念，用意深远。新质生产力是打造整个国民经济发展新优势的重中之重。我国经济发展正处于增长速度换挡期、结构调整阵痛期、前期刺激政策消化期、改革攻坚克难推进期等多期叠加阶段，以低生产要素成本为基础的比较优势见顶，新旧动能加快转换。打造更先进的新质生产力，是点燃中国经济新引擎的迫切需要。

——提升国际竞争力的战略举措。以数字化、智能化、网络化为主要特点的新一轮科技革命，正在重构全球创新版图、重塑全球经济结构。全球产业链供应链格局和竞争逻辑已发生巨变，呈现本土化、区域化、短链化等趋势，产业链不畅甚至中断的现象时有存在。唯有全力突破"卡脖子"技术和"掉链子"环节，把握新一轮科技革命历史机遇，系统性重构产业体系，加快发展新质生产力，才能掌握未来发展主动权，塑造国际竞争新优势。

——满足人民群众美好生活需要的必然要求。我国社会主要矛盾已经转化为人民日益增长的美好生活需要和不平衡不充分的发展之间的矛盾，必须进一步解放和发展生产力，以新的生产力理论指导新的生产力实践。以满足人民日益增长的美好生活需要为出发点和落脚点，经济发展更关注"好不好""优不优""精不精"等问题，既要创造更多物质财富和精神财富，也要提供更多优质生态产品。

不断探索发展新质生产力的实践路径

技术创新是关键。经济靠科技、科技靠人才、人才靠教育，教育、科技、人才的良性循环是形成和发展新质生产力的基础支撑。

企业是创新的主体。强化企业科技创新主体地位，建立企业常态化参与国家科技创新决策的机制，支持科技领军企业聚焦国家重大需求，牵头组建创新联合体，引导创新要素向企业聚集。

制度创新是保障。进一步全面深化改革，坚持改革和法治相统一相协调，着力打通束缚新质生产力发展的堵点卡点。

充分激发各类经营主体的内生动力。对新技术新业态新模式加强包容审慎监管，鼓励创新探索，让企业敢闯敢试。

开放创新是前提。要持续推进高水平对外开放，深度参与全球产业分工和合作，用好国内国际两个市场两种资源，增强联动效应。

同时,要更高水平"走出去"。推进新工业革命伙伴关系网络建设,构建安全稳定、畅通高效、开放包容、互利共赢的全球产业链供应链体系。

(来源:经济日报,2024年1月19日)

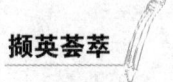
撷英荟萃

教育传承过去、造就现在、开创未来,是推动人类文明进步的重要力量。

——习近平

要坚决克服唯分数、唯升学、唯文凭、唯论文、唯帽子的顽瘴痼疾,从根本上解决教育评价指挥棒问题,扭转教育功利化倾向。

——习近平

学校的目标始终应当是:青年人在离开学校时,是作为一个和谐的人,而不是作为一个专家。……发展独立思考和独立判断的一般能力,应当始终放在首位,而不应当把获得专业知识放在首位。

——爱因斯坦

教育不是首先着眼于实用性,不是首先要去传授知识与技能,而是要去唤醒学生的力量,培养他们的自我性、主动性、抽象的归纳力与理解力,以便使他们能在目前还无法预料的未来局势中,自主做出有意义的选择。

——费希特

人不应被作为手段,不应被看做一部机器上的齿轮。人是有自我目的的,他是自主、自律、自决、自立的,是由他自己来引导内心,是出于他自身的理智,并按自身的意志来行动的。而教育的实质,就在于如何使人们能去理智地引导内心,理智地采取行动。

——康德

知识本身没有告诉人怎样运用它,运用的方法乃在书本之外。这是一门技艺,不经实验就不能学到。

——培根

没有疑问就等于没有学问。

——托·富勒

"自卑"固然不好,"自负"也不好,容易停滞。我想,顶好是不要自馁,总是干;但也不可自满,仍旧总是用功。

——鲁迅

成功的秘诀,在永不改变既定的目的。

——卢梭

最不会利用时间的人,最会抱怨时间不够。

——拉布吕耶尔

天下最宝贵的,莫如时日;天下最奢侈的,莫如浪费时日。

——莫扎特

只有把抱怨环境的心情,化为上进的力量,才是成功的保证。

——罗曼·罗兰

扩展阅读

1.《习近平谈治国理政（第三卷）》，北京：外文出版社，2020 年

本书收录了习近平总书记在 2017 年 10 月 18 日至 2020 年 1 月 13 日期间的重要著作，共有报告、讲话、谈话、演讲、批示、贺信等 92 篇。全书分为 19 个专题，每个专题内容按时间顺序编排。中共十九大以来，习近平在领导推进新时代治国理政的实践中，发表了一系列重要论述，提出了许多具有原创性、时代性、指导性的重要思想观点，进一步丰富和发展了党的理论创新成果。认真学习本书，有助于大学生学懂弄通习近平新时代中国特色社会主义思想，加深对中国特色社会主义的认识。

2. 中共中央宣传部《习近平新时代中国特色社会主义思想三十讲》，北京：学习出版社，2018 年

本书是由中共中央宣传部组织编写的。本书紧紧围绕新时代坚持和发展什么样的中国特色社会主义，怎样坚持和发展中国特色社会主义的重大时代课题，分三十个专题全面、系统、深入地阐释了习近平新时代中国特色社会主义思想的重大意义、科学体系、丰富内涵、精神实质和实践要求，是广大党员、干部、群众学习领会习近平新时代中国特色社会主义思想的重要辅助读物。

3. Dave Ellis 著《优秀大学生成长手册》，何雨伽译，北京：科学出版社，2013 年

对于刚刚踏入大学校园的你，应当怎样认知这个陌生的新领域，怎样计划并展开新生活？没有疑惑是不可能的，能做到的，是尽快了解新的生活模式，做好规划，并对将要派上用场的各种技能心知肚明。如果你有这样的想法，那么本书就是为你准备的极佳的大学生活入门指南。它不仅能够向你展示一个趋于社会化的校园的多样性和复杂性，同时，也为大学生活的方方面面所需要的各种能力和品格的培养做出系统建议。但是正如作者在本书开篇所提到的一样，本书不是一本用来"读"的书，它是一本"说明书"。仅仅知道将要使用的器材是什么，并不足以让你成为使用达人，去践行吧！

案例讨论

案例 1

在脱贫攻坚第一线谱写新时代青春之歌

黄文秀，广西壮族自治区百色市委宣传部理论科副科长，派驻乐业县新化镇百坭村党组织第一书记。2019 年 6 月 16 日，黄文秀因惦记百坭村的防汛抗洪工作和群众安危，在看望做完手术不久的父亲后，冒着暴雨连夜开车返回工作岗位，途中遭遇山洪暴发，不幸因公牺牲，年仅 30 岁。

感党恩，把理想信念写在行动上

1989 年，黄文秀出生于百色市田阳县一个农民家庭，由于父母亲身体不好，家境贫寒，在国家助学政策帮助下才完成了学业。黄文秀的父亲黄忠杰说："我曾经和她说，没有共产党，我们家不可能脱贫，不可能有今天的生活，一定要入党。"2008年，黄文秀考取山西长治学院，入学军训刚结束，她就积极申请入党，递交入党申请书。"只有把个人的追求融入党的理想之中，理想才会更远大。我迫切要求加入中国共产党。""没有政府的扶贫资助，家里不可能供我来上大学。我选择读思政专业，选择加入党组织，是发自内心的。"她的申请书深情而坚定，虔诚而执着。2011年6月，品学兼优的黄文秀如愿光荣地加入了中国共产党。

了解黄文秀的人都说，她是一个非常懂得感恩的人。当年她靠着党和政府的帮扶一步步读完初中、高中和大学，走出大山，来到首都，增长了学识，开阔了视野。她虽求学远方，却立志回到家乡、建设家乡。2016年北京师范大学硕士研究生毕业后，黄文秀主动放弃大城市的工作机会，毅然加入广西选调生队伍，回到生她养她的家乡，成为革命老区、民族地区的一名普通干部。有同学问过她，为什么要放弃在大城市工作的机会，偏偏回到贫穷的家乡？她回答："很多人从农村走出去就不想再回去了，但总是要有人回来的，我就是要回来的人。"百坭村贫困户黄仕京也问过她："大家都说你是北京毕业的研究生，你为什么到我们这么边远的农村工作？"黄文秀说："这里是脱贫的主战场，我有什么理由不来呢？共产党是为群众谋幸福的党，我是一名党员，这是我的使命。"

守初心，用担当实干走好新的长征路

百坭村是一个深度贫困村，石山林立，山路蜿蜒陡峭，基础设施薄弱，全村11个自然屯散落在大山深处，有几个屯离村委会10公里以上，最远的达13公里。"当初组织考虑到一个女孩子去偏远的百坭村开展工作不方便，但黄文秀主动承担了责任，而且决心特别坚定。"百色市委组织部的同志说。刚到村里时，有群众认为黄文秀是来"镀金"的，不可能真心扶贫，心里不免对她产生怨气。贫困户黄邦旋因未能如愿通过低保申请，就把怨气撒到黄文秀身上，拒绝为上门做工作的黄文秀开门。但她丝毫没有气馁，一次次通过各种途径做黄邦旋的思想工作，不仅讲清讲透各项扶贫政策，还不断激励他通过自己的努力早日光荣脱贫。最终，道理讲通了，心气顺畅了，黄邦旋脸上也有了笑容。黄文秀还为他争取到7000元产业奖补资金，黄邦旋一家通过种植水果，顺利实现脱贫。

为了更好打开局面，黄文秀积极向村里的老支书讨教工作"诀窍"。此后，她到群众家不再拿着本子问东问西，而是脱下外套帮他们扫院子、干农活、种油茶、摘果子，一边干活一边唠家常。她利用休息时间遍访全村195户贫困户，绘制百坭村"贫困户分布图"，把每一户的住址、家庭情况、致贫原因等，都详细标注出来。村民们渐渐发现，这个新来的年轻女书记不仅学说当地话，还主动与大家同劳动、聊家常，不带丝毫娇气，很快就都喜欢上了她，把她当成了自家人，"你这个丫头，还真是难'缠'得很哩。"黄文秀用守初心、担使命的实际行动，赢得了百姓信赖，赢得了群众支持。

想致富，先修路。百坭村有5个屯交通困难，虽然多年前通了砂石路，但连年雨水冲刷，路面已破损不堪，雨季陡峭路段连摩托车都无法通过，严重影响群众出行，制约产业发展。黄文秀看在眼里急在心里，她带着村"两委"班子熬夜做方案、拿对策，及时向有关部门申请，积极筹措资金，硬化了1.5公里通屯路，安装了47盏路灯，修建了4个蓄水池，逐步改善了百坭村生产生活条件。如今的百坭村，道路更好了，路灯更亮了，蓄水池更多了，村里更美了，脱贫致富的人更多了。

"靠山吃山，靠水吃水。"黄文秀带领村干部和群众，深入研究、挖掘百坭村的资源优势，学经验、找路子，大力发展杉木、八角、砂糖橘、枇杷等特色种植产业，千方百计拓宽群众增收渠道。全村的杉木种植面积从8000多亩发展到2万多亩，八角从600多亩发展到1800多亩，砂糖橘从1000多亩发展到2000亩。同时，她联络母校师生来村里开展支教，为筹办百坭村幼儿园多方奔走；开展文明家庭评比、村规民约吟诵等活动，丰富群众的精神文化生活，激发群众的脱贫内生动力。在黄文秀的带领下，百坭村经过努力，贫困发生率从22.88%降至2.71%，88户418人顺利脱贫，还获得了2018年度百色市"乡风文明"红旗村荣誉称号。百坭村及村里贫困户取得的点点滴滴进步，都凝聚着她辛勤的汗水，闪耀着她奉献的光芒。

献青春，小儿女心藏大情怀

阳光、开朗、积极、爱笑，身上总是洋溢着一种热情阳光的感染力，是黄文秀留给亲人、朋友和同事的印象。谁曾想到，黄文秀的身后，是一个父母长年身患疾病、尚处在脱贫巩固期的家庭。即便经济条件再困难，参加工作后她还经常拿出自己的工资，慰问资助村里的孤寡老人和留守儿童。父亲连做两次大手术，她没有向组织提任何要求，甚至婉言谢绝同事自发组织的募捐活动。

对于父母来说，黄文秀是温暖贴心的小棉袄，是孝敬父母的好孩子。在北京读研期间，黄文秀勤工俭学、省吃俭用，圆了父亲看看天安门的心愿。她还用积攒的零花钱给母亲买了一个银手镯，刻上了"女儿爱你"的心语。"黄文秀驻村工作实在太忙，没有办法尽孝，最近一次和我谈家庭时，平时乐呵呵的她，这个时候也忍不住落泪。"好朋友成明说道。黄文秀牺牲后，领导和同事代表第一次去她家，看到家里用废旧轮胎搭上木板做的"沙发"，尤其是看到她那间只有一铺床、一张蚊帐的"闺房"，想到工作中总是微笑以对、充满活力的她，大家都红了眼眶。

为人民，用生命彰显人间大爱

在百色市委宣传部工作期间，黄文秀一直综合表现突出。为锻炼基层实践经验，组织安排她到田阳县那满镇挂职党委副书记，2018年3月，她主动请缨到百坭村任党组织第一书记，在扶贫大舞台施展学识、建设家乡。"扶贫之路只有前进没有退路，只要确定了就义无反顾"，扎根泥土，才能懂得人民。秉持着这样的为民情怀，黄文秀几乎把城里所有"家当"都搬到了村里不足10平方米的屋子里，把自己作为村里的一分子，把群众当亲人，主动融入百坭村这个大家庭。黄文秀不仅自己心系群众，还主动向北师大就业指导中心的老师提出回母校宣讲选调生的故事，发动更多的学弟学妹加入选调生队伍。毕业后第二年，她回到母校，以广西壮族自治区党委组织部宣讲团成员身份讲述自己的选调生经历，鼓励同学们到基层去，到实践第一线去锻炼成才。

脚下沾有多少泥土，心中就沉淀多少真情。贫困户黄美线的丈夫因病去世，家里经济状况很不好，黄文秀帮助她家申请到5万元贷款，办起小型农产品加工厂，还开了一家小卖部，如今每月收入超过2000元。"她帮我们家那么多事，没吃过我们家一顿饭。"黄美线说。现在，她把文秀的相片、视频都保存到手机里，想念她的时候就拿出来看一看。"黄文秀真是一心一意帮我，比我女儿还要亲！去年一年她往我家里跑了12趟，每次都是问寒问暖，还教着我种上20亩油茶，帮助我申请养老补贴、报销住院费。"另一贫困户韦乃情动情地说。2019年入夏以来，百色各地连降暴雨，黄文秀带领村里的干部群众四处查看灾情，组织汇总受灾情况、帮助慰问受灾群众。6月16日，她周末回家看望刚做完第二次肝癌手术的父亲，看到天气突变，担心村里受灾，急着返回百坭村。病床上的父亲非常担心："天气预报说晚上有暴雨，现在开车回村里不安全，明早再回吧？""正因为有暴雨更得赶回去，怕村里受灾，我马上得走了。"面对父亲的挽留，黄文秀叮嘱了一句"按时吃药"，便启程回村。谁也没想到，这竟成了黄文秀留给父亲的最后一句话。回程路上，她自己身处险境却惦记着群众，一遍遍叮嘱村干部关注重点村屯，组织群众做好防灾救灾。她关切的话语还未落，自己却被无情的山洪吞噬，年轻的生命永远定格在芳华绽放的30岁……

黄文秀"用脚步丈量民情"，时刻将百姓冷暖挂在心间，同群众想在一起、干在一起，怀着真情解民所难，带着真心帮民所需，用自己的"辛苦指数"换取群众的"幸福指数"，把口碑深深刻印在群众心坎上。黄文秀以短暂而充实的一生，书写了新时代青年的生命意义和共产党人的初心使命，奔跑出最美的英姿。

2019年7月1日，中共中央宣传部发布黄文秀先进事迹，追授她"时代楷模"称号。她还被追授"全国五一劳动奖章""全国敬业奉献模范""感动中国2019年度人物""全国脱贫攻坚楷模"等称号。在中国共产党诞生100周年纪念日前夕，中共中央授予黄文秀"七一勋章"。

(本文改编自：中共广西壮族自治区委员会《在脱贫攻坚第一线谱写新时代青春之歌》，原载《求是》2019年9月16日)

案例点评：

黄文秀曾说："我来自广西贫困山区，我要回去，把希望带给更多父老乡亲，为改变家乡贫穷落后面貌尽绵薄之力。"黄文秀从大山走出又回到大山，以满腔的青春热血走上脱贫攻坚的第一线，把个人价值与党的事业相对接、与祖国和人民的需要相连接。她扎根基层、把深情奉献乡土，用柔弱的双肩挑起带领乡亲脱贫的重担，在平凡的岗位上创造了不平凡的业绩，谱写了共产党人的时代担当。2019年6月，习近平总书记对黄文秀同志先进事迹作出重要指示："黄文秀同志研究生毕业后，放弃大城市的工作机会，毅然回到家乡，在脱贫攻坚第一线倾情投入、奉献自我，用美好青春诠释了共产党人的初心使命，谱写了新时代的青春之歌。广大党员干部和青年同志要以黄文秀同志为榜样，不忘初心、牢记使命，勇于担当、甘于奉献，在新时代的长征路上做出新的更大贡献。"

思考与讨论：

1. 结合黄文秀的事迹，谈谈你对"时代新人"的理解。
2. 大学生应该如何把握人生的关键期，将自己塑造成为有理想有本领有担当的时代新人？

案例2

中国最牛高校优秀生，你服不？

中国最牛高校优秀生什么样？在2017年清华本科生特奖答辩会上，16位优秀生现身PK，争夺清华授予在校学生的最高荣誉。

清华大学特等奖学金于 1989 年设立，是学校授予在校学生的最高荣誉。该奖项每年奖励表现最突出的二十名在校学生，其中本科生十名，研究生十名。

2017 年 11 月 7 日下午，2017 年度清华本科生特奖答辩会举行，今年有哪些牛人？先来看其中的几位：

物理系胡耀文——

本科科研横跨物理学三个完全不同的领域——量子信息、光子学和凝聚态理论计算。发表 SCI 期刊论文 7 篇。大三学年已位居全年级第一名，学年平均学分绩 97.7 分。所有物理课程均在 94 分以上，所有物理课程的平均学分成绩为 98 分，并取得了物理系最重要的四门必修课"四大力学"全满分的成绩。

物理系王亚愚老师表示，胡耀文是清华物理系历史上第一位四大力学全满分的学生，另一位四大力学满分的学生是中科大的庄小威，她现在是哈佛大学教授、美国科学院院士。

胡耀文形容物理学家 Cohen-Tannoudji 的《量子力学》一书很漂亮，读起来跟小说一样让人上瘾，并把偶像的照片设为了桌面。

电子工程系余天呈——

余天呈分享了自己三年里的三次成长——曾经的他，三千米都跑不下来，引体向上成绩为 0；后来，他跑了 90 次阳光长跑（要求为 21 次），引体向上拉到满分，并成为清华健美队成员。从身体到精神，力量训练三年如一日，他说，对待自己的身体，要坚定而从容，不可能在 DDL 前速成。

对艺术的探索，对余天呈来说同样是从零开始。他加入了学校合唱团，还担任了声部部长。为了克服声音不够柔和的问题，他打哈欠都在练习气息，让自己的声音能够融入集体。后来，艺术也与科学相融。当遇到科研瓶颈期，丁毅指挥那句"融合很难的，要用心去体会"让他豁然开朗，在科研上找到思路。

爱读夜活动，学习发展中心五星级志愿者、同辈咨询师，本科生课程咨询委员会委员，星火十期理事，从自我到他人，余天呈逐步践行服务与担当。他说，我很喜欢一句话：真正的事业不需要坚持，真正的理想谈不上忍耐。花时间去做心甘情愿、乐在其中的事，损失和获得都是我愿意的。

交叉信息研究院乔明达——

入学至今各学年综合成绩名列年级第一，曾获第 39 届 ACM 国际大学生程序设计竞赛世界总决赛金牌、唐立新奖学金、姚奖学金一等奖等荣誉。先后在清华大学、卡内基梅隆大学与斯坦福大学参与理论计算机科学研究，取得多项研究成果。已在国际会议上发表学术论文四篇，另有两篇在投论文。曾有国外老师这样评价他：他是今年世界范围内计算机方向最优秀的前五名毕业生之一。

他是 ACM 竞赛校队的一员，每周近 20 小时高强度训练，成为东主楼的"守夜人"，他和队员们最终获得 ACM-ICPC 2015 世界总决赛金牌，创清华大学近六年最佳成绩。

计算机系沈天成——

沈天成的学业发展是坚持不懈、逐梦不息的过程。2015 年转系到计算机系，他实现从班级 30 到前三的逆袭。

学以致用，沈天成决心用计算引领未来，用计算造福祖国大地。他首次将迁移学习与健康计算结合，基于网络数据为用户的精神健康提供主动关怀。他希望结合网络数据、人工智能等技术，对中国网民的精神健康做深入工作。

沈天成还是清华大学学生艺术团舞蹈队的骨干队员，向美而行的路上，每一次痛苦摔倒和精益求精都是自强不息的深刻理解；纵横体育赛场，他用小小的毽子打开运动的大门，在2016年同时打破校运会单脚踢毽、双脚盘踢、三人踢毽三项校纪录，为做好计算机系学生会体协的工作，还把自己变成了学校赛事数据"行走的活字典"；参与社工，他始于热情，继于责任。他说，我有志承担"双肩挑"工作，践行又红又专、全面发展的清华理念。我志将砥砺前行，不忘初心，矢志不渝。

看了这些"牛人"的简历，你服不？不仅仅学业成绩厉害，在答辩会现场，16位候选人先后分享各自在全面发展、学术科研、创新创业、文化体育、公益服务等方面的多样而独特的成长经历。

（本文改编自：《中国青年报》官微，2017年11月8日）

案例点评：

大学阶段是人生的一段重要经历。在大学中，有的同学会格外珍惜自己奋斗十多年得来的机会，一步一个脚印地向着更高的人生目标攀登，将优秀变成习惯，成为同伴眼中的"学霸""牛人"。有的同学以为上了大学正该歇口气、放松一下，或者因为各种理由对大学学习生活感到失望，失去了未来的人生目标和动力。在同一起跑线出发，能走多远，取决于自己的态度。人生的选择需要自己做出，每位大学生都应当思考：我的大学四年要怎样度过？

思考与讨论：

1. 案例中清华"学霸"们的简历对你有何启发？
2. 你打算如何度过大学阶段的时光？

方案1　我的大学——参观校史馆

活动目的：参观校史馆，了解学校发展历史和传统，了解学校现状和未来发展规划，从对学校的感性认识中建立热爱学校的情感。

活动方式：以班级或小组为单位。

活动步骤：

1. 联系校史馆，确定参观时间，了解参观时需注意的事项。
2. 参观时做好记录；在征得同意后可以拍照或复制需要的资料。
3. 参观结束后，小组讨论分享参观体会；每人撰写一篇心得体会或报告。

方案2　名师访谈

活动目的：拜访学校或学院的名师，请他们介绍自己治学和人生经验，帮助同学们认识大学学习规律和要求，了解本专业发展的前景，确立自己的学习目标。

活动方式：小组活动。

活动步骤：

1. 确定访谈对象，通过学校网站等途径查阅关于访谈对象的基本信息资料。

2. 拟定访谈题目和内容大纲。

3. 联系访谈对象，征得同意，并请老师决定接受访谈的时间和地点；将访谈题目及内容提纲告知对方。

4. 按约定的时间进行访谈，做好访谈记录。

5. 整理访谈记录，撰写访谈报告。

方案3　学长访谈

活动目的：与高年级同学进行访谈或座谈，请高年级同学介绍学习生活经验，帮助同学们尽快找到学习方向，适应大学生活。

活动方式：班级或小组活动。

活动步骤：

1. 拟定访谈或座谈提纲。

2. 联系访谈对象，确定访谈时间和地点。

3. 按照约定的时间地点进行访谈或座谈，并做好记录。

4. 整理访谈记录，写成访谈报告。

第一章 领悟人生真谛 把握人生方向

重点 难点 问题解析

一、什么是人的本质？怎样理解马克思关于人的本质的论述？

人的本质，就是人的最根本的属性，人之所以是人的标志，以及区别于动物的特殊的质的规定性。对人的本质的规定，作为一种认识，一种观念形态，应该脱离个体自身，脱离单个的、抽象的个体生命存在形式去确立。这就是说，我们应该从人所生活的那个特定社会，或那个特定社会的关系中去认识人的本质。因此，对人的本质的规定不能只作感性的直观表述，或纯理性的概括，而必须从人的社会活动、社会关系中去确立。

马克思运用辩证唯物主义和历史唯物主义的立场观点和方法，科学地揭示了人的本质。马克思指出："人的本质并不是单个人所固有的抽象物。在其现实性上，它是一切社会关系的总和。"这一对人的本质的规定，是人类思想史上关于人的问题探索过程中，至今也难以超越的思想，为正确认识人生问题提供了科学方法论，奠定了正确人生观的理论基础。

马克思关于人的本质的思想具有以下几个方面的科学内涵：

第一，人的本质是由社会关系决定的。每一个人总是与特定的家庭关系、经济关系、政治关系、法律关系、道德关系、业缘关系以及地缘关系密切相连。社会关系制约着人的一切行为，决定着人的一切发展。

第二，一切社会关系的"总和"是诸多社会关系的有机统一。人的本质不可能仅取决于某一种、或几种社会关系，人的本质是诸多社会关系纵横交错、相互渗透和相互制约的综合产物。经济关系在其中起着基本的、主要的作用。

第三，人的本质是现实的、具体的。一方面，人的本质必然在人的现实生活实践中体现出来，因此只能在实践中来考察；另一方面，人的本质不是抽象的观念，它的内容必然是与不同的社会实践具体地结合在一起的。

第四，人的本质是一个历史范畴。由于社会生产力和生产关系的矛盾运动和不断发展变化，经济关系也随之发展变化，最终导致社会关系的整体变化，这便决定着人的本质的可变性和差异性。人的本质既不是永恒的，也不是一切人都相一致的。

第五，人的本质是人的社会属性的核心。人的本质属于人性范畴，但不能把人的本质等同于人的自然属性。人性既有自然性又有社会性，人的本质属性作为人性中的最根本的属性，它只能属于人的社会性，是人的社会属性的核心。马克思主义人的本质思想并不是否定或超越人的自然属性对人的规定，而是基于人的自然属性，找出人与一切生物的本质差别，将人确立在不可被一切生物所取代的属人的特殊规范性上。

二、如何正确理解个人与社会的关系？

个人与社会的关系问题，是人生成长与社会发展中的一个具有普遍性的问题，正确认识和处理这一问题，必须坚持以历史唯物主义和辩证法为指导。

社会是人的社会，人是社会历史的前提条件。人与社会的形成实际上是同一个过程，社会的发展为每个个体的发展提供了客观条件，人的发展也在不断推动社会的发展进步。个人是人类存在的最小单位，是构成社会的细胞。社会是人类生活的共同体，是人们相互交往的产物。它是共同生活的人们通过各种各样的社会关系联结起来的一套庞大而又复杂的网络系统。就其实质而言，社会是人们以物质生产活动为基础的相互关系的集合。同时，人又是社会的人。社会是人的存在形式，它为人的发展提供必须的条件和空间。离开一定的社会条件，人不可能有语言、思维以及人的情感和创造，只能是一个生物学意义上的人。人生既是一个生命的自然过程，又是社会实践的历史过程。人类生存的基础是社会生存，孤立的个人在现实生活中是根本不存在的。同样，脱离个人的社会亦不可想象。一方面，个人与社会不可分割，个人是社会中的一分子，并通过社会交往获取自身成长所必需的各种营养。另一方面，社会整体也在某种程度上依赖于每个人，因为每个人的人生实践活动都会成为社会发展进步不可或缺的一部分。这样，个人与社会息息相关、相互影响、相互制约，成为社会生活的基本关系。

历史唯物主义认为：个人与社会是对立统一的辩证关系。一方面，个人与社会是两个不同的范畴，有各自的欲求和需要，两者之间存在着明显的差别。他们是矛盾与对立的。这种矛盾与对立源自人的个体性。人的个体性造成了人类个体之间的差异性。这种个体差异性固然包含生物学意义上的差异，但更重要的是个体在不同生存环境和生活关系中所形成的社会特质的差异。因此，人的个体性在某种意义上是证明独立个体的规定性，失去这一规定性，一个人可以相同于任何其他人，个体就失去了存在的意义；而社会也就不复存在。

此外，个人对社会的能动性也会导致个人与社会的矛盾。人是具有自主能动意识的社会实践的主体，是社会关系中所产生的能动的和创造的存在物。个人并不是被动地由社会所决定，而是能动地发挥作用。个人对社会的能动性主要表现为：个人通过参加社会劳动创造一定的社会生产力，推动社会的发展；个人通过参加变革生产关系的实践，推动社会的发展；个人通过参与政治和精神生活，促进社会上层建筑和意识形态的发展和变化，推动社会发展。与此同时，社会发展又有着自身的客观规律性，这是不以人的主观意志为转移的。它与人的主观能动性之间也存在着矛盾和冲突。

另一方面，个人与社会又统一于社会之中。人的社会性决定了个人不可能游离于社会之外，任何个体都必须以一定的社会及其关系作为自己存在的前提。正是在这个不以个人意志为转移的社会前提下，个体开始通过各种活动和训练逐渐锻炼和提高自己，成为一个接受社会和被社会接受的社会成员。只有在社会的基础上，个体的存在才有可能，人生的发展才能实现。

个人与社会的统一性还在于个人对社会的依赖性。人类对自然的认识和改造不是孤立的个人行为，也不是完全从头开始进行的。它是通过人与人之间实践结成一定的社会关系，在前人的基础上进行的。人在社会之中生活，并从社会中获得自身发展和认识自然、改造自然所必需的一切手段。人不能脱离社会和文化生活，只能在这个基础上向前发展。这种个人对社会的依赖性主要表现为：个人的生存依赖于社会生产；个人的生活依赖于社会规范；个人的发展也依赖于社会进步。

三、什么是人生观？如何理解人生目的、人生价值、人生态度的关系？

人生观是人们对于人生各种问题的根本看法、根本观念的总和，它包括了对人生目的、人生态度、人生价值以及对其他人生课题的看法。不管是否意识到，每一个生活在现实社会中的人都有自己对人生的看法。因此，每个人都具有人生观，其人生实践活动必然受着一定人生观的指导。人生观是世界观在人生问题上的反映。有什么样的世界观，就会有什么样的人生观。

人类活动的一个基本特征是活动的目的性。除了每一活动的具体目的外，人的活动还有一个总的、根本的目的，即人生目的，它是人生观的一个首要和基本的问题。所谓人生目的，是人们在社会实践中关于自身行为的根本指向，是人们在实践中逐步确定的、并终生奋斗追求的结果或境界。人生目的并非是人在社会实践活动中的具体目的，人生目的不要求人们去完成某项具体任务，如参加一项活动，完成一件事情等，而是要人们对"人究竟为什么而活着"的问题作出回答，进而成为人生实践的出发点与归宿，贯穿于人生实践的全过程，成为人生实践所必然遵循的根本宗旨，支配或制约着人生实践中人们的各种具体目的与一切行为。

人生目的源于人的需要，需要是人们在人生实践中形成各种具体目的的动机。人生目的反映的是人的最高需要，也就是说，一个人最终需要使自己成为什么样的人，是人生目的形成的终极因素。人的最终需要不同，人生的目的也就各异。在现实生活中，人生目的更带有个体活动性，较人类整体发展目标而言，人生目的显得更具体、更现实、更生动。

人生态度是指人们通过生活实践形成的对人生问题的一种相对稳定的心理倾向和精神状态。它既是对人生的基本认识，又是指导自我人生活动的一种心理定向。人生态度影响和支配着主体的人生行为，体现着人所特有的主观能动性，是人生观的表现形式之一。人生态度与人的行为之间具有一致性。态度决定行为，行为是态度的外在表现。从古到今，人们无不根据各自的人生态度走完生命的历程，不同的人生态度决定了每个人一生中以怎样的行为方式，去完成所追求的价值目标。

人生价值是指作为客体的个人的人生实践活动满足作为主体的自我和社会的需要的关系。通俗地说，人生价值是指人的生命及其实践活动对于社会和个人所具有的作用和意义。人生价值是对人生的一种意义诠释和评价，它是个体对人生有意识的选择和追求。人生实践满足个体生存发展需要，体现为自我价值，即自我实现；满足社会需要，体现为社会价值，即社会贡献。一个人人生价值的大小，不仅由自我来评价，还要由社会来评价。

人生目的、人生态度、人生价值从三个不同侧面反映着一个人的人生观。人生目的是人生实践活动的前提和起点，是人的生命活动的总目标。人生目的决定人生的方向和道路选择、人生的根本态度和人生价值评判，是人生的根本问题，是人生观的核心。人生价值制约着人生目的和人生态度的选择。人生态度既受人生目的、人生价值的决定，又对人生目的的持守、人生价值的判断有着重要而深远的影响。作为人生观的主要内容，人生目的、人生态度、人生价值相互联系，相辅相成，统一于人生观这个整体之中。

四、人生价值评价的标准和正确方法是什么？

人生价值评价是指人们用一定的人生价值标准，衡量他人或自己的人生实践活动对社会的作用时，所作出的定性或定量的综合性评定。人生价值评价的形式是主观的，它是人的大脑对人生实践活动作用意义的反映；但评价的标准却是客观的，是不以人的主观意志为转移的。

人的社会性决定了人生的社会价值是人生价值的最基本内容。一个人的人生实践具有什么样的价值，从根本上说是由社会规定的，而社会对一个人人生实践活动的价值评判，主要以他对社会的贡献为标准。个体对社会和他人的生存发展贡献越大，其人生的社会价值也越大；反之，人生的社会价值就越小。

人生价值的评价标准包括了根本尺度和普遍标准。人生价值评价的根本尺度，是看一个人的实践活动是否符合社会发展的客观规律，是否促进了历史的进步。人生价值评价的普遍标准，是看一个人的劳动对社会和他人作出了多少贡献。劳动和贡献的尺度作为社会评价人生价值的基本尺度，正是人生价值根本尺度的具体化。在今天，衡量人生价值的标准，最重要的就是看一个人是否用自己的劳动和聪明才智为国家和社会真诚奉献，为人民群众尽心尽力服务。

客观、公正、准确地评价社会成员的人生价值，还要掌握正确的评价方法。

第一，要坚持能力有大小与贡献须尽力的统一。能力是实现人生价值的主观方面的条件之一。能力与人生的价值不是简单的正比关系，不能认为能力大的人人生价值一定大，能力小的人就没有人生价值。要把个人对社会的贡献同他的能力及与能力相对应的职责联系起来考察。能力再大，若不通过实践活动为社会做贡献，其价值就无法实现。一个能力普通的人，只要尽职尽力，为社会做出了贡献，其人生价值就应当获得社会的承认。诚然，由于各种原因，人的能力是有差异的。但是能力并非与生俱来，它是通过后天的学习、锻炼而来的，并且具有累积效应。因此，大学生要努力学习科学文化知识，不断增长才干，练就过硬本领，并通过实践将潜在能力转化为现实价值，为社会多做贡献。

第二，要坚持物质贡献与精神贡献的统一。人类的生产劳动既有物质领域的，也有精神领域的；其劳动成果形式既有物质的，也有精神的。从事什么样的劳动，既是社会分工的结果，也受个人主观条件的制约。只要是符合社会的需要，对于社会发展进步有所推动，无论个人的劳动实践成果表现为物质的还是精神的，都是对社会的贡献，都应该得到社会的认可和肯定的评价。

第三，要坚持完善自我与贡献社会的统一。人生的自我价值与社会价值是辩证统一的关系。一方面，人的自我完善和全面发展、自我价值的实现，是社会发展的根本目标；自我价值的实现是个体为社会创造更大价值的前提。另一方面，社会价值的实现是个体自我完善、全面发展的保障。没有对社会、他人的贡献，个体的自我价值就得不到认可。个体的自我完善不是狭隘的自给自足或孤立的个人奋斗，只有在与他人和社会的联系中才能完成，这一过程也是从他人的贡献中获取必要条件满足自我需要的过程。因此，没有自我的不断完善，对社会的贡献会受到限制；脱离社会贡献而追求的自我完善，其价值意义也是有限的。

五、新时代的大学生怎样才能成就出彩人生？

中国特色社会主义进入新时代，这个新时代是中华民族实现伟大复兴，走向富强的时代。新时代为青年建功立业提供了广阔的人生舞台，中华民族伟大复兴的中国梦终将在一代代青年的接力奋斗中变为现实。党和人民寄予青年以殷切期望，青年一代有理想、有本领、有担当，国家就有前途，民族就有希望。当代大学生要勇于担当历史重任，与历史同向，与祖国同行，与人民同在，在服务人民、贡献社会的实践中创造有价值的人生。

第一，做到与历史同向。改革开放四十多年来，我们党团结带领全国各族人民不懈奋斗，我国经济实力、科技实力、国防实力、综合国力进入了世界前列，我国国际地位实现了前所未有的提升，党的面貌、国家的面貌、人民的面貌、军队的面貌、中华民族的面貌发生了前所未有的变化，中华民族正以崭新姿态屹立于世界的东方。经过长期努力，中国特色社会主义进入了新时代。这个新时代，是承前启后、继往开来，在新的历史条件下继续夺取中国特色社会主义伟大胜利的时代，是决胜全面建成小康社会，进而全面建设社会主义现代化强国的时代，是全国各族人民团结奋斗，不断创造美好生活，逐步实现全体人民共同富裕的时代，是全体中华儿女勠力同心、奋力实现中华民族伟大复兴中国梦的时代，是我国日益走近世界舞台中央、不断为人类作出更大贡献的时代。当代大学生要正确认识和把握人类社会发展的历史必然性，认识和把握中国特色社会主义的历史必然性，不断树立为共产主义远大理想和中国特色社会主义共同理想而奋斗的信念和信心；要尊重和顺应历史的选择和人民的选择，顺应时代潮流，投身民族复兴的伟大事业之中。

第二，做到与祖国同行。改革开放之后，我们党对我国社会主义现代化建设作出战略安排，提出"三步走"战略目标。从现在起到21世纪中叶，在基本实现现代化的基础上，把我国建成富强民主文明和谐美丽的社会主义现代化强国。今天，在中国共产党的坚强领导下，我们顺利完成了第一个百年目标，全面建成了小康社会，全国人民正团结一心，为第二个百年目标的实现而努力奋斗。党的十九大绘就了新时代祖国发展的美好蓝图。实现中华民族伟大复兴，国家对科学知识和卓越人才的渴求比以往任何时候都更加强烈。而这个时期，正是当代青年学习知识、走向社会、建功立业的阶段。习近平总书记要求当代大学生"要自觉把个人的理想追求融入国家和民族的事业中"，要专心于学习，"心无旁骛，学成文武艺"，报效祖国和人民，同祖国一道前进，"让青春之花绽放在祖国最需要的地方"。

第三，做到与人民同在。同人民一道拼搏、服务人民、奉献祖国，是当代中国青年的正确方向。大学生要树立为人民服务的人生目的，在为人民服务的过程中实现人生价值。大学生也是人民的一员，不能脱离了人民群众；要走与人民相结合的道路，虚心向人民群众学习；将来无论从事什么样的工作、在何种岗位上，都要做人民根本利益的维护者。

在庆祝中国共产主义青年团成立100周年大会上的讲话（节选）

（2022年5月10日）

习近平

共青团员们，青年朋友们，同志们：

青春孕育无限希望，青年创造美好明天。一个民族只有寄望青春、永葆青春，才能兴旺发达。

今天，我们在这里隆重集会，庆祝中国共产主义青年团成立100周年，就是要激励广大团员青年在实现中华民族伟大复兴中国梦的新征程上奋勇前进。

……

在新的征程上，如何更好把青年团结起来、组织起来、动员起来，为实现第二个百年奋斗目标、实现中华民族伟大复兴的中国梦而奋斗，是新时代中国青年运动和青年工作必须回答的重大课题。共青团要增强引领力、组织力、服务力，团结带领广大团员青年成长为有理想、敢担当、能吃苦、肯奋斗的新时代好青年，用青春的能动力和创造力激荡起民族复兴的澎湃春潮，用青春的智慧和汗水打拼出一个更加美好的中国！

这里，我给共青团提几点希望。

第一，坚持为党育人，始终成为引领中国青年思想进步的政治学校。志存高远方能登高望远，胸怀天下才可大展宏图。火热的青春，需要坚定的理想信念。我们党用"共产主义"为团命名，就是希望党的青年组织永远站在理想信念的高地上，用党的科学理论武装青年，用党的初心使命感召青年，用党的光辉旗帜指引青年，用党的优良作风塑造青年。新时代的中国青年，更加自信自强、富于思辨精神，同时也面临各种社会思潮的现实影响，不可避免会在理想和现实、主义和问题、利己和利他、小我和大我、民族和世界等方面遇到思想困惑，更加需要深入细致的教育和引导，用敏锐的眼光观察社会，用清醒的头脑思考人生，用智慧的力量创造未来。……

第二，自觉担当尽责，始终成为组织中国青年永久奋斗的先锋力量。奋斗是青春最亮丽的底色，行动是青年最有效的磨砺。有责任有担当，青春才会闪光。青年是常为新的，最具创新热情，最具创新动力。党和人民事业发展离不开一代又一代有志青年的拼搏奉献。只有当青春同党和人民事业高度契合时，青春的光谱才会更广阔，青春的能量才能充分迸发。青年是社会中最有生气、最有闯劲、最少保守思想的群体，蕴含着改造客观世界、推动社会进步的无穷力量。共青团要团结带领广大团员青年勇做新时代的弄潮儿，自觉听从党和人民召唤，胸怀"国之大者"，担当使命任务，到新时代新天地中去施展抱负、建功立业，争当伟大理想的追梦人，争做伟大事业的生力军，让青春在祖国和人民最需要的地方绽放绚丽之花！

第三，心系广大青年，始终成为党联系青年最为牢固的桥梁纽带。共青团是党领导的群团组织，也是青年人自己的组织。团的最大优势在于遍布基层一线、深入青年身边。要紧扣服务青年的工作生命线，履行巩固和扩大党执政的青年群众基础这一政治责任，既把青年的温度如实告诉党,也把党的温暖充分传递给青年。要千方百计为青年办实事、解难事,主动想青年之所想、急青年之所急,充分依托党赋予的资源和渠道,为青年提供实实在在的帮助,让广大青年真切感受到党的关爱就在身边、关怀就在眼前!

第四,勇于自我革命,始终成为紧跟党走在时代前列的先进组织。对共青团来说,建设什么样的青年组织、怎样建设青年组织是事关根本的重大问题。"常制不可以待变化,一途不可以应无方,刻船不可以索遗剑。"共青团只有勇于自我革命,才能跟上时代前进、青年发展、实践创新的步伐。……

"人生万事须自为,跬步江山即寥廓。"追求进步,是青年最宝贵的特质,也是党和人民最殷切的希望。新时代的广大共青团员,要做理想远大、信念坚定的模范,带头学习马克思主义理论,树立共产主义远大理想和中国特色社会主义共同理想,自觉践行社会主义核心价值观,大力弘扬爱国主义精神;要做刻苦学习、锐意创新的模范,带头立足岗位、苦练本领、创先争优,努力成为行业骨干、青年先锋;要做敢于斗争、善于斗争的模范,带头迎难而上、攻坚克难,做到不信邪、不怕鬼、骨头硬;要做艰苦奋斗、无私奉献的模范,带头站稳人民立场,脚踏实地、求真务实,吃苦在前、享受在后,甘于做一颗永不生锈的螺丝钉;要做崇德向善、严守纪律的模范,带头明大德、守公德、严私德,严格遵纪守法,严格履行团员义务。广大共青团员要认真接受政治训练、加强政治锻造、追求政治进步,积极向党组织靠拢,以成长为一名合格的共产党员为目标、为光荣。

…………

早在两千多年前,孔子就说:"后生可畏,焉知来者之不如今也?"青年之于党和国家而言,最值得爱护、最值得期待。青年犹如大地上茁壮成长的小树,总有一天会长成参天大树,撑起一片天。青年又如初升的朝阳,不断积聚着能量,总有一刻会把光和热洒满大地。党和国家的希望寄托在青年身上!

1937年,毛泽东同志为陕北公学成立题词时说:"要造就一大批人,这些人是革命的先锋队。这些人具有政治远见。这些人充满着斗争精神和牺牲精神。这些人是胸怀坦白的,忠诚的,积极的,与正直的。这些人不谋私利,唯一的为着民族与社会的解放。这些人不怕困难,在困难面前总是坚定的,勇敢向前的。这些人不是狂妄分子,也不是风头主义者,而是脚踏实地富于实际精神的人们。中国要有一大群这样的先锋分子,中国革命的任务就能够顺利的解决。"今天,党和人民同样需要一大批这样的先锋分子,党中央殷切希望共青团能够培养出一大批这样的先锋分子。这是党的殷切期待,也是祖国和人民的殷切期待!

(来源:《人民日报》,2022年05月11日第2版)

新时代的中国青年(节选)

(2022年4月)

中华人民共和国国务院新闻办公室

…………

一、新时代中国青年生逢盛世、共享机遇

时代造就青年,盛世成就青年。新时代的中国繁荣发展、充满希望,中华民族迎来了从

站起来、富起来到强起来的伟大飞跃，实现中华民族伟大复兴进入了不可逆转的历史进程。新时代中国青年生逢中华民族发展的最好时期，拥有更优越的发展环境、更广阔的成长空间，面临着建功立业的难得人生际遇。

（一）拥有更高质量的发展条件

随着中国的经济实力、科技实力、综合国力不断迈上新台阶、取得新跨越，新时代中国青年的发展基础日益厚实，发展底气越来越足。

物质发展环境更为优越。青年高质量发展，物质丰裕是基础。……超过 2500 万贫困青年彻底摆脱贫困，中国青年共同迈向更高水平的小康生活。中国青年向往更有品质的美好生活，消费方式从大众化迈向个性化，消费需求从满足生存转向享受生活，从有衣穿到穿得时尚、穿出个性，从吃饱饭到吃得丰富、吃出健康，从能出行到快捷通畅、平稳舒适。中国青年的生活水平实现了质的跃升，高质量发展有了更加丰盈、更为坚实的物质基础。

精神成长空间更为富足。青年高质量发展，离不开精神生活的多姿多彩。受益于图书馆、博物馆、文化馆、美术馆等惠及青年的公共文化设施的不断完善，中国青年享受的公共文化服务水平显著提高，逐渐从"去哪儿都新鲜"转变为"去哪儿都习以为常"，精神品位不断提升。……青年所需所盼的公共文化产品日渐丰富，逐渐从"有什么看什么"转变为"想看什么有什么"，文化视野更加开阔。文化旅游、乡村旅游、红色旅游、国际旅游等各类旅游产品应有尽有，青年走出去看世界的需求得到更好满足，逐渐从"只在家门口转转"转变为"哪里都能去逛逛"，见识阅历更加广博。不断扩展的精神文化生活空间，为中国青年追求更有高度、更有境界、更有品位的人生提供了更多可能。

……

（二）获得更多人生出彩机会

国家好，青年才会好。随着经济社会快速发展，新时代中国青年获得了更优越的发展机遇，实现人生出彩的舞台越来越宽阔。

教育机会更加均等。中国教育事业优先发展不断深化，中国青年享有更加平等、更高质量的教育机会。……越来越多的青年打开了通往成功成才大门的重要路径。……

职业选择丰富多元。中国青年职业选择日益市场化、多元化、自主化，不再只青睐传统意义上的"铁饭碗"，非公有制经济组织和新社会组织逐渐成为青年就业的主要渠道。"非工即农"的就业选择一去不返，第三产业成为吸纳青年就业的重要领域。2020 年，第三产业就业占比 47.7%，比十年前增长 13.1 个百分点。特别是近年来快速兴起的新产业、新业态，催生了电竞选手、网络主播、网络作家等大量新职业，集聚了快递小哥、外卖骑手等大量灵活就业青年，涌现了拥有多重身份和职业、多种工作和生活方式的"斜杠青年"，充分体现了时代赋予青年的更多机遇、更多选择。

……

三、新时代中国青年勇挑重担、堪当大任

中国特色社会主义新时代，是青年大有可为，也必将大有作为的大时代。新时代中国青年争做经济高质量发展的积极推动者、社会主义民主政治建设的积极参与者、社会主义文化繁荣兴盛的积极创造者、社会文明进步的积极实践者、美丽中国的积极建设者，在实现第二个百年奋斗目标、建设社会主义现代化强国的新征程上努力拼搏、奋勇争先。

（一）在平凡岗位上奋斗奉献

新时代中国青年坚守"永久奋斗"光荣传统，把平凡的岗位作为成就人生的舞台，用艰辛努力推动社会发展、民族振兴、人民幸福，靠自己的双手打拼一个光明的中国。

无论是传统的"工农商学兵"、"科教文卫体"，还是基于"互联网＋"的新业态、新领域、新职业，青年在各行各业把平凡做成了不起、把不可能变成可能，将奋斗精神印刻在一个个普通岗位中。……体现了中国青年"衣食无忧而不忘艰苦、岁月静好而不丢奋斗"的整体风貌，让青春在平凡岗位的奋斗中出彩闪光。

（二）在急难险重任务中冲锋在前

新时代中国青年不畏难、不惧苦，危难之中显精神，关键时刻见真章，总能够在祖国和人民需要的时候挺身而出，自觉扛起责任，无私奉献，无畏向前，彰显青年一代应有的闯劲、锐气和担当。

在体现综合国力、弘扬民族志气的重大工程之中，在抗击重大自然灾害面前，在应对突发公共危机时刻，青年的身影始终挺立在最前沿。无论是西气东输、西电东送、南水北调、东数西算等战略工程现场，还是港珠澳大桥、北京大兴国际机场、"华龙一号"核电机组等标志性项目工地，"青年突击队""青年攻坚组"的旗帜处处飘扬。新冠疫情发生以来，青年不畏艰险、冲锋在前、舍生忘死，32万余支青年突击队、550余万名青年奋战在医疗救护、交通物流、项目建设等抗疫一线，为打赢疫情防控的人民战争、总体战、阻击战作出重大贡献。援鄂医疗队2.86万名护士中，"80后""90后"占90%。在武汉火神山、雷神山医院建设工地上，占总数达60%的青年建设者组建13支青年突击队，靠钢铁般的意志和攻坚克难的勇气，拼搏在前、奉献在前，创造了令世人惊叹的建设奇迹，用事实证明中国青年面对困难挫折撑得住、关键时刻顶得住、风险挑战扛得住。

（三）在基层一线经受磨砺

新时代中国青年把基层作为最好的课堂，把实践作为最好的老师，将个人奋斗的"小目标"融入党和国家事业的"大蓝图"，将自己对中国梦的追求化作一件件身边实事，在磨砺中长才干、壮筋骨。

在农村为乡亲们排忧解难，在社区为邻里们倾心服务，在边疆为祖国巡逻戍边……越来越多的青年深入基层、投身现代化建设最需要的地方，在复杂艰苦环境中成就人生。2021年，中共中央、国务院表彰的1981名全国脱贫攻坚先进个人和1501个先进集体中，就有许多青年先进典型。1800多名同志将生命定格在了脱贫攻坚征程上，其中很多是年轻的面孔。……截至2021年，47万名"三支一扶"人员参加基层支教、支农、支医和帮扶乡村振兴（扶贫），数百万青年学生参与"三下乡"社会实践活动，为脱贫攻坚和乡村振兴提供新助力。

（四）在创新创业中走在前列

新时代中国青年富有想象力和创造力，思想解放、开拓进取，勇于参与日益激烈的国际竞争，成为创新创业的有生力量。

受益于党和国家的好政策，在经济、社会、科技、文化等领域，青年以聪明才智贡献国家、服务人民，奋力走在创新创业创优的前列。在国家创新驱动发展战略的引领和"揭榜挂帅""赛马"等制度的激励推动下，一批具有国际竞争力的青年科技人才脱颖而出，在"天宫""蛟龙""天眼""悟空""墨子""天问""嫦娥"等重大科技攻关任务中担重任、挑大梁，北斗卫星团队核心人员平均年龄36岁，量子科学团队平均年龄35岁，中国天眼FAST研发团队平均年龄仅30岁。在工程技术创新一线，每年超过300万名理工科高校毕业生走出校门，为中国工程师队伍提供源源不断的有生力量，他们用扎实的学识、过硬的技术，持续创造难得的"工程师红利"，有力提升了中国的发展动力和国际竞争力。在国家持续出台创业扶持政策的大背景下，青年积极投身大众创业、万众创新热潮，踊跃参加"创青春"中国青年创新创业大赛、"中国国际互联网+"大学生创新创业大赛等创业交流展示活动，用智慧才干开创自己的事业。2014年以来，在新登记注册的市场主体中，大学生创业者超过500万人。在信息技术服务业、文化体育娱乐业、科技应用服务业等以创新创意为关键竞争力的行业中，青年占比均超过50%，一大批由青年领衔的"独角兽企业""瞪羚企业"喷涌而出。中国青年自觉将人生追求同国家发展进步紧密结合起来，在创新创业中展现才华、服务社会。

（五）在社会文明建设中引风气之先

新时代中国青年顺应社会发展潮流，适应国家治理体系和治理能力现代化要求，在社会文明建设中引领时代新风，争当正能量的倡导者、新风尚的践行者。

无论在城镇还是乡村、企业还是学校，青年都自觉把正确的道德认知、自觉的道德养成、积极的道德实践紧密结合起来，带头倡导向上向善社会风气、塑造社会文明新风尚。……1993年"中国青年志愿者行动"启动以来，志愿服务成为青年参与社会治理、履行社会责任的一面旗帜，成为青年在奉献人民、服务社会中锻炼成长的重要途径。截至2021年底，全国志愿服务信息系统中14岁至35岁的注册志愿者已超过9000万人，他们活跃在社区建设、大型赛事、环境保护、扶贫开发、卫生健康、应急救援、文化传承等各个领域，弘扬"奉献、友爱、互助、进步"的志愿精神，在全社会形成团结互助、平等友爱、共同前进的新风尚。

…………

（来源：国务院新闻办公室网站，2022年4月21日）

学者论坛

马克思与我们

孙正聿

马克思与我们的人生观

人生在世最大的问题莫过于理解什么是我们自己。世界就是自然，它自然而然地存在，存在得自然而然。人生也是自然，自然而然地生，自然而然地死。但是从自然当中生成的人类，却要认识世界、改造世界，寻求生命的意义，实现生命的价值。这表明，人同世界上其他的一切存在物都是不一样的。那么，人究竟是一种怎样的存在？

马克思首先提出了这样一个问题：人和动物一样，都是生命的存在；但是，动物的生命活动是"生存"，而人的生命活动是"生活"。什么叫生存？它的存在和它的生命活动是直接统一的。动物同世界是一种直接的、肯定性的统一关系，而人不是，人是有意识、有目的的生命活动。所以，人是一种创造他自己的生命活动，创造他的生命活动是通过改变世界来实现的，所以说人与世界的关系，不是一种直接的、肯定性的统一关系，而是一种否定性的统一关系。

为什么动物是生存，而人是生活？马克思进一步提出一对范畴，称作"物的尺度"与"人的尺度"。动物只有一个尺度，人有两种尺度。动物的一个尺度是什么？自己所属的物种的尺度。而人有两种尺度，人既有一切物种的尺度，又有自己内在本质的尺度。

人有两种尺度，这意味着人生活的生命活动是一种统一。什么统一？马克思称作"合规律性与合目的性的统一"。人的全部活动，包括两个方面：合规律性与合目的性。

……马克思说，人是一种生活的生命活动，人生活的生命活动就在于他有两种尺度，这两种尺度就表明了人是一种合规律性与合目的性的统一。

这种合规律性与合目的性的人生活在世界上，它表现为"三理"的存在：1. 人是生理的存在；2. 人是心理的存在；3. 人是伦理的存在。一个人的幸福，得满足这三方面的需要——比较充裕的物质生活满足你的生理需要，比较充实的精神生活满足你的心理需要，比较和谐的社会生活满足你的伦理需要，这三个缺一不可，而且人们在特定的处境之下，可能需要的、最渴望的是其中一个方面。人作为生活的存在，是非常复杂的，不是单一的生理满足、心理满足或伦理满足，而是一个统一的东西。所以，马克思有一句名言，他说"人的本质在其现实性上，是一切社会关系的总和"。

作为一个人，生活在这个世界上，可能都要追问"我们为什么要活，我们生命的意义何在，生命的价值如何去实现"。因此，我们需要去理解马克思所说的"人的本质在其现实性上，是一切社会关系的总和"。也就是说，人不是一个自然的存在，人是一个生理的、心理的、伦理的存在，人就是一个社会的、历史的、文化的存在。

马克思与我们的价值观

作为一个人，我们追问生命的意义，实际上是想实现生命的价值。马克思在他的中学的作文里边就提出，他的人生价值追求就是"为全人类而工作"。

马克思提出的人类解放和人的全面发展，就是他所要追求的社会理想。而马克思给自己的座右铭是"目标始终如一"。马克思是一个活生生的、崇高的、大写的人，表达了一个人格化的社会理想，一个人格化的价值诉求。

在今天，我觉得青年人面对最大的问题是价值观的困惑。从现实来说，有四个大问题：1. 市场经济是以物的依赖性为基础的人的独立性，人们一切向"钱"看，就会形成一种急功近利的功利主义。这样一种背景下，能否像马克思一样，确立一种"为全人类而工作"的伟大理想和价值诉求？2. 当代中国社会已经从原来的熟人社会走向了陌生人社会。在一个熟人的社会，人们会对自己提出各种各样的道德要求，受到各种各样的道德、伦理的约束。但是现代社会发生一个深刻的变化，从熟人社会变成一个陌生人社会。什么叫现代化？现代化就是日常经验科学化，日常交往社交化，日常消遣文化化，日常行为法治化，农村生活城市化。这几"化"当中，最重要的是日常交往社交化，已经从一种伦理道德的要求变成一种不违背法律的底线，所以现在提出诚信等一系列问题。3. 信息时代也好、网络时代也好、虚拟世界也好，总而言之，这意味着大家不仅仅生活在现实生活当中，而且生活在虚拟世界当中。在这样的背景之下，人们的价值观会是怎样？4. 当历史变成世界历史以后，我们受到各种各样价值观的冲击，在这样的背景之下，如何来判断我们的价值观，如何有一种马克思的价值观和社会理想，我觉得这是现在面对的一个巨大的、现实的问题。

人是历史的文化的存在，每个人的价值观都具有三个社会的东西：1. 具有社会性质；

2. 具有社会内容；3. 具有社会形式。价值观的核心问题是个人和社会之间的关系问题。仔细想一下价值观里面有什么东西？社会理想、社会制度、法律规范、伦理道德，你想想自己的价值观是不是这样？理论就是规范人们的思想和行为的各种概念系统，它决定着我们的所思所想和所作所为。我们的价值观首先是具有社会内容的，没有社会内容的价值观是不存在的。同时，我们的价值观都是有社会形式的。马克思说"人类是以各种基本方式去把握世界"。所以，我们的价值观是常识的、神话的、宗教的、伦理的、科学的、哲学的。真正的价值观离不开把握世界的基本方式，每个人的价值观看起来是随意性的，但深层次隐藏着社会的性质、社会的内容和社会的形式。正因为是这样，所以每个社会才能够用它自己的社会理想、社会规范和社会导向去引导个人去认同它的理想、规范和导向。在我们理解社会主义核心价值观的时候，应该抓住这样一对主要矛盾和矛盾的主要方面。我们只有这样去理解价值观，才有可能更好地理解马克思的"为全人类而工作"和实现人的全面发展的宏伟的社会理想和价值追求。

（摘编自：《光明日报》，2016年7月7日第11版；作者系吉林大学哲学系教授）

人生的境界

冯友兰

人与其他动物的不同，在于人做某事时，他了解他在做什么，并且自觉地在做。正是这种觉解，使他正在做的对于他有了意义。他做各种事，有各种意义，各种意义合成一个整体，就构成他的人生境界。不同的人可能做相同的事，但是各人的觉解程度不同，所做的事对于他们也就各有不同的意义。每个人各有自己的人生境界，与其他任何个人的都不完全相同。若是不管这些个人的差异，我们可以把各种不同的人生境界划分为四个概括的等级。从最低的说起，他们是：自然境界，功利境界，道德境界，天地境界。

一个人做事，可能只是顺着他的本能或其社会的风俗习惯。就像小孩和原始人那样，他做他所做的事，而并无觉解，或不甚觉解。这样，他所做的事，对于他就没有意义，或很少意义。他的人生境界，就是我所说的自然境界。

一个人可能意识到他自己，为自己而做各种事。这并不意味着他必然是不道德的人。他可以做些事，其后果有利于他人，其动机则是利己的。所以他所做的各种事，对于他，有功利的意义。他的人生境界，就是我所说的功利境界。

还有的人，可能了解到社会的存在，他是社会的一员。这个社会是一个整体，他是这个整体的一部分。有这种觉解，他就为社会的利益做各种事，或如儒家所说，他做事是为了"正其义不谋其利"。他真正是有道德的人，他所做的都是符合严格的道德意义的道德行为。他所做的各种事都有道德的意义。所以他的人生境界，是我所说的道德境界。

最后，一个人可能了解到超乎社会整体之上，还有一个更大的整体，即宇宙。他不仅是社会的一员，同时还是宇宙的一员。它是社会组织的公民，同时还是孟子所说的"天民"。有这种觉解，他就为宇宙的利益而做各种事。他了解他所做的事的意义，自觉他正在做他所做的事。这种觉解为他构成了最高的人生境界，就是我所说的天地境界。

这四种人生境界之中，自然境界、功利境界的人，是人现在就是的人；道德境界、天地境界的人，是人应该成为的人。前两者是自然的产物，后两者是精神的创造。自然境界最低，往上是功利境界，再往上是道德境界，最后是天地境界。它们之所以如此，是由于自然境界，几乎不需要觉解；功利境界、道德境界，需要较多的觉解；天地境界则需要最多的觉解。道德境界有道德价值，天地境界有超道德价值。

（摘编自：冯友兰《中国哲学简史》，北京大学出版社，1996年版）

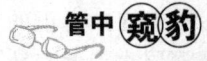

新时代 我们如何学雷锋

本报评论员

一

1963年，毛泽东将他对一位普通战士的缅怀与敬意，汇聚成朴实无华的七个字：向雷锋同志学习。从此，雷锋精神成为一种跨越时代的象征，一种信仰崇高的感召，深深植根于中华民族优秀文化的沃土，成为中国共产党人精神谱系的组成部分，成为社会主义核心价值观的鲜活体现。

在毛泽东等老一辈革命家为雷锋同志题词60周年之际，习近平总书记作出重要指示：新征程上，要深刻把握雷锋精神的时代内涵，更好发挥党员、干部模范带头作用，加强志愿服务保障和支持，不断发展壮大学雷锋志愿服务队伍，让学雷锋在人民群众特别是青少年中蔚然成风，让学雷锋活动融入日常、化作经常，让雷锋精神在新时代绽放更加璀璨的光芒，为全面建设社会主义现代化国家、全面推进中华民族伟大复兴凝聚强大力量。

雷锋精神是热爱党、热爱祖国、热爱社会主义的崇高理想和坚定信念，促使我们自觉地把个人追求和国家前途联系起来，为中华民族伟大复兴贡献力量；

雷锋精神是服务人民、助人为乐的奉献精神，引导我们扶贫济困、扶弱助残、积极行动、倾情奉献，以实际行动促进社会进步；

雷锋精神是干一行爱一行、专一行精一行的敬业精神，教育我们忠于职守、精益求精，脚踏实地为中国特色社会主义事业添砖加瓦；

雷锋精神是锐意进取、自强不息的创新精神，鼓舞我们坦然面对困难，欣然接受挑战，以顽强的意志、不懈的努力攻坚克难，奋勇向前；

雷锋精神是艰苦奋斗、勤俭节约的创业精神，勉励我们能吃苦、肯奋斗，继往开来，再创辉煌。

二

随着时代的发展，社会的进步，价值观的多元化，雷锋精神是否适用于改革开放后的中国、会不会已经过时的质疑和争议，也在国家的不同发展阶段出现。归纳整理这些质疑，大体可以将其总结为三类。

第一类，是将雷锋精神形成的时代背景与新的社会环境对立起来，认为雷锋精神已经过时；第二类，是将雷锋精神中的"毫不利己，专门利人"与人性对立起来，认为雷锋精神无法实现；第三类，是将雷锋的个人形象与历史真实对立起来，认为雷锋事迹纯属虚构。这些偏颇、缺乏依据的论调，带有严重的误读和偏见。

经历时代的淘洗与辨析，雷锋精神始终绽放着璀璨的光芒。不论是其热爱党、热爱祖国、热爱社会主义的坚定理想信念，还是其热爱人民、爱岗敬业、锐意进取、艰苦奋斗的道德品格，都已经成为不可或缺的精神力量。时代的变迁，令雷锋精神历久弥新，也赋予其新的时代内涵。

在党的二十大报告中，习近平总书记寄语新时代青年：广大青年要坚定不移听党话、跟党走，怀抱梦想又脚踏实地，敢想敢为又善作善成，立志做有理想、敢担当、能吃苦、肯奋斗的新时代好青年，让青春在全面建设社会主义现代化国家的火热实践中绽放绚丽之花。"有理想、敢担当、能吃苦、肯奋斗"，无疑与雷锋精神的内涵紧紧相扣，并将在新时代指引青年踔厉奋发、笃行不息。

三

在雷锋精神诞生的年代，我国社会主义经济基础的确立，要求在全社会建立一种新型的道德规范和行为准则。在这一背景下，雷锋的典型意义，就在于他集中体现了共产主义精神的价值取向，是具备新型社会主义道德的理想人格。

随着中国经济实现跨越式发展，中国特色社会主义进入新时代。新的时代主题和使命对新时代青年提出了新的要求，也为雷锋精神注入了新的内涵。

时代在变，学习雷锋的方式在变，但雷锋精神的底色从未改变。这些变与不变，共同定义了雷锋精神的时代内涵。在这一过程中，青年志愿者事业的发展是很有代表性的一大现象，也展现出了雷锋精神如何在传承中以不同的方式由年轻人所实践。

奉献、友爱、互助、进步——这八个字既与雷锋留下的精神遗产高度契合，也是青年志愿者精神的核心内涵。从2000年起，每年的3月5日在"学雷锋纪念日"之外，多了"中国青年志愿者服务日"的新名片。青年志愿者行动随着社会主义市场经济的发展应运而生，着眼于服务改革、发展、稳定的大局和人民群众基本的生产生活需求，为促进社会主义市场经济体制的建立和完善服务，也为社会主义精神文明建设服务。

四

雷锋精神并非孤立地存在于时空的坐标轴上，也不仅由他一个人谱写和创造。它是中国共产党人精神谱系的组成部分，生成于中国传统文化的沃土中，凝练并融入社会主义核心价值观。

雷锋精神之所以永恒，就在于它是中华优秀传统文化、红色革命文化和社会主义先进文化的完美统一，是社会主义核心价值观的生动体现。

通过继承融合优秀传统文化与革命文化，雷锋精神本身也成了中华民族文化基因的一部分。

从本质上看，雷锋精神已经深深扎根在中国的土壤里，内化为当代中国人民精神世界和价值准则的一部分。

雷锋不止是一个人，学习雷锋也不止是一代人的使命。对于今日的中国青年而言，雷锋精神依然指引着他们，在奋斗中使理想照进现实。

"士不可以不弘毅，任重而道远。"面对时代的号召，中国青年要交出一份无愧于心、无愧于己、无愧家国的答卷，就必须在大时代中确立自身定位，正确认识个人与国家、与社会、与他人的关系。在这些问题上，雷锋精神都能帮助我们找到行动的指引。

面对国家，雷锋精神告诉我们：个人利益和国家利益高度统一，对祖国的赤子之爱，就是对人民的大爱。爱党爱国的理想，激励我们自觉把个人追求同社会、民族、国家、人民联系起来，为祖国的繁荣发展贡献自己的智慧和力量。坚定的理想信念，照亮每一个勇毅者前行之路。

面对社会，雷锋精神告诉我们：个人和集体的关系，就像细胞和身体的关系一样。当身体受到损害的时候，细胞不可避免也要受到损害。马克思也说过："只有在集体中才有可能有个人自由。"集体有机体不仅是一种抽象的比喻，也是一种现实的存在。共同富裕的现代化目标，蕴含着个人与集体关系的深义，也是社会赋予新时代青年的责任与使命。

面对他人，雷锋精神告诉我们：随着中国进入社会主义初级阶段的较发达阶段，助人既是社会公益，也是社会主义道德体系下的自我需求。志愿精神是雷锋精神的现代形态，也鼓励一心向善的年轻人在奉献中感受快乐，实现自我价值。

面对自我，雷锋精神告诉我们：爱岗敬业、锐意进取、自强不息、艰苦奋斗的品质不仅作用于社会整体，也能让我们成为更加优秀的个体。在实现第二个百年奋斗目标的新征程上，不管是乡村振兴、科研创新，还是新兴产业行业，都给青年提供了成长的机遇，展现才华的舞台，唯有在不懈奋斗中成长、进步，才能不负时代、无愧青春。

习近平总书记2018年参观辽宁省抚顺市雷锋纪念馆时指出："我们既要学习雷锋的精神，也要学习雷锋的做法，把崇高理想信念和道德品质追求转化为具体行动，体现在平凡的工作生活中，作出自己应有的贡献，把雷锋精神代代传承下去。"

无论时代如何变迁，雷锋精神永不过时。习近平总书记近日作出的重要指示中特别强调，让学雷锋在青少年中蔚然成风。"雷锋精神，人人可学；奉献爱心，处处可为。"青少年是一个人成长的关键阶段，牢记嘱托，把学雷锋活动融入日常、化作经常，就一定能让雷锋精神在新时代绽放更加璀璨的光芒。

(摘编自：《中国青年报》，2023年2月28日第1版)

人工智能与马克思人的本质的"新确证"

王水兴

人工智能对人的本质具有重大的丰富和发展意义。运用马克思主义立场、观点和方法，详尽阐明人工智能对人的发展意义，对校准社会对人工智能的认知、推动人工智能科学发展、坚定马克思主义信仰具有重要意义。

一、人工智能丰富了人的本质

从人工智能对人本身、对人的劳动和对人的社会关系塑造视角看，人工智能丰富和发展人的本质作用正日益彰显。

人工智能重塑了人的存在和发展方式。由此，"人的最高本质是人"被赋予了新的内涵。人工智能技术既赋能又赋智人类，人的本质扩充、增强了。

从劳动作为人的本质来讲，人工智能在越来越多的领域取代人的劳动只是改变了人的劳动形态，没有改变劳动对人的存在和发展的本质意义。人工智能标志着人类对自然力应用达到了新的高度，彰显了人类无限的创造力。人工智能极大地丰富和发展了人的本质，成为人的本质的新确证。

马克思认为，劳动是人的存在和发展方式。只有劳动不再是谋生手段，而是人的本质活动的时候，劳动才成为人们"生活的第一需要"。智能时代深度发展，劳动对人的丰富和发展意义显著增强。智能社会的发展，劳动的内涵和形态的变化，为劳动成为人的第一需要创造了日益丰富的条件。

简言之，在人工智能时代，劳动对于人，是创造性能力的跃升，是人的本质的升华。智能技术的不断迭代发展，必将为人类创造更广阔的发展空间。人的自由、权利和本质将获得更大的发展。

二、人工智能丰富了人的类本质

马克思认为：人的本质只有通过他与其他人的互动才能体现出来——人的本质是"类本质"，即人类怎样存在和发展，个人就怎样存在和发展。

在马克思那里，实践是人的存在和发展方式。而实践离不开人的类活动、离不开人与人之间的交互性、互组织性活动。因此，人的本质不是静止不变的，而是随着时代、实践、历史的发展而不断变化的。马克思关于人的本质理论高度凝结了历史唯物主义和辩证唯物主义思想，科学把握马克思人的本质理论是坚定马克思主义信仰的重要基础。

在人工智能时代，人类的实践活动方式面临革命性重塑。技术的发展，使劳动形态发生颠覆性变化。智能经济、智能社会深度发展，丰富和发展人的本质的条件、手段、力量也空前得到丰富和发展。每个人自由而全面的发展是时代发展的内在要求，也是时代发展的方向。

在人工智能时代，人类在交通、通讯、金融领域日益全球化，文化的交流、文明的互动增进了人类心灵相通。在人工智能的辅助下，人类的交互性、互组织性发展到新的历史高度。人类越来越以类的方式存在和发展。

随着智能社会的全球化深度发展，人工智能日益深度嵌入人类的物质生活、政治生活和精神生活。人类的联通性、互组织性、交互性愈向深度发展，人的类生存、类生活、类的发展特征就愈显现，人的群体的智慧就愈易得到快速的传播和造福整个社会。完全智慧社会必定是自由而全面发展的人类社会。"在那里，每个人的自由发展是一切人的自由发展的条件。"

三、人工智能拓展了人的本质限度

所谓人的本质限度问题，就是人的能力的边界、限度问题。也就是对于人而言，哪些是不可能的，哪些是可能的。这个"可能"与"不可能"的界限就是人的本质的限度。

人的本质，在一定的历史条件、技术条件下是有限度的，就是说，人不能超越自己存在的历史条件来选择存在和发展方式。人的本质没有限度，是由于人类是发展的，人的本质力量是处在不断被开掘和发展的过程中的。一切技术都是人的技术，因此，技术怎样发展，人的本质就怎样发展。技术的发展永无止境，人的本质就无边无尽。

人工智能的辅助，使人类获得了新的、更发达的生产力。随着更加发达的生产力的获得，人类的创造性活动的范围、类型、种类、领域也必将日趋丰富和发展起来。未来人类从事的工作是需要人的创造性能力才能完成和胜任的工作。这种工作同时又是丰富人的本质内涵的工作。人的创造力的提高，也就是人的本质限度的丰富和拓展。

从人自身的生命表征看，人的本质的限度也是随着技术进化而不断发展的。从技术与人的本质关系而言，技术的存在和发展，意味着人的力量、人的本质的限度的拓展。技术永无止境的发展，人的本质就无限发展，从而人的本质的限度就得到不断突破。人工智能的应用，使人类从生理到心理都受到全面塑造。实践永无止境，人的本质的丰富和发展过程就永无止境。

四、人工智能拓展了人的本质实现路径

与人的本质问题相比，人的本质的实现是更具有实践性、历史性和时代性意义的问题。总体上，人工智能时代愈深入发展，人的本质就得到更强有力的丰富和发展，人的本质力量就得到更鲜明的体现。在人工智能时代，人的本质的实现具有更加充分的主客观条件。

人工智能时代，技术的进化发展到了新的历史水平，技术进化与人的进化进程明显加快，人的自我异化的积极扬弃过程、人的本质的实现过程也显著加快。在人工智能面前，人类感到自己作为历史和社会主体的地位受到挑战。但我们应该认识到，人的本质是人在劳动中实现的。

人工智能推动劳动形态变革。人工智能的社会主义应用，使技术发展与劳动形态变革同频共振，劳动正义成为人类解放的动力。在人工智能的社会主义应用逻辑中，劳动创造并驾驭技术、技术服务劳动，劳动与技术之间形成互利互惠的发展关系，这意味着人的本质的实现获得了新的途径。

总体上，人工智能与人类智能的共同进化不断确证了人的本质力量。超越人对人的依赖、人对物的依赖，追求人的自由而全面的发展，实现人作为人的本质，存在于人类的全部历史进程中。这个进程同样也是人类追求美好社会、创造美好生活的历史进程。

（摘编自：《马克思主义研究》2022年第2期，作者为江西师范大学教授）

撷英荟萃

如果人只是为了自己而劳动，他也许能成为有名的学者、绝顶的聪明人、出色的诗人，但他绝不可能成为真正的完人和伟人。

——马克思

有所作为是"生活中的最高境界"。

——恩格斯

青年的价值取向决定了未来整个社会的价值取向，而青年又处在价值观形成和确立的时期，抓好这一时期的价值观养成十分重要。这就像穿衣服扣扣子一样，如果第一粒扣子扣错了，剩余的扣子都会扣错。人生的扣子从一开始就要扣好。

——习近平

自暴者，不可与有言也；自弃者，不可与有为也。

——孟子

穷且益坚，不坠青云之志。

——王勃

人生最终的价值在于觉醒和思考的能力，而不只在于生存。

——亚里士多德

个人的价值就在于他代表民族精神，参与创造。

——黑格尔

你若要喜欢你自己的价值，你就得给世界创造价值。

——歌德

人只有依赖社会，才能弥补他的缺陷。

——休谟

所谓活着的人，就是不断挑战的人，不断攀登命运峻峰的人。

——雨果

苦难是人生的老师。

——巴尔扎克

悲观的人虽生犹死，乐观的人永生不老。

——拜伦

我要扼住命运的咽喉，它妄想使我屈服，这绝对办不到。

——贝多芬

我的人生哲学是工作，我要揭示大自然的奥秘，并以此为人类造福。我们在世的短暂一生中，我不知道还有什么比这种服务更好的了。

——爱迪生

一个人的价值，应当看他贡献什么，而不应当看他取得什么。

——爱因斯坦

人生须知负责任的苦处，才能知道有尽责的乐趣。

——梁启超

真正的乐观主义的人是用积极的精神向前奋斗的人，是战胜愁虑穷苦的人。

——邹韬奋

人生的道路虽然漫长，但紧要处常常只有几步，特别是当人年轻的时候。

——柳青

我要把有限的生命，投入到无限的为人民服务之中去。

——雷锋

扩展阅读

1. 唐凯麟主编《西方伦理学名著提要》，南昌：江西人民出版社，2000年

本书是一部介于教材与论著之间的集知识性、理论性、资料性于一体的读物，由多位国内伦理学研究者分别撰写。本书介绍了自古希腊到19世纪西方最具有代表性的伦理学家的代表著作，如柏拉图《理想国》、亚里士多德《尼各马科伦理学》、奥古斯丁《论意志自由》、莫尔《乌托邦》、霍布斯《利维坦》、斯宾诺莎《伦理学》、康德《实践理性批判》等。本书对于伦理学初学者具有导引和领读功能，对于想要了解西方伦理学发展历史的大学生读者，它可以为我们进一步阅读原著提供一个桥梁。

2. 弗兰西斯·培根著《培根人生论》，何新译，西安：陕西师范大学出版社，2006年

本书英文版书名《随笔》，拉丁文版书名《道德与政治论文集》。作者弗兰西斯·培根是17世纪英国著名思想家、政治家和经验主义哲学家，他提出了"知识就是力量"的著名论断，创立了科学归纳法，鼓励人们以科学的方法认识自然和改造自然，对整个人类的思想产生了深远影响。

1597年《培根人生论》在英国首版后,即以文笔优美、语句简洁、趣味隽永、格言精妙而大受欢迎,多次再版重印,历四百多年而未衰,被译为世界上几乎所有文字。它与《蒙田随笔》《帕斯卡尔思想录》一起,被誉为欧洲近代哲理散文三大经典。本书充满了作者对人世的通透洞察,体现了作者的现实主义与其道德理想的完美融合,是文艺复兴以来欧洲古典人文主义价值观念和政治理想的集中体现。

3. 维克多·弗兰克著《活出意义来》,赵可式、沈锦惠、朱晓权译,北京:生活·读书·新知三联书店,1991年

《活出意义来》的英文书名为 Man's Search for Meaning。作者维克多·弗兰克为著名存在主义心理学家。第二次世界大战时期,作为犹太人,弗兰克的全家都被关进了奥斯威辛集中营,他的父母、妻子、哥哥全都死于毒气室中,只有他和妹妹幸存。弗兰克不但超越了这炼狱般的痛苦,更将自己的经验与学术结合,开创了意义心理治疗法,替人们找到绝处再生的意义,也留下了人性史上最富光彩的见证。

本书是关于一个人面对巨大苦难时怎样拯救自己的内在世界的思考,同时也是关于每个人存在的价值和对社会所应担负责任的思考。它不仅介绍了一种精神治疗的方法,同时也是一部追寻生命意义,探寻生命价值的读物。相信大学生读后能从这本薄薄的小册子中获得人生的启迪。

4. 周国平著《人生哲思录》(修订版),上海:上海辞书出版社,2011年

本书是一本关于人生感悟的散文集,按照不同的主题和关键词,全书分为四编,即:生命感悟、情感体验、人性观察、精神家园,是从不同角度对人生进行的哲学思考。生命感悟篇涉及生活态度、人生境界、生活质量、内在生活、人生况味、人生难题等内容,情感体验篇涉及爱、性与爱、女人与男人、婚姻与家庭等内容,人性观察篇涉及人性、人与社会、世态人情、个人视角等内容,精神家园涉及精神生活、精神价值、精神体系、文化、文学艺术、读书、写作等内容。

案例讨论

案例1

在奋斗征程上担当历练奉献青春力量

2003年开始,共青团中央、教育部、财政部、人力资源社会保障部共同组织实施大学生志愿服务西部计划,每年面向普通高等学校招募一定数量的应届毕业生和在读研究生,到西部地区和基层开展为期1~3年的志愿服务,鼓励和支持服务期满的志愿者扎根当地就业创业。

20年来,西部计划共选拔派遣超过50万名高校毕业生到西部地区,开展脱贫攻坚、乡村教育、民族团结、基层治理等方面的志愿服务,以响亮的青春之歌,谱写中国青年志愿者行动的奋进篇章。

首批支教志愿者冯艾——我的学生已长大成才

冯艾说，志愿者是传递希望的普通人。

2003年6月，大学生志愿服务西部计划正式启动。正在复旦大学读研究生的北京姑娘冯艾主动报名，来到位于云南宁蒗彝族自治县的战河中学支教。

20年后，记者跟随冯艾，回到了她当年志愿服务的战河中学。

崭新的教学楼、红色塑胶跑道、完备的实验室……一切似乎都变了，在山里娃的一声声"老师好"中，冯艾的思绪被拉回20年前。

战河中学海拔约2600米，藏于群山之中。2003年，冯艾初到这里，眼前的景象令她大吃一惊：操场上搭了3间简易木板房作宿舍，墙上的裂缝比拳头还宽，连一扇窗户都没有。

比起艰苦的生活条件，更令冯艾揪心的是教学条件的落后。孩子们除了教材，连本字典都没有，课堂上孩子们问，"因特网"是用来钓鱼的还是捉鸟的？

第一节课，冯艾就告诉孩子们，为什么要学习，学习会怎样改变一个人。她下定决心，一定要教给学生们更多知识，让他们了解外面的世界有多精彩。

当年，当地经济条件差，尽管已免除学费，不少学生家庭却还要为每月66元的伙食费发愁。每次放假，老师们最担心的就是哪个孩子因交不起费用不来上学了。除了一次次家访，冯艾还四处为贫困学生寻找资助。通过她的努力，一家上海企业资助了这个班级，将许多孩子从辍学边缘拉了回来。

如今，得知冯艾老师要回战河，她教过的（45）班9名学生，从各地专程赶来看她。现在战河中学的数学老师罗永钢，也是（45）班一员。他骄傲地说："当年班里50多名学生，全部接受了高等教育，一直念到了大学或大专。"

过去，战河中学的教室和宿舍间，有3亩空地。20年前，老校长卢锋带着冯艾和其他老师一起，种下30多株不到一米高的树苗。20年后，绿树婆娑、一派葱茏，最高的垂柳已近3米。冯艾当年的学生也已成长为各行各业的骨干，奋斗在各自的岗位上。

冯艾说："西部计划的价值，对志愿者是国情教育，让我们学会了脚踏实地；对地方而言是观念的改变和人才的补给，不少志愿者留在当地继续奋斗。千千万万志愿者用心血和汗水播撒的种子，在祖国广袤的西部生根发芽。"

2008年抗震救灾专项行动志愿者王鹏——扎根北川十五年

"你啥时候回来的哟？快过来坐坐，喝口茶、剥点花生吃！"走在四川北川羌族自治县禹里镇老街，王鹏像是回到了家乡。熟识的乡亲纷纷上前热情招呼，他也操着一口地道的北川方言一一回应。旁人不会想到，他可是位山东大汉。

2008年，王鹏即将大学毕业。汶川特大地震发生后，远在山东的他产生了一个强烈的想法："我要去那里，做点什么。"他放弃了老家的工作机会，报名成为西部计划抗震救灾专项行动志愿者，踏上了志愿服务之路。

初到北川，王鹏被分到了禹里。"许多群众因为失去亲人、家园损毁，正处在巨大的悲痛之中。抗震救灾和灾后重建工作千头万绪，需要我们全力以赴投入和细致入微推进。"王鹏从日常生活细节入手，积极为受灾群众提供疏导和服务，帮助解决饮水、医疗、防疫等具体问题，帮助疏通排水渠，逐棚送去避暑药品，帮助搬运和发放物资，诚心诚意为大家送去温暖。

2008年9月24日,正在进行灾后重建的北川遭遇泥石流灾害。连降暴雨,水位暴涨,而禹里用于灾后重建的大批水泥,刚刚卸货在江边。"绝不能让天灾影响重建进度!"冒着大雨,王鹏和几个村干部将水泥一趟趟扛上货车,最大程度保护了救灾物资。

在北川开展志愿服务的经历,让王鹏和当地人结下了深厚的情谊。"我想留下来,继续为他们做事。"一年志愿期结束后,王鹏决定留在北川,并通过考试,成为一名基层民警。

"战疫情、抗洪灾、保安全、护稳定,警察工作很辛苦,但守土有责、守土尽责,遇到再大的困难我们也决不放弃。"王鹏从调解纠纷、询问材料等方面学起,十几年扎根基层派出所,尽心尽力对待每一项工作。

15年间,从志愿者到基层民警,王鹏见证了北川从废墟重生的全过程,自己也成家立业,开启了全新的人生旅程。如今,已是北川县通泉派出所所长的他,依然以满腔热忱,在平凡的岗位上默默付出,服务西部、服务群众,初心不改。

2020年服务"三农"专项志愿者韦敏平——大山的女儿心系大山

"阿叔,玉米得注意防治蚜虫,喷药时要喷到玉米心叶。"一到农忙时节,广西隆林各族自治县农业农村局经济作物站的电话铃就响个不停,技术员韦敏平耐心地回答提问。

2020年7月,在学校老师的鼓励下,即将从华南农业大学植物保护专业毕业的韦敏平,报名参加大学生志愿服务西部计划项目,被派往隆林各族自治县介廷乡政府,开展服务"三农"专项的志愿服务工作。

"在校时,'时代楷模'黄文秀的事迹和精神一直激励着我。我也出生在广西,毕业后如果能和她一样建设家乡,会是件很光荣的事情。"韦敏平说。

"一开始听不懂当地方言,业务也不熟悉,工作起来吃力得很。"韦敏平说,她利用休息时间抓紧学习当地方言,熟悉工作流程,下乡了解村屯、群众的具体情况。

渐渐地,无论是推广农产品,还是回答村民提出的病虫害防治问题,韦敏平都能熟练应对。

刚到当地不久,韦敏平和其他志愿者前往介廷乡老寨村看望当地留守儿童。当时正在上小学二年级的苗苗,因为父母常年在外务工,忙着喂鸡、洗菜、晒玉米,干起农活十分熟练。

"成熟得让人心疼!"韦敏平说。自那以后,她和县里20多名志愿者组成团队,为留守儿童提供学习和生活上的帮助。2021年,韦敏平及团队成员共开展课业辅导、心理疏导、陪伴谈心等活动60余次,协调各方捐款捐物近3万元。

2021年9月,服务期满,韦敏平决定留在隆林。通过考试,她进入当地农业农村局经济作物站工作。"这里虽然没有大城市的繁华,但有淳朴真诚的父老乡亲,工作上也能发挥专长,我觉得这样的生活很充实,很有成就感。"韦敏平笑着说。

入职新岗位两年来,韦敏平深入村屯,解答农户种植难题;走进田间,帮助村民引进作物新品种;俯身地头,探索科学轮作机制……从西部计划志愿者到农业技术员,韦敏平一直服务在"三农"工作一线。

大山的女儿心系大山。"选择来到这里,我从未后悔,希望以后能为当地的发展多作贡献!"韦敏平说。

2021年健康乡村专项志愿者张颖怡——医者仁心守护健康

今年，两年的西部计划服务期结束后，张颖怡选择了留在新疆。这个毕业于北京大学的广东姑娘，为什么这样选择？

"我还在学校的时候，习近平总书记给北京大学援鄂医疗队全体'90后'党员回信指出，让青春在党和人民最需要的地方绽放绚丽之花。老师也一直鼓励我们，我渐渐萌生了去西部的想法。"2021年，从北京大学医学部毕业后，张颖怡决定参加西部计划，到祖国最需要的地方去！

收拾行囊，张颖怡奔赴新疆生产建设兵团第一师阿拉尔市，在浙大邵逸夫阿拉尔医院血管内科临床一线工作。与想象中不同，这里的快节奏一开始让张颖怡有些不适应——医院医疗资源辐射周边10个团场，病人多、医生少，常常连轴转、加班干，同事们也都"身兼数职"。

刚参与临床工作1个多月时，张颖怡遇到一位让她印象深刻的患者老张。老张因为胸痛来医院就诊，被诊断为急性前壁心肌梗死。"患者觉得手术有风险，想保守治疗。"张颖怡说。

她有些担忧，如果不尽快手术，预后恢复恐有不良影响。当晚张颖怡值夜班，遇到老张的妻子又来咨询病情。张颖怡拉着她聊了一个小时，详细介绍了发病机制、治疗原理、预后措施等，家属和患者打消了顾虑，表示愿意手术。

在科主任的带领下，张颖怡和同事们为患者制定方案，植入支架，手术顺利完成。最终，患者恢复了健康。这件小事，让张颖怡深深感到了作为一名医生的责任和价值。

"很高兴能够用自己所学，在西部这样广阔的天地建功立业。"忙碌的工作充实了张颖怡的每一天，不知不觉间，两年过去了。在家人朋友等着她回家的消息时，张颖怡却决定留下来。

"其实，这里的生活并不像大家想的那样艰苦。"张颖怡说，这里有广袤的田野，满天的星辰；工作之余，热心的同事带着她聚餐、邀请她做客、帮她解决困难，如家人般温暖。

"在西部，我找到了自己的事业，也开启了人生新的篇章。"张颖怡说。

2022年乡村社会治理专项志愿者郭贵——小小镜头记录广袤乡村

"我们贵州长顺县有四宝，分别是高钙苹果、绿壳鸡蛋、小米核桃以及紫王葡萄……"架起三脚架，安装好相机，郭贵站在葡萄种植基地里，为村民直播带货。

23岁的郭贵是一名西部计划志愿者。一年多前，郭贵离开家乡山西运城，一路南下贵州。土棕色背包里，有一台相机、一架无人机，还有一瓶老陈醋。

"年轻人有热血、有干劲，总要出去走走看看。"大四的时候，郭贵毅然报名了西部计划，来到贵州长顺县长寨街道永增村。

离开熟悉的黄土地，飞机快落地的时候，眼里尽是郭贵从未见过的景色，"原来喀斯特地貌是这样啊。"

"这边的山一座连着一座，形状就像我们山西的窝窝头。"在一次次下组入户、巡山巡河当中，郭贵逐渐了解当地的基本情况和民风民俗。

工作之余，郭贵喜欢带着相机到处走。戏剧影视文学专业出身的他，经常将捕捉到的乡间美景，分享到自己的短视频账号上。

"最开始只是为了和家人朋友分享我在贵州看到的风景。"郭贵说,有一天他分享了一张长顺县城的照片,没想到在网上火了。

照片里,街道两侧挂满红灯笼,路上车来车往,砖房整齐排列,远处是青山……照片唤起了不少在外务工、求学的长顺人的乡愁。那之后,越来越多的长顺人、贵州人开始关注郭贵的账号。

郭贵所在的永增村是当地小有名气的旅游村,有潮井奇观、百亩荷花塘等景色。郭贵时常在网上分享村里的美景,吸引更多人前来观赏游玩。有时,郭贵也以"探店"的形式,免费为村民的民宿、农家乐做宣传,帮助村民增收。

最近,郭贵接了一项新"业务",为当地村民拍照。"许多在外的年轻人联系到我,请我去他们家里帮家人拍张照片。"郭贵欣然答应,找到村民家,拍完后精心挑选,将照片发往远在上海、浙江、福建等地的游子手中。

"能够发挥自己的专业所长为村民做一些力所能及的事,我很高兴。"郭贵笑着说。

在网上,时常有人向郭贵咨询西部计划志愿者的相关情况,郭贵鼓励他们勇敢报考,"到西部去、到基层去、到祖国最需要的地方去!"

(来源:人民日报 2023 年 11 月 28 日第 7 版)

案例点评:

5 位西部计划志愿者的奋斗故事有着不同的展开方式,却分享着共同的主题,那就是"到西部去、到基层去、到祖国最需要的地方去!"大学生志愿服务西部计划实施二十余年来,一批批西部计划志愿者接续奋斗,用实际行动弘扬志愿精神,成为我国西部地区基层建设发展的一支生力军,彰显了当代青年的责任担当。

思考与讨论:

1. 如何看待大学生志愿服务与个人成长成才的关系?
2. 结合案例,谈谈如何让青春在全面建设社会主义现代化国家的火热实践中绽放绚丽之花?

案例 2

申纪兰:"勿忘人民、勿忘劳动"

山西省平顺县西沟村,自古就是要与河道抢耕地、与老天抢粮食的地方。沧海桑田。曾经撂荒的山坡上,如今或已披绿,或梯田成行。村民说,他们这里的人,比起信老天,更愿信劳动的力量。

这里有一位执拗的耄耋老者,年复一年,仍坚持着自己劳作。春天播种,下地秋收,冬天除雪,步履日渐蹒跚,但她干起活来仍充满力量。一身深蓝色粗布衣服、一头刚盖住耳朵的短发,在 1975 年剪掉长辫子之后,她 40 多年来一直保持着这种在农村最常见的打扮。除了不时整理行装进京开会,几乎没什么能把她和普通农妇一眼区别开。

她是申纪兰,山西省平顺县西沟村党总支副书记,全国劳动模范,全国优秀共产党员,第一至第十三届全国人大代表,全国唯一连任十三届全国人大代表的人,"改革先锋"称号获得者,"共和国勋章"获得者。

争取男女同工同酬的急先锋

申纪兰 1929 年出生于山西省平顺县山南底村。抗战时期,她就担任过村里纺花织布小组的组长。一嫁到西沟村,她就积极参加劳动。1951 年西沟村成立初级农业合作社时,她成了副社长。这对奉行"好男人走到县,好女子不出院"古训的山里人来说,已让人刮目相看。但在她心里,有一个坎始终过不去:为啥妇女的劳动报酬要少一半?

按照当时的分工计酬方式,如果男人干一天活计 10 个工分,那么妇女只能计 5 个。不平等的报酬又挫伤着妇女的劳动积极性,很多妇女只愿意干"家里活",不愿出门参加社会劳动,而这又成为阻碍妇女地位提高的关键。

为了让妇女得到真正的解放,申纪兰走家串户,向妇女宣传"劳动才能获得解放"的道理,同时努力做男社员的思想工作,积极争取男女同工同酬。

开始,男社员很多不同意。申纪兰认为,只有干出成果,才能让妇女不再受歧视。

村里本来是男女共同协作劳动的。经申纪兰申请,社里专门给女社员划出一块地,和男社员进行劳动竞赛。男社员认为稳操胜券,该休息就休息;被发动起来的妇女为了争取自己的权益,始终在田间争分夺秒。最后,女社员赢得了竞赛。

这场劳动竞赛在西沟村产生了意想不到的效果,许多男社员都开始支持男女同工同酬。

不久,全国妇联、山西省妇联的同志也来到西沟村。一是考察,二是帮着申纪兰出谋划策。在妇联的支持下,申纪兰带领西沟村妇女提高劳动技能,还设立了农忙托儿所,使妇女能专注劳动。

到 1952 年,西沟村已经实现了"男女干一样的活,应记一样的工分"。至今,村里仍流传着这样的"斗争故事":春播快开始了,成堆的粪要往地上匀。妇女装一天粪 7 分工,男人挑、匀一天 10 分工。干了一天,妇女们都想挑粪匀粪。男人不愿意,就比赛。一样多的人和地,男人休息了,妇女不休息,不到响午,妇女们都匀完了,有的男人还没匀完,连最反对同工同酬的男社员也说:"该提高妇女的底分了!"

1954 年 9 月,在中华人民共和国第一届全国人民代表大会上,申纪兰提出的"男女同工同酬"倡议被写入了中华人民共和国第一部宪法。

一切为了人民

1983 年,西沟村全面推行家庭联产承包责任制,但其中也出现了许多新问题。1984 年,申纪兰从村民的根本利益出发,大胆进行改革。

她主张:成林和有林山坡地仍归集体管理;耕地仍然包产到户、自主经营,但实行三年一小调、五年一大调,添人增地、减人减地,确保土地不撂荒。最终,改革宜统则统、宜分则分,统分适度,实现优势互补。

1985 年,结合申纪兰外出考察的经验,利用当地的硅矿资源优势,西沟村建立起第一个村办企业铁合金厂,当年实现利润 150 万元。此后,西沟村又建立起磁钢厂、石料厂、饮料厂,村办企业成了西沟村的经济支柱。

但为了响应党中央保护环境的号召,不把污染留给子孙后代,2012 年,申纪兰和西沟村民决定,拆除了不符合国家产业政策和环保要求的铁合金厂,重新寻找发展定位。几年间,西沟村的红色旅游基础设施——兴建,新产业基地拔地而起,引进的知名服饰公司开工生产。

作为唯一连任十三届的全国人大代表，申纪兰通过建议和议案将老区脱贫振兴带入了快车道。中西部开发、引黄入晋工程、太旧高速公路、山西老工业基地改造等促进了经济发展；平顺县提水工程、平顺县二级公路建设、平顺县集中供热、集中供气工程等改善了当地群众的生活。

"当人大代表，就要代表人民，代表人民说话，代表人民办事"。申纪兰是这样说的，也是这样做的。

<h3 style="text-align:center">本色不改　初心不渝</h3>

她的"学历"是扫盲班毕业，她一辈子坚持自己只是个农民。1973年至1983年担任山西省妇联主任期间，她坚决不领厅级领导干部的工资，不转干部身份。女儿去省城太原看她，辛苦坐了一路卡车，她也只在单位院外匆匆见了一面，就让孩子回去了。

申纪兰带领群众脱贫致富，1986年9月与县供销社联合办起一座罐头厂，投产后的第一个月就生产红果、梨罐头5万多瓶。

她曾荣获"全国劳动模范""全国优秀共产党员""全国脱贫攻坚'奋进奖'""改革先锋"等称号。但她只把荣誉看作一种鞭策。"勿忘人民、勿忘劳动"成了她自己对人生的一种诠释。

每有团体到西沟村参观学习，她总会在西沟村的会堂给大家介绍，半个多世纪里，在党的带领下农村发生的翻天覆地变化。申纪兰说："我的话，就是一个农民对党的恩情由衷的感激。"

永远跟党走是申纪兰不变的初心。"共产党就是要全心全意为人民服务，要立党为公，两袖清风，一身正气。"申纪兰说，"按照党的要求干，就没有什么干不成的事情。"

（摘编自：新华网，2018年12月25日、2019年09月19日；《山西日报》2020年6月29日）

案例点评：

申纪兰不忘初心、牢记使命，用一生践行了"听党话跟党走"的铮铮誓言。她艰苦奋斗、朴实无华，用一生坚守了"身不离劳动，心不离西沟"的劳模本色。她忠诚履职、心系群众，用一生履行了"人民选我当代表、我当代表为人民"的庄严承诺。申纪兰的一生，是听党话、跟党走的一生，是艰苦奋斗、无私奉献的一生，是情系群众、为民服务的一生。她始终坚持与历史同向、与祖国同行、与人民同在，在实现民族复兴的伟大实践中实现了自己的人生价值。

思考与讨论：

1. 申纪兰传奇的一生对我们理解人生价值有何启发？我们应当如何实现人生价值？
2. 当代大学生如何处理好个人发展与社会发展的关系？

实践方案

方案1　寻找身边的学术"男神、女神"

活动目的：通过对身边的学者、专家、教授的采访，一方面帮助学生了解本专业学习的价值与意义，另一方面也加深学生对专业的认同感。通过专家、学者的榜样力量引导学生追求有价值的人生。

活动方式：小组活动。

活动步骤：

1. 选定在本专业领域做出重大贡献的专家、学者、教授。
2. 拟定问题（访谈大纲），请任课教师给予指导、修改。
3. 约定时间、地点，对专家、学者、教授进行采访。
4. 整理采访内容，撰写访谈报告。

方案2　大学生人生观现状的调查

活动目的：通过调查，了解大学生对待人生问题的态度，运用所学的关于人生观的知识，对大学生在人生观方面的现状以及形成的原因进行初步的分析与思考，从中得到借鉴与启发。同时，通过本课题的研究，初步了解和学习社会科学研究的基本方法。

活动方式：小组活动。

活动步骤：

1. 查阅有关人生观的书籍和研究资料，以及问卷调查的相关知识，确定选题。
2. 查找适用的调查问卷，或自行设计问卷；确定调查对象、样本数量以及抽样方式；按照社会调查的要求实施问卷调查，收集数据。
3. 整理数据，对数据进行统计处理；分析数据，得出结论。
4. 撰写调查报告。

方案3　我是一名"调解员"

活动目的：通过角色扮演活动，帮助大学生进入到人际矛盾的具体情境中，思考每一具体情境中的人际关系，把握每一对关系中的核心问题，从而学习和掌握解决人际冲突的正确方法。通过实践活动，增强大学生的自我反思能力和处理人际关系问题的能力。

活动方式：小组活动。

活动步骤：

1. 搜集生活中关于人际矛盾的案例，查阅与人际关系相关的资料。
2. 讨论撰写"剧本"；小组成员分配角色，进入角色扮演。可以使用手机、摄像机等将角色扮演的过程拍摄记录下来。
3. 小组讨论：反思自己所扮演的角色，讨论引起冲突的原因、化解矛盾的适当方法。
4. 总结活动的心得体会，形成小组报告；也可以制作成"微视频"作品。

第二章　追求远大理想　坚定崇高信念

重点 难点 问题解析

一、理想信念对于大学生成长成才有什么意义？

理想是人们在实践中形成的、有可能实现的、对未来社会和自身发展目标的向往与追求，是人们的世界观、人生观和价值观在奋斗目标上的集中体现。

信念是人们在一定认知基础上确立的对某种思想或事物坚信不疑并身体力行的精神状态，是认知、情感和意志的统一体。

理想信念是人类特有的精神现象，是人的精神世界的核心，被喻为"精神之钙"。

树立崇高的理想信念，对于大学生成长成才具有重要意义，体现在以下几个方面：

第一，理想信念昭示着奋斗目标。人类活动的一个重要特征是具有目的性，人们总是为了一定的目的而活着。理想信念为人的思想行为确定目标，指引着人生道路的方向。有了崇高理想和坚定信念，大学生就有了明确的人生方向，即使现实境况复杂多变、人生旅途曲折坎坷，也不会丧失希望、迷失方向。理想以其真善美的本质，激励着人们在为美好理想的奋斗中找到人生的意义，实现人生的价值，塑造和成就自我。

第二，理想信念催生前进动力。理想信念是激励人们向着既定目标奋斗进取的强大内在驱动力。远大的理想、美好的未来，绝不是一蹴而就、轻轻松松实现的，人们必须付出极大的努力，调动自身无限潜能，克服一切艰难险阻，才能到达理想的彼岸。正如"中华民族伟大复兴，绝不是轻轻松松、敲锣打鼓就能实现的。全党必须准备付出更为艰巨、更为艰苦的努力"。所以，理想越是崇高，实现理想的信念越是坚定，对个体内在动力的激发催生作用就越是强大和持久。而人类就是在不断追求理想的进程中创造了各种人间奇迹。理想信念的这种精神动力作用，是任何物质利益所无法比拟和替代的。而每一个阶段性理想目标的实现，又会强化人们实现更高理想的信念，由此，人生就会不断跃上新的高度，社会就会不断向前进步。

第三，理想信念提供精神支柱。每个人在精神生活领域都要有自己"安身立命"的根本，这就是理想信念的支撑。没有理想信念，人的精神世界就如同缺了"钙"，就会患"软骨病"，在各种考验面前就不能保持"志气""骨气"和"勇气"。对马克思主义、共产主义的信仰，对中国特色社会主义的信念，对实现中华民族伟大复兴的信心，就是中国共产党人经受住任何考验的精神支柱。新时代的大学生在成长过程中也难免会遇到各种困难，还要经受各种诱惑和考验，只有在崇高的理想信念的支撑下，才能保持定力、保持乐观，朝着正确的人生方向坚定不移、锲而不舍。

第四，理想信念提升精神境界。理想信念具有多样性、多层次性，有着高尚与平庸之分。追求什么样的理想，拥有什么样的信念，显现着人们不同的精神境界。追求远大理想和崇高信念，会使人的精神世界超越狭隘、空虚和彷徨，走向心胸宽广、内心充实、步伐坚定。不忘初心，方得始终，有坚定崇高理想信念的大学生，不会因一时的成败得失而斤斤计较，不会因满足于现状而不思进取，更不会陷入人生的迷茫而失去信心。

二、为什么要信仰马克思主义？

马克思主义是我们认识世界、改造世界的强大思想武器。马克思主义为我们提供了科学的思想方法，正确运用马克思主义，我们在观察事物时就能正确地提出问题、分析问题和解决问题。

马克思主义是科学的理论，创造性地揭示了人类社会发展规律。马克思主义深刻揭示了自然界、人类社会、人类思维发展的普遍规律，为人类社会发展进步指明了方向。马克思主义揭示了事物的本质、内在联系及发展规律，是"伟大的认识工具"。

马克思主义是人民的理论，第一次创立了人民实现自身解放的思想体系。人民性是马克思主义的本质属性。马克思主义第一次站在人民的立场探求人类自由解放的道路，以科学的理论为最终建立一个没有压迫、没有剥削、人人平等、人人自由的理想社会指明了方向。

马克思主义是实践的理论，指引着人民改造世界的行动。马克思主义不仅致力于科学解释世界，而且致力于积极改变世界。马克思主义不是书斋里的学问，而是为了改变人民历史命运而创立的，是在人民求解放的实践中形成的，也是在人民求解放的实践中丰富和发展的，为人民认识世界改造世界提供了强大精神力量。

马克思主义是不断发展的开放的理论，始终站在时代前沿。马克思一再告诫人们，马克思主义理论不是教条，而是行动指南，必须随着实践的变化而发展。一部马克思主义发展史就是马克思、恩格斯以及他们的后继者们不断根据时代、实践、认识发展而发展的历史，是不断吸收人类历史上一切优秀思想文化成果丰富自己的历史。因此，马克思主义能够永葆其美妙之青春，不断探索时代发展提出的新课题，回应人类社会面临的新挑战。

马克思主义是党和人民事业不断发展的参天大树之根本，是党和人民不断奋进的万里长河之泉源。拥有马克思主义科学理论指导是我们党坚定信仰信念、把握历史主动的根本所在。大学生坚定马克思主义信仰，最重要的是学习和掌握马克思主义的立场、观点、方法，准确把握时代发展潮流，以科学的理想信念指引人生前进的道路和方向。

三、为什么要增强对中国特色社会主义的信念？

中国特色社会主义道路，是近代以来中国社会发展的必然选择。历史和现实都告诉我们，只有社会主义才能救中国，只有中国特色社会主义才能发展中国。

首先，中国特色社会主义是科学社会主义。中国特色社会主义坚持了科学社会主义的基本原则，又根据时代条件赋予其鲜明的中国特色。在领导制度上，坚持中国共产党的领导，这是中国特色社会主义最本质的特征，是中国特色社会主义制度的最大优势；在国体和政体上，实行人民民主专政和人民代表大会制度；在经济制度上，坚持公有制为主体、多种所有制经济共同发展，坚持按劳分配为主体、多种分配方式并存，实行社会主义市场经济体制；在意识形态上，坚持马克思主义指导地位不动摇，培育和践行社会主义核心价值观；在根本立场上，坚持以人民为中心，不断促进人的全面发展，实现全体人民共同富裕。中国特色社会主义以全新的视野深化了对共产党执政规律、社会主义建设规律、人类社会发展规律的认识。在当代中国，坚持中国特色社会主义，就是真正坚持科学社会主义。

其次，中国特色社会主义是改革开放以来党的全部理论和实践的主题，是党带领人民历尽千辛万苦、付出巨大代价找到的实现中国梦的正确道路。中国特色社会主义道路是实现社会主义现代化的必由之路，是实现国家富强、民族复兴、人民幸福的人间正道；中国特色社会主义理论体系是指导党和人民沿着中国特色社会主义道路实现中华民族伟大复兴的正确理论，是立于时代前沿、与时俱进的科学理论；中国特色社会主义制度是当代中国发展进步的根本制度保障，是具有鲜明中国特色、明显制度优势、强大自我完善能力的先进制度；中国特色社会主义文化植根于中国特色社会主义伟大实践，积淀着中华民族最深层的精神追求，代表着中华民族独特的精神标识。坚定中国特色社会主义信念，就是要坚定中国特色社会主义道路自信、理论自信、制度自信、文化自信，不断使中国特色社会主义在新时代展现出更加强大、更有说服力的真理力量。

第三，中国共产党领导是中国特色社会主义最本质的特征，是中国特色社会主义制度的最大优势。坚持党的领导是由我们党的性质决定的。中国共产党是中国工人阶级的先锋队，同时是中国人民和中华民族的先锋队，是中国特色社会主义事业的坚强领导核心。坚持党的领导是历史和人民的选择。中国共产党始终把为中国人民谋幸福、为中华民族谋复兴作为自己的初心和使命，团结带领全国各族人民不懈奋斗，战胜各种艰难险阻，不断取得革命、建设、改革的伟大胜利。坚持党的领导是实现中华民族伟大复兴的根本保证。在实现中华民族伟大复兴的征程上，还会有各种风险挑战，党的坚强领导是战胜一切困难和风险的"定海神针"。当今中国，只有中国共产党，才能领导中国人民坚持和发展中国特色社会主义，才能担当起带领中国人民创造幸福生活、实现中华民族伟大复兴的历史使命。

四、如何认识理想与现实的关系？

理想与现实是既对立又统一的一对范畴。

理想与现实的对立在于：理想来源于现实，是对现实的反映，但它不等于现实。理想是基于对现实的不满而产生的对未来的期冀，是对现实的升华，理想高于现实。理想是"应然"，现实则是"实然"。人们在理想中追求的东西，在现实中尚不存在或不完全存在。理想总是美好的，但现实中既有美好的一面，也有丑陋的一面。理想与现实的这种差别，必然引起理想与现实的对立和冲突。

理想与现实的统一在于：理想是在对现实认识的基础上建立起来的，受现实的规定和制约。现实孕育着理想，是理想的基础；在一定的条件下，理想可以转化为现实；一个阶段的理想实现了，又会有新的理想鼓舞和激励着人们。而理想转化为现实，现实产生理想的过程会循环往复，永无止境，由此，推动着人类社会不断发展进步。

理想转化为现实需要一定的条件。正确认识理想与现实的关系是实现理想的思想基础，不断坚定理想信念是实现理想的精神动力，艰苦奋斗、勇于实践是实现理想的根本途径。

在对待理想与现实的关系的问题上，存在两种认识偏差：一是"用理想否定现实"，有的人用理想的标准来衡量和要求现实，当发现现实并不符合理想的时候，就对现实大失所望，甚至对社会现实采取全盘否定的态度，逃避或反对现实社会。二是"用现实否定理想"，当发现理想与现实的矛盾时，有的人不加分析地全盘认同当下的现实，对理想产生怀疑和动摇，而对于现实中的消极、丑恶的现象不愤怒、不斗争，甚至同流合污。大学生要注意避免这两种偏向，走出"渺茫论""怀疑论""实惠论"的认识误区。

五、如何认识个人理想与社会理想的关系？

个人理想是指处于一定历史条件和社会关系中的个体对于自己未来的物质生活、精神生活所产生的向往和追求。社会理想是指社会集体乃至社会全体成员的共同理想，即在全社会占主导地位的共同奋斗目标。个人理想与社会理想的关系实质上是个人与社会关系在理想层面的反映。二者相互联系、相互影响、相互制约。

个人理想以社会理想为指引。追求个人理想的实践活动都是在社会中进行的，个人理想的确立不能只凭个人的主观愿望，而要顺应社会发展的客观规律和趋势要求；个人理想的实现不仅仅是个人奋斗的事情，而是要担当时代赋予的社会责任和历史使命。从根本上说，个人理想是由社会理想规定的。

社会理想是个人理想的汇聚和升华。社会理想不是凭空产生的，也不是由外在力量强加的，而是建立在广大社会成员的个人理想基础之上的。社会理想归根到底要靠全体社会成员的共同努力来实现，并具体体现在每个社会成员为实现个人理想而进行的活生生的实践中。

总之，个人只有把人生理想融入国家和民族的事业中，才能最终成就一番事业。大学生要在社会理想的指引下，珍惜韶华、奋发有为，勇于追求个人理想，在实现社会理想的过程中努力实现个人理想。

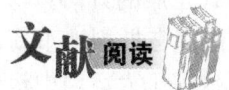

在纪念马克思诞辰 200 周年大会上的讲话（节选）

（2018 年 5 月 4 日）
习近平

同志们：

今天，我们怀着十分崇敬的心情，在这里隆重集会，纪念马克思诞辰 200 周年，缅怀马克思的伟大人格和历史功绩，重温马克思的崇高精神和光辉思想。

马克思是全世界无产阶级和劳动人民的革命导师，是马克思主义的主要创始人，是马克思主义政党的缔造者和国际共产主义的开创者，是近代以来最伟大的思想家。两个世纪过去了，人类社会发生了巨大而深刻的变化，但马克思的名字依然在世界各地受到人们的尊敬，马克思的学说依然闪烁着耀眼的真理光芒！

1818 年 5 月 5 日，马克思诞生在德国特里尔城的一个律师家庭。早在中学时代，他就树立了为人类幸福而工作的志向。大学时代，马克思广泛钻研哲学、历史学、法学等知识，探寻人类社会发展的奥秘。在《莱茵报》工作期间，马克思犀利抨击普鲁士政府的专制统治，维护人民权利。1843 年移居巴黎后，马克思积极参与工人运动，在革命实践和理论探索的结合中完成了从唯心主义到唯物主义、从革命民主主义到共产主义的转变。1845 年，马克思、恩格斯合作撰写了《德意志意识形态》,第一次比较系统地阐述了历史唯物主义基本原理。1848年,马克思、恩格斯合作撰写了《共产党宣言》,一经问世就震动了世界。恩格斯说,《共产党宣言》是"全部社会主义文献中传播最广和最具有国际性的著作,是从西伯利亚到加利福尼亚的千百万工人公认的共同纲领"。

1848年,席卷欧洲的资产阶级民主革命爆发,马克思积极投入并指导这场革命斗争。革命失败后,马克思深刻总结革命教训,力求通过系统研究政治经济学,揭示资本主义的本质和规律。1867年问世的《资本论》是马克思主义最厚重、最丰富的著作,被誉为"工人阶级的圣经"。晚年,马克思依然密切关注世界发展新趋势和工人运动新情况,努力从更宏大的视野思考人类社会发展问题。

....

马克思给我们留下的最有价值、最具影响力的精神财富,就是以他名字命名的科学理论——马克思主义。这一理论犹如壮丽的日出,照亮了人类探索历史规律和寻求自身解放的道路。

马克思有一句名言:"批判的武器当然不能代替武器的批判,物质力量只能用物质力量来摧毁;但是理论一经掌握群众,也会变成物质力量。"马克思主义主要由哲学、政治经济学、科学社会主义三大组成部分构成。这三大组成部分分别来源于德国古典哲学、英国古典政治经济学、法国空想社会主义,然而,最终升华为马克思主义的根本原因,是马克思对所处的时代和世界的深入考察,是马克思对人类社会发展规律的深刻把握。马克思说:"共产党人的理论原理,决不是以这个或那个世界改革家所发明或发现的思想、原则为根据的。""这些原理不过是现存的阶级斗争、我们眼前的历史运动的真实关系的一般表述。"

只有在整个人类发展的历史长河中,才能透视出历史运动的本质和时代发展的方向。马克思的科学研究,就像列宁所说的那样,"凡是人类社会所创造的一切,他都有批判地重新加以探讨,任何一点也没有忽略过去。凡是人类思想所建树的一切,他都放在工人运动中检验过,重新加以探讨,加以批判,从而得出了那些被资产阶级狭隘性所限制或被资产阶级偏见束缚住的人所不能得出的结论。"马克思的思想理论源于那个时代又超越了那个时代,既是那个时代精神的精华又是整个人类精神的精华。

——马克思主义是科学的理论,创造性地揭示了人类社会发展规律。在马克思提出科学社会主义之前,空想社会主义者早已存在,他们怀着悲天悯人的情感,对理想社会有很多美好的设想,但由于没有揭示社会发展规律,没有找到实现理想的有效途径,因而也就难以真正对社会发展发生作用。马克思创建了唯物史观和剩余价值学说,揭示了人类社会发展的一般规律,揭示了资本主义运行的特殊规律,为人类指明了从必然王国向自由王国飞跃的途径,为人民指明了实现自由和解放的道路。

——马克思主义是人民的理论,第一次创立了人民实现自身解放的思想体系。马克思主义博大精深,归根到底就是一句话,为人类求解放。在马克思之前,社会上占统治地位的理论都是为统治阶级服务的。马克思主义第一次站在人民的立场探求人类自由解放的道路,以科学的理论为最终建立一个没有压迫、没有剥削、人人平等、人人自由的理想社会指明了方向。马克思主义之所以具有跨越国度、跨越时代的影响力,就是因为它植根人民之中,指明了依靠人民推动历史前进的人间正道。

——马克思主义是实践的理论,指引着人民改造世界的行动。马克思说,"全部社会生活在本质上是实践的","哲学家们只是用不同的方式解释世界,问题在于改变世界"。实践的观点、生活的观点是马克思主义认识论的基本观点,实践性是马克思主义理论区别于其他理论的显著特征。马克思主义不是书斋里的学问,而是为了改变人民历史命运而创立的,是在人民求解放的实践中形成的,也是在人民求解放的实践中丰富和发展的,为人民认识世界、改造世界提供了强大精神力量。

——马克思主义是不断发展的开放的理论,始终站在时代前沿。马克思一再告诫人们,马克思主义理论不是教条,而是行动指南,必须随着实践的变化而发展。一部马克思主义发展史就是马克思、恩格斯以及他们的后继者们不断根据时代、实践、认识发展而发展的历史,是不断吸收人类历史上一切优秀思想文化成果丰富自己的历史。因此,马克思主义能够永葆其美妙之青春,不断探索时代发展提出的新课题、回应人类社会面临的新挑战。

....

中国共产党诞生后,中国共产党人把马克思主义基本原理同中国革命和建设的具体实际结合起来,团结带领人民经过长期奋斗,完成新民主主义革命和社会主义革命,建立起中华人民共和国和社会主义基本制度,进行了社会主义建设的艰辛探索,实现了中华民族从东亚病夫到站起来的伟大飞跃。这一伟大飞跃以铁一般的事实证明,只有社会主义才能救中国!

改革开放以来,中国共产党人把马克思主义基本原理同中国改革开放的具体实际结合起来,团结带领人民进行建设中国特色社会主义新的伟大实践,使中国大踏步赶上了时代,实现了中华民族从站起来到富起来的伟大飞跃。这一伟大飞跃以铁一般的事实证明,只有中国特色社会主义才能发展中国!

在新时代,中国共产党人把马克思主义基本原理同新时代中国具体实际结合起来,团结带领人民进行伟大斗争、建设伟大工程、推进伟大事业、实现伟大梦想,推动党和国家事业取得全方位、开创性历史成就,发生深层次、根本性历史变革,中华民族迎来了从富起来到强起来的伟大飞跃。这一伟大飞跃以铁一般的事实证明,只有坚持和发展中国特色社会主义才能实现中华民族伟大复兴!

实践证明,马克思主义的命运早已同中国共产党的命运、中国人民的命运、中华民族的命运紧紧连在一起,它的科学性和真理性在中国得到了充分检验,它的人民性和实践性在中国得到了充分贯彻,它的开放性和时代性在中国得到了充分彰显!

实践还证明,马克思主义为中国革命、建设、改革提供了强大思想武器,使中国这个古老的东方大国创造了人类历史上前所未有的发展奇迹。历史和人民选择马克思主义是完全正确的,中国共产党把马克思主义写在自己的旗帜上是完全正确的,坚持马克思主义基本原理同中国具体实际相结合、不断推进马克思主义中国化时代化是完全正确的!

....

恩格斯说过:"一个民族要想站在科学的最高峰,就一刻也不能没有理论思维。"中华民族要实现伟大复兴,也同样一刻不能没有理论思维。马克思主义始终是我们党和国家的指导思想,是我们认识世界、把握规律、追求真理、改造世界的强大思想武器。

马克思主义思想理论博大精深、常学常新。新时代,中国共产党人仍然要学习马克思,学习和实践马克思主义,不断从中汲取科学智慧和理论力量,在统筹推进"五位一体"总体布局、协调推进"四个全面"战略布局中,更有定力、更有自信、更有智慧地坚持和发展新时代中国特色社会主义,确保中华民族伟大复兴的巨轮始终沿着正确航向破浪前行。

....

从《共产党宣言》发表到今天,170年过去了,人类社会发生了翻天覆地的变化,但马克思主义所阐述的一般原理整个来说仍然是完全正确的。我们要坚持和运用辩证唯物主义和历史唯物主义的世界观和方法论，坚持和运用马克思主义立场、观点、方法，坚持和运用马克思主义关于世界的物质性及其发展规律，关于人类社会发展的自然性、历史性及其相关规律，关于人的解放和自由全面发展的规律，关于认识的本质及其发展规律等原理，坚持和运用马克思主义的实践观、群众观、阶级观、发展观、矛盾观，真正把马克思主义这个看家本领学精悟透用好。

…………

对待科学的理论必须有科学的态度。恩格斯深刻指出："马克思的整个世界观不是教义，而是方法。它提供的不是现成的教条，而是进一步研究的出发点和供这种研究使用的方法。"恩格斯还指出，我们的理论"是一种历史的产物，它在不同的时代具有完全不同的形式，同时具有完全不同的内容"。科学社会主义基本原则不能丢，丢了就不是社会主义。同时，科学社会主义也绝不是一成不变的教条。我说过，当代中国的伟大社会变革，不是简单延续我国历史文化的母版，不是简单套用马克思主义经典作家设想的模板，不是其他国家社会主义实践的再版，也不是国外现代化发展的翻版。社会主义并没有定于一尊、一成不变的套路，只有把科学社会主义基本原则同本国具体实际、历史文化传统、时代要求紧密结合起来，在实践中不断探索总结，才能把蓝图变为美好现实。

理论的生命力在于不断创新，推动马克思主义不断发展是中国共产党人的神圣职责。我们要坚持用马克思主义观察时代、解读时代、引领时代，用鲜活丰富的当代中国实践来推动马克思主义发展，用宽广视野吸收人类创造的一切优秀文明成果，坚持在改革中守正出新、不断超越自己，在开放中博采众长、不断完善自己，不断深化对共产党执政规律、社会主义建设规律、人类社会发展规律的认识，不断开辟当代中国马克思主义、21世纪马克思主义新境界！

…………

（来源：新华网，2018年5月4日）

青年在择业时的考虑（节选）

马克思

如果我们经过冷静的考察，认清了所选择的职业的全部分量，了解它的困难以后，仍然对它充满热情，仍然爱它，觉得自己适合于它，那时我们就可以选择它，那时我们既不会受热情的欺骗，也不会仓促从事。

但是，我们并不总是能够选择我们自认为适合的职业；我们在社会上的关系，还在我们有能力决定它们以前就已经在某种程度上开始确立了。

我们的体质常常威胁我们，可是任何人也不敢貌视它的权利。

诚然，我们能够超越体质的限制，但这么一来，我们也就垮得更快；在这种情况下，我们就是冒险把大厦建筑在残破的废墟上，我们的一生也就变成一场精神原则和肉体原则之间的不幸的斗争。但是，一个不能克服自身相互斗争的因素的人，又怎能抗御生活的猛烈冲击，怎能安静地从事活动呢？然而只有从安静中才能产生出伟大壮丽的事业，安静是唯一能生长出成熟果实的土壤。尽管我们由于体质不适合我们的职业，不能持久地工作，而且很少能够愉快地工作，但是，为了克尽职守而牺牲自己幸福的思想激励着我们不顾体弱去努力工作。如果我们选择了力不胜任的职业，那么我们决不能把它做好，我们很快就会自愧无能，就会感到自己是无用的人，是不能完成自己使命的社会成员。由此产生的最自然的结果就是自卑。还有比这更痛苦的感情吗？还有比这更难于靠外界的各种赐予来补偿的感情吗？自卑是一条毒蛇，它无尽无休地搅扰、啃啮我们的胸膛，吮吸我们心中滋润生命的血液，注入厌世和绝望的毒液。

如果我们错误地估计了自己的能力，以为能够胜任经过较为仔细的考虑而选定的职业，那么这种错误将使我们受到惩罚。即使不受到外界的指责，我们也会感到比外界指责更为可怕的痛苦。

如果我们把这一切都考虑过了，如果我们的生活条件容许我们选择任何一种职业，那么我们就可以选择一种使我们获得最高尊严的职业，一种建立在我们深信其正确的思想上的职业，一种能给我们提供最广阔的场所来为人类工作，并使我们自己不断接近共同目标即臻于完美境界的职业，而对于这个共同目标来说，任何职业都只不过是一种手段。

尊严是最能使人高尚、使他的活动和他的一切努力具有更加崇高品质的东西，是使他无可非议、受到众人钦佩并高出于众人之上的东西。

但是，能给人以尊严的只有这样的职业，在从事这种职业时我们不是作为奴隶般的工具，而是在自己的领域内独立地进行创造；这种职业不需要有不体面的行动（哪怕只是表面上不体面的行动），甚至最优秀的人物也会怀着崇高的自豪感去从事它。最合乎这些要求的职业，并不总是最高的职业，但往往是最可取的职业。

但是，正如有失尊严的职业会贬低我们一样，那种建立在我们后来认为是错误的思想上的职业也一定会成为我们的沉重负担。

这里，我们除了自我欺骗，别无解救办法，而让人自我欺骗的解救办法是多么令人失望啊！

那些主要不是干预生活本身，而是从事抽象真理的研究的职业，对于还没有确立坚定的原则和牢固的、不可动摇的信念的青年是最危险的，当然，如果这些职业在我们心里深深地扎下了根，如果我们能够为它们的主导思想而牺牲生命、竭尽全力，这些职业看来还是最高尚的。

这些职业能够使具有合适才干的人幸福，但是也会使那些不经考虑、凭一时冲动而贸然从事的人毁灭。

相反，重视作为我们职业的基础的思想，会使我们在社会上占有较高的地位，提高我们自己的尊严，使我们的行为不可动摇。

一个选择了自己所珍视的职业的人，一想到他可能不称职时就会战战兢兢——这种人单是因为他在社会上所处的地位是高尚的，他也就会使自己的行为保持高尚。

在选择职业时，我们应该遵循的主要指针是人类的幸福和我们自身的完美。不应认为，这两种利益会彼此敌对、互相冲突，一种利益必定消灭另一种利益；相反，人的本性是这样的：人只有为同时代人的完美、为他们的幸福而工作，自己才能达到完美。如果一个人只为自己劳动，他也许能够成为著名的学者、伟大的哲人、卓越的诗人，然而他永远不能成为完美的、真正伟大的人物。

历史把那些为共同目标工作因而自己变得高尚的人称为最伟大的人物；经验赞美那些为大多数人带来幸福的人是最幸福的人；宗教本身也教诲我们，人人敬仰的典范，就曾为人类而牺牲自己——有谁敢否定这类教诲呢?

如果我们选择了最能为人类而工作的职业,那么,重担就不能把我们压倒,因为这是为大家作出的牺牲;那时我们所享受的就不是可怜的、有限的、自私的乐趣,我们的幸福将属于千百万人,我们的事业将悄然无声地存在下去,但是它会永远发挥作用,而面对我们的骨灰,高尚的人们将洒下热泪。

(来源:《马克思恩格斯全集(第1卷)》,北京:人民出版社,1995年版)

学者论坛

把中国式现代化宏伟事业不断推向前进
——学习习近平总书记在纪念毛泽东同志诞辰130周年座谈会上的重要讲话精神

祁一平　汤俊峰

建设现代化强国、实现中华民族伟大复兴,是中国共产党人孜孜以求的宏伟目标,凝结着毛泽东同志等老一辈革命家的毕生心血。习近平总书记在纪念毛泽东同志诞辰130周年座谈会上的重要讲话,高度评价毛泽东同志为中华民族、中国人民建立的丰功伟绩,深刻阐明毛泽东同志的崇高精神风范是激励我们继续前进的强大动力,郑重宣示对毛泽东同志的最好纪念,就是把他开创的事业继续推向前进。新征程上,我们要不忘初心、牢记使命,坚定历史自信、把握历史主动,把中国式现代化宏伟事业不断推向前进。学习贯彻好习近平总书记的重要讲话精神,对于我们保持政治定力,坚定必胜信心,强化责任担当,把毛泽东同志等老一辈革命家所开创的事业继续推向前进,坚持走中国特色社会主义道路,开创中国式现代化新局面,具有重大的意义。

一、在接续奋斗中推进中华民族伟大复兴

习近平总书记指出:"毛泽东同志的一生是为国家富强、民族振兴、人民幸福而不懈奋斗的一生。"中国式现代化是中国共产党和中国人民长期实践探索的成果。毛泽东同志作为中国社会主义现代化建设事业的伟大奠基者,一生都在为中国这样一个社会生产力水平十分落后的国家实现现代化而努力求索。面对旧中国半殖民地半封建社会的落后状况,毛泽东同志等老一辈革命家领导我们党,带领中国人民浴血奋战、百折不挠,找到了新民主主义革命的正确道路,完成了反帝反封建的历史任务,建立了中华人民共和国,确立了社会主义基本制度,推进社会主义建设,实现了中华民族有史以来最为广泛而深刻的社会变革,取得了社会主义建设的伟大成就,为当代中国的一切发展进步奠定了根本政治前提和制度基础,积累起在中国这样一个社会生产力水平十分落后的国家进行社会主义建设的重要经验。毛泽东同志等老一辈革命家为中国社会主义现代化建设事业作出的伟大奠基性贡献永载中华民族史册,永远铭记在全体中国人民的心中。

我们党领导的革命、建设、改革伟大实践,是一个接续奋斗的历史过程,是一项救国、兴国、强国,进而实现中华民族伟大复兴的完整事业。毛泽东同志等老一辈革命家带领中国人民取得的巨大革命和建设成就,不仅为中国式现代化事业提供了坚实基础和制度保障,使新中国从当初"一辆汽车、一架飞机、一辆坦克、一辆拖拉机都不能造",到建立起独立的

比较完整的工业体系和国民经济体系，再到取得"两弹一星"和核潜艇等国防尖端科技突破等，使中国彻底摆脱了被"开除球籍"的危险，成为在世界上有重要影响的大国，进而为中国走上改革开放之路、开创中国特色社会主义、成功推进和拓展中国式现代化道路奠定了重要基础。以中国式现代化全面推进强国建设、民族复兴伟业，是全党全国各族人民在新时代新征程的中心任务。这是毛泽东同志等老一辈革命家的未竟事业，是当代中国共产党人的庄严历史责任。新时代新征程，我们要牢牢把握党的中心任务，继承毛泽东同志等老一辈革命家的历史宏愿，发扬历史主动精神，齐心协力拼搏奋斗，确保中华民族伟大复兴号巨轮乘风破浪、行稳致远。

二、中国式现代化是中国共产党领导的社会主义现代化

习近平总书记指出："毛泽东同志亲手缔造的中国共产党，在一次次革命性锻造中不断走向成熟，始终走在时代前列，成为全国人民的主心骨，成为中国革命、建设、改革事业的坚强领导核心。"党的领导直接关系中国式现代化的根本方向、前途命运、最终成败。在中国这样一个农民占人口多数、经济文化落后的国家，怎样建设无产阶级先进政党、怎样领导中国革命和建设事业，怎样用无产阶级思想武装党、武装人民军队，这是中国革命和建设遇到的首要问题。毛泽东同志在领导中国革命和建设的过程中，始终高度重视加强党的领导、加强党的建设，称其为"伟大的工程"，带领中国人民锻造了伟大光荣正确的中国共产党。毛泽东同志把马克思列宁主义建党学说同中国共产党的自身建设实践紧密结合起来，始终把加强党的领导作为重大问题来抓，强调"工、农、商、学、兵、政、党这七个方面，党是领导一切的"；强调"中国共产党是全中国人民的领导核心。没有这样一个核心，社会主义事业就不能胜利"。毛泽东同志作为我们党的主要缔造者，始终重视抓好党的各方面建设，提出思想建党的基本原则，把党的建设列为三大法宝之一紧紧抓住不放，科学阐明党的建设同党的政治路线的关系，通过整风加强党的建设，积极探索执政党建设一系列重大方针原则等，都为深入探索在中国建设一个什么样的党、怎样建设党以及怎样实现党的领导等重大问题，为在中国特色社会主义伟大事业中如何继续建设坚强有力的马克思主义执政党提供了宝贵经验和思想智慧。

党政军民学，东西南北中，党是领导一切的。党是最高政治领导力量。毛泽东同志从事关党的事业兴衰成败的战略高度重视党的领导和党的建设，提出和倡导全心全意为人民服务的宗旨，制定"三大纪律八项注意"等纪律规矩，旗帜鲜明反对主观主义、宗派主义和党八股，号召全党牢记"两个务必"，强调反对官僚主义、做官当老爷，防止革命意志衰退，坚决惩治腐败等，明确了一定历史阶段党的建设和管党治党的一系列重要方针原则。习近平总书记指出，党的领导决定中国式现代化的根本性质，只有毫不动摇坚持党的领导，中国式现代化才能前景光明、繁荣兴盛。新时代新征程推进中国式现代化，必须坚持加强党的领导和党的建设的一系列光荣传统和优良作风，要牢记"三个务必"，持之以恒推进全面从严治党，落实新时代党的建设总要求，以党的政治建设统领党的建设各项工作，健全全面从严治党体系，一体推进不敢腐、不能腐、不想腐，确保我们党永远不变质、不变色、不变味，时刻保持解决大党独有难题的清醒和坚定，把党建设得更加坚强有力，确保中国式现代化劈波斩浪、行稳致远。

三、中国式现代化有目标、有规划、有战略，一定会实现

习近平总书记指出："毛泽东同志带领人民创建了先进的社会主义制度。只有社会主义才能救中国、才能发展中国。"建设社会主义现代化强国、实现中华民族伟大复兴是我们党一百多年来孜孜以求的宏伟目标，从第一个五年计划到第十四个五年规划，一以贯之的主题是把我国建设成为社会主义现代化国家。毛泽东同志以深邃的思考和前瞻的眼光，对如何实现社会主义现代化强国进行了不懈探索，为中国社会主义现代化建设事业开创奠基、成功拓展作出了不可磨灭的历史贡献。在建设目标上，毛泽东同志指出："我国人民应该有一个远大的规划，要在几十年内，努力改变我国在经济上和科学文化上的落后状况，迅速达到世界上的先进水平，"并指出中国共产党人的目标"在于建设一个中华民族的新社会和新国家"，中国工人阶级的任务不但是为着建立新民主主义的国家而斗争，而且是为着中国的工业化和农业近代化而斗争，使中国稳步地由农业国转变为工业国，把中国建设成一个伟大的社会主义国家。在建设规划上，毛泽东同志领导制定了"四个现代化"分两步走的规划安排，即第一步，建立一个独立的比较完整的工业体系和国民经济体系；第二步，全面实现农业、工业、国防和科学技术的现代化。在发展战略上，毛泽东同志强调，中国的社会主义现代化只能走自己的道路，不能机械搬用外国的经验；要从中国是一个大农业国这一基本国情出发，以农业为基础，正确处理重工业同农业、轻工业的关系，走出一条适合我国国情的工业化道路；要调动一切积极因素，团结全国各族人民建设社会主义强大国家；要把握好社会主义社会基本矛盾，注意调整生产力同生产关系、经济基础同上层建筑不相适应的情况；必须妥善处理社会主义建设中的十大关系，处理好积累和消费的关系；采取和平的方法，坚持独立自主的和平外交政策，坚持和平共处五项原则。这些具有前瞻性的思考、战略性的探索为中国进行社会主义现代化建设积累了实践经验和思想智慧。

习近平总书记指出，中国式现代化立足中国实际，符合中国国情，有目标、有规划、有战略，我们将一步一个脚印扎扎实实向前推进。习近平总书记围绕中国式现代化发表的一系列重要论述，立意高远，内涵丰富，思想深刻，进一步深化对中国式现代化的内涵和本质的认识，概括形成中国式现代化的中国特色、本质要求和重大原则，初步构建中国式现代化的理论体系，使中国式现代化更加清晰、更加科学、更加可感可行，对于新时代新征程以中国式现代化全面推进强国建设、民族复兴伟业，具有十分重要的意义。以中国式现代化实现中华民族伟大复兴，就要坚持在继承中发展、在守正中创新，既要汲取借鉴毛泽东同志关于社会主义现代化建设要坚持"统筹兼顾"的思想，要确保不断提高人民物质和文化生活水平等思想的精华，又要结合我们党在新时代的理论创新和实践创造，守好中国式现代化的本和源、根和魂，毫不动摇坚持中国式现代化的中国特色、本质要求和重大原则，深入探索回答实践遇到的崭新课题，开辟马克思主义中国化时代化新境界，深化对中国式现代化建设规律的认识，更好地推进中国式现代化伟大事业。

四、通过顽强斗争打开事业发展新天地

习近平总书记指出："一百多年前，毛泽东同志说：'我们总要努力！我们总要拼命的向前！我们黄金的世界，光华灿烂的世界，就在前面！'"敢于斗争、敢于胜利，是中国共产党成就伟大事业的强大精神力量，也是毛泽东同志一贯倡导和一生践行的宝贵精神品格。毛泽东同志从哲学的高度看待伟大斗争，强调矛盾存在并且贯穿于事物发展的始终，是新旧过程

的交替统一，新事业的诞生和发展需要从斗争中才能取得。面对国家蒙辱、人民蒙难、文明蒙尘的劫难历史，以毛泽东同志为主要代表的中国共产党人以伟大的斗争精神，带领中国人民进行艰苦卓绝的革命斗争，推翻压在中国人民头上的三座大山，实现了近代以来中国人民梦寐以求的民族独立和人民解放。在推进社会主义革命和建设的历史进程中，以毛泽东同志为主要代表的中国共产党人坚持独立自主建设社会主义，不惧帝国主义、霸权主义的威胁和来自各方面的挑战，坚定维护社会主义中国的领土完整和国家主权，以逢山开路、遇水架桥的伟大斗争精神为成功推进社会主义现代化奠定了良好发展基础。

我们党依靠斗争创造历史，更要依靠斗争赢得未来。在以中国式现代化全面推进中华民族伟大复兴的新征程中，对于大量从未出现过的全新课题、遭遇的各种艰难险阻、经受的许多风高浪急甚至惊涛骇浪的重大考验，我们要继承弘扬毛泽东同志一贯倡导的独立自主、敢于斗争、敢于胜利，不信邪、不怕鬼、不怕压的伟大精神，在以习近平同志为核心的党中央坚强领导下，主动迎战、敢于斗争，只争朝夕、顽强奋斗，把国家和民族的发展放在自己力量的基点上，把国家发展进步的命运牢牢掌握在自己手中，克服战胜前进道路上各种困难和挑战，沿着中国特色社会主义道路，为以中国式现代化全面推进强国建设、民族复兴伟业而奋勇前进。

（摘编自《光明日报》2024年01月08日第6版；作者系国防大学习近平新时代中国特色社会主义思想研究中心研究员）

习近平：正确理解和大力推进中国式现代化
——习近平在学习贯彻党的二十大精神研讨班开班式上的讲话

实现中华民族伟大复兴是近代以来中国人民的共同梦想，无数仁人志士为此苦苦求索、进行各种尝试，但都以失败告终。探索中国现代化道路的重任，历史地落在了中国共产党身上。在新民主主义革命时期，我们党团结带领人民，浴血奋战、百折不挠，经过北伐战争、土地革命战争、抗日战争、解放战争，推翻帝国主义、封建主义、官僚资本主义三座大山，建立了人民当家作主的中华人民共和国，实现了民族独立、人民解放，为实现现代化创造了根本社会条件。新中国成立后，我们党团结带领人民进行社会主义革命，消灭在中国延续几千年的封建制度，确立社会主义基本制度，实现了中华民族有史以来最为广泛而深刻的社会变革，建立起独立的比较完整的工业体系和国民经济体系，社会主义革命和建设取得了独创性理论成果和巨大成就，为现代化建设奠定根本政治前提和宝贵经验、理论准备、物质基础。改革开放和社会主义建设新时期，我们党作出把党和国家工作中心转移到经济建设上来、实行改革开放的历史性决策，大力推进实践基础上的理论创新、制度创新、文化创新以及其他各方面创新，实行社会主义市场经济体制，实现了从生产力相对落后的状况到经济总量跃居世界第二的历史性突破，实现了人民生活从温饱不足到总体小康、奔向全面小康的历史性跨越，为中国式现代化提供了充满新的活力的体制保证和快速发展的物质条件。

党的十八大以来，我们党在已有基础上继续前进，不断实现理论和实践上的创新突破，成功推进和拓展了中国式现代化。我们在认识上不断深化，创立了新时代中国特色社会主义思想,实现了马克思主义中国化时代化新的飞跃,为中国式现代化提供了根本遵循。我们进一步深化对中国式现代化的内涵和本质的认识,概括形成中国式现代化的中国特色、本质要求和重大原则,初步构建中国式现代化的理论体系,使中国式现代化更加清晰、更加科学、更加可感可行。我们在战略上不断完善,深入实施科教兴国战略、人才强国战略、乡村振兴战略等一系列重大战略,为中国式现代化提供坚实战略支撑。我们在实践上不断丰富,推进一系列变革性实践、实现一系列突破性进展、取得一系列标志性成果,推动党和国家事业取得历史性成就、发生历史性变革,特别是消除了绝对贫困问题,全面建成小康社会,为中国式现代化提供了更为完善的制度保证、更为坚实的物质基础、更为主动的精神力量。

党的领导直接关系中国式现代化的根本方向、前途命运、最终成败。党的领导决定中国式现代化的根本性质,只有毫不动摇坚持党的领导,中国式现代化才能前景光明、繁荣兴盛;否则就会偏离航向、丧失灵魂,甚至犯颠覆性错误。党的领导确保中国式现代化锚定奋斗目标行稳致远,我们党的奋斗目标一以贯之,一代一代地接力推进,取得了举世瞩目、彪炳史册的辉煌业绩。党的领导激发建设中国式现代化的强劲动力,我们党勇于改革创新,不断破除各方面体制机制弊端,为中国式现代化注入不竭动力。党的领导凝聚建设中国式现代化的磅礴力量,我们党坚持党的群众路线,坚持以人民为中心的发展思想,发展全过程人民民主,充分激发全体人民的主人翁精神。

一个国家走向现代化,既要遵循现代化一般规律,更要符合本国实际,具有本国特色。中国式现代化既有各国现代化的共同特征,更有基于自己国情的鲜明特色。党的二十大报告明确概括了中国式现代化是人口规模巨大的现代化、是全体人民共同富裕的现代化、是物质文明和精神文明相协调的现代化、是人与自然和谐共生的现代化、是走和平发展道路的现代化这5个方面的中国特色,深刻揭示了中国式现代化的科学内涵。这既是理论概括,也是实践要求,为全面建成社会主义现代化强国、实现中华民族伟大复兴指明了一条康庄大道。新中国成立特别是改革开放以来,我们用几十年时间走完西方发达国家几百年走过的工业化历程,创造了经济快速发展和社会长期稳定的奇迹,为中华民族伟大复兴开辟了广阔前景。实践证明,中国式现代化走得通、行得稳,是强国建设、民族复兴的唯一正确道路。

中国式现代化,深深植根于中华优秀传统文化,体现科学社会主义的先进本质,借鉴吸收一切人类优秀文明成果,代表人类文明进步的发展方向,展现了不同于西方现代化模式的新图景,是一种全新的人类文明形态。中国式现代化,打破了"现代化=西方化"的迷思,展现了现代化的另一幅图景,拓展了发展中国家走向现代化的路径选择,为人类对更好社会制度的探索提供了中国方案。中国式现代化蕴含的独特世界观、价值观、历史观、文明观、民主观、生态观等及其伟大实践,是对世界现代化理论和实践的重大创新。中国式现代化为广大发展中国家独立自主迈向现代化树立了典范,为其提供了全新选择。

推进中国式现代化是一个系统工程,需要统筹兼顾、系统谋划、整体推进,正确处理好顶层设计与实践探索、战略与策略、守正与创新、效率与公平、活力与秩序、自立自强与对外开放等一系列重大关系。……

推进中国式现代化,是一项前无古人的开创性事业,必然会遇到各种可以预料和难以预料的风险挑战、艰难险阻甚至惊涛骇浪,必须增强忧患意识,坚持底线思维,居安思危、未雨绸缪,敢于斗争、善于斗争,通过顽强斗争打开事业发展新天地。……

推进中国式现代化必须抓好开局之年的工作。要全面贯彻落实党中央决策部署,坚持稳字当头、稳中求进,更好统筹国内国际两个大局,更好统筹疫情防控和经济社会发展,更好统筹发展和安全,全面深化改革开放,推动高质量发展,进一步引导经营主体强信心、稳定社会预期,努力实现经济运行整体好转。

(来源:《人民日报》2023年2月8日第3版 节选)

撷英荟萃

理想指引人生方向,信念决定事业成败。没有理想信念,就会导致精神上"缺钙"。

——习近平

志不强者智不达,言不信者行不果。

——《墨子》

不安于小成,然后足以成大器;不诱于小利,然后可以立远功。

——方孝孺

青年啊!你们临开始活动之前,应该定定方向。譬如航海远行的人,必先定一个目的地,中途的指针,只是指着这个方向走,才能有到达目的地的一天。若是方向不定,随风飘转,恐永无达到的日子。

——李大钊

敌人只能伤害我们的肉体,却不能动摇我们的意志,不能动摇我们的事业和我们的主义——马克思列宁主义。

——邓中夏

生活的理想,就是为了理想的生活。

——张闻天

能够献身于自己祖国的事业,为实现理想而斗争,这是最光荣不过的事情了。

——吴玉章

人,只要有一种信念,有所追求,什么艰苦都能忍受,什么环境也都能适应。

——丁玲

世界上最快乐的事,莫过于为理想而奋斗。

——苏格拉底

如果一个人不知道他要驶向哪个码头,那么任何风都不会是顺风。

——塞涅卡

伟大的目标形成伟大的人物。

——埃蒙斯

走得最慢的人,只要他不丧失目标,也比漫无目的徘徊的人走得快。

——莱辛

现实是此岸,理想是彼岸。中间隔着湍急的河流,行动则是架在川上的桥梁。

——克雷洛夫

有价值的艺术家,是为他的信念作出牺牲的艺术家。

——列夫·托尔斯泰

如果能追随理想而生活,本着正直自由的精神,勇往直前的毅力,诚实而不自欺的思想而行,则定能臻于至善至美的境地。

——居里夫人

每个人都有一定的理想，这种理想决定着他的努力和判断的方向。在这个意义上，我从来不把安逸和快乐看作是生活目的本身——这种伦理基础，我叫它猪栏式的理想。照亮我的道路，并且不断地给我新的勇气去愉快地正视生活的理想，是善、美和真。

——爱因斯坦

思想是根基，理想是嫩绿的芽胚，在这上面生长出人类的思想、活动、行为、热情、激情的大树。

——苏霍姆林斯基

没有信仰，则没有名副其实的品行和生命；没有信仰，则没有名副其实的国土。

——惠特曼

最可怕的敌人，就是没有坚强的信念。

——罗曼·罗兰

立志、工作、成功，是人类活动的三大要素。立志是事业的大门，工作是登堂入室的旅程，这旅程的尽头就有成功在等待着，来庆祝你努力的结果。

——巴斯德

要是一个人能充满信心地朝他理想的方向去做，下定决心过他所想过的生活，他就一定会得到意外的成功。

——戴尔·卡内基

扩展阅读

1. ［德］弗兰茨·梅林等《马克思传》，胡晓琛等译，北京：中央编译出版社，2022年

弗兰茨·梅林自从19世纪80年代追随马克思以来，就与后者保持了密切的联系，并与马克思的后人以及恩格斯长期交往，清楚地了解马克思的生活、家庭以及社会交往情况。而梅林最初也是受马克思的女儿劳拉之托，开始准备撰写《马克思传》。作为马克思恩格斯的学生和马克思主义历史学的开拓者，梅林不仅力求"把马克思的伟大形象不加修饰地重新塑造出来"，还试图运用历史唯物主义的方法剖析马克思本人成长战斗和思想演变的过程。在梅林心目中，马克思作为战士的一面永远胜过作为思想家的一面。因此，梅林串起马克思生平的一条主线索，并非像一般马克思传记那样的思想演变脉络，而是马克思恩格斯的革命斗争脉络。梅林积三十年心血写就的《马克思传》，是马克思恩格斯的学生辈第一次尝试撰写自己导师的传记，同时也是历史上第一部全面系统的马克思传记。《马克思传》在尚未正式出版之前，就获得了众多好评。德国著名革命家罗莎·卢森堡称赞这本书将是"一部不朽的杰作"，而俄共（布）在1918年首次筹划出版马克思恩格斯全集的时候，就把第一卷的版面留给了梅林的这部《马克思传》。

2. 陈先达著《伟大的马克思：做新时代的马克思主义者》，天津：天津人民出版社，2019年

本书作者长期从事马克思主义哲学和马克思主义哲学史的教学与研究，是我国著名的马克思主义理论家、哲学家。本书以马克思主义理论体系为参照系，运用马克思主义的分析方法，在历史和现实、理论和实践的结合上，阐释了马克思是一位超凡的伟人，马克思主义是全人类的真理，以及新时代如何做真正的马克思主义者等具有根本性的重大问题。本书是对马克思本人及马克思主义研究的高度凝练，体现了一位毕生坚信并研究马克思主义的理论工作者的思想精华。

3. 金一南著《苦难辉煌》，北京：华艺出版社，2009年

作者以历史散文的笔法，记叙了自20世纪初以来中华民族从东亚病夫到东方巨龙、从百年沉沦到百年复兴的大落大起的历史命运。在这一命运形成之初，内外矛盾冲突空前尖锐，相互斗争局面极其复杂，各派力量的策略转换空前迅速；每一方的领袖和将领皆在较量中淋漓尽致地展现自己全部能量，从而在历史中留下深深的印痕。外部的围追堵截，内部的争论与妥协，以及不尽的跋涉、惊人的牺牲、大量的叛变，中国共产党人正是经历了如此的地狱之火，带领中华民族最终完成了中国历史上最富史诗意义的壮举，中国革命也由此成为一只火中凤凰，从苦难走向辉煌。当叱咤风云的历史人物纷纷消失之后，历史便成为一笔巨大遗产，完整无损地留给了我们。透过对百年复兴历史的思考，透过对生动的历史画卷的披览，大学生读者会更深刻地理解中华民族的今天与未来。

本书文字深沉优美，史料丰富生动，夹叙夹议，见解独到，适合大学生阅读。

4. 熊英《当代青年信仰论》，北京：人民出版社，2019年

该书以青年信仰问题为主线，探讨青年信仰发展的理论逻辑、实践逻辑和价值旨归，强调科学信仰教育要突出意义关怀、主体间性发展及主体的自我建构。作者首先考察青年信仰现状，明晰青年信仰演化的历史脉络、现实状况、表现特征、影响效应等，探究青年信仰危机实质与成因。其次，探索青年信仰形成与发展的客观规律，明晰青年马克思主义信仰发展的逻辑必然性、历史现实性和价值旨归。最后，提出当代青年马克思主义信仰建塑的现实路径：优化社会主义信仰环境，推动马克思主义信仰教育科学化，促进青年马克思主义信仰的环境陶冶和自我建构。

5. 中共中央宣传部：《中国共产党的历史使命与行动价值》，人民出版社，2021年

文献包括前言、结束语和正文三个部分。前言和结束语主要阐明中国共产党从哪里来、向何处去，正文从五个方面回答了中国共产党是一个什么样的政党。第一，中国共产党是全心全意为人民服务的政党。第二，中国共产党是为实现理想不懈奋斗的政党。第三，中国共产党是具有强大领导力和执政力的政党。第四，中国共产党是始终保持旺盛生机和活力的政党。第五，中国共产党是为人类和平与发展贡献力量的政党。面向未来，中国共产党将坚定不移高扬社会主义旗帜，坚定不移走和平发展道路，坚定不移站在历史正确的一边、站在人类进步的一边。中国共产党将继续深化与各国政党交流合作，促进国家间的协调合作，推动共同发展，实现互利共赢，为建设更加美好的世界作出积极贡献。

6. 习近平：《在庆祝中国共产主义青年团成立100周年大会上的讲话》，人民出版社，2022年

2022年5月10日，习近平在庆祝中国共产主义青年团成立100周年大会上发表重要讲话，为青年提出了殷切希望。希望新时代的广大共青团员，要做理想远大、信念坚定的模范，带头学习马克思主义理论，树立共产主义远大理想和中国特色社会主义共同理想，自觉践行社会主义核心价值观，大力弘扬爱国主义精神。同时也激励广大团员青年在实现中华民

族伟大复兴的中国梦的新征程上奋勇前进,用青春的能动力和创造力激荡起民族复兴的澎湃春潮,用青春的智慧和汗水打拼出一个更加美好的中国。在讲话中,通过回顾历史、引用经典,证明中国共产党是始终保持青春特质的党,是永远值得青年人信赖和追随的党。

案例讨论

案例1

难忘梁家河:习近平的知青岁月

陕西是根,延安是魂

在内心深处,习近平始终把自己看作是延安人。

他回忆道:"插队本身,这是一个标志,界定着一个阶段。在插队之前,如果我们有所知所获,我总感觉到了插队以后,是获得了一个升华和净化,个人确实是一种脱胎换骨的感觉。那么在之后,我们如果说有什么真知灼见,如果说我们是走向成熟、获得成功,如果说我们谙熟民情或者说贴近实际,那么都是感觉源于此、获于此。"

2004年8月14日,时任中共浙江省委书记的习近平接受延安广播电视台《我是延安人》栏目记者专访,回忆起在延安的插队岁月,他说:"陕北高原给了我一个信念,也可以说是注定了我人生过后的轨迹。经过了陕北这一人生课堂,就注定了我今后要做什么,它教了我做什么。"

在回答"有没有把自己当作一个地地道道的延安人"的提问时,习近平脱口而出:"我确实把自己当作是一个延安人,因为这是我人生的一个启承点……我现在所形成的很多基本的观念,形成的很多基本的特点,也是在延安形成的,所以我理所当然地把自己看作是延安人。"在回忆了自己插队的经历后,习近平通过电视镜头,给家乡的父老乡亲捎来知心话:"我是衷心地希望我那个梁家河村子,能够过上更加幸福的生活。梁家河村子实际上是我们整个延安地区的一个缩影,所以我实际上是希望整个延安地区发生一个更为巨大的变化,而且我现在已经感受到这种深刻的变化正在进行之中。过去讲于无声处听惊雷,我相信在不远的将来,延安人民一定会过上幸福美满的小康生活。"

2008年全国"两会"期间,时任中共中央政治局常委、国家副主席的习近平在参加陕西代表团审议政府工作报告时说:"我69年1月去的,75年10月离开陕西,这一段时间就成为我人生的一个转折,可以说陕西是根,延安是魂。很多事都历历在目,现在有很多思维行动都和那时候有关联。贺敬之那个诗呢'几回回梦里回延安',(就是)这样的感情。"

2013年5月4日,习近平在中国航天科技集团公司中国空间技术研究院同各界优秀青年代表座谈时说:"我到农村插队后,给自己定了一个座右铭,先从修身开始。一物不知,深以为耻,便求知若渴。上山放羊,我揣着书,把羊圈在山坡上,就开始看书。锄地到田头,开始休息一会儿时,我就拿出《新华字典》记一个字的多种含义,一点一滴积累。我并不觉得农村七年时光被荒废了,很多知识的基础是那时候打下来的。现在条件这么好,大家更要把学习、把自身的本领搞好。"

为人民奉献的信念来源于梁家河

2015年10月，习近平访问英国，当地时间21日，在伦敦金融城市长晚宴上，习近平又一次回忆起梁家河："我不到16岁就从北京来到了中国陕北的一个小村子当农民，在那里度过了七年青春时光……年轻的我，在当年陕北贫瘠的黄土地上，不断思考着'生存还是毁灭'的问题，最后我立下为祖国、为人民奉献自己的信念。"

2015年9月22日，习近平在美国西雅图市出席华盛顿州当地政府和美国友好团体联合举行的欢迎宴会时，再一次讲起了梁家河，他说："上世纪60年代末，我才十几岁，就从北京到中国陕西省延安市一个叫梁家河的小村庄插队当农民，在那儿度过了七年时光。那时候，我和乡亲们都住在土窑里、睡在土炕上，乡亲们生活十分贫困，经常是几个月吃不到一块肉。我了解乡亲们最需要什么！后来，我当了这个村子的党支部书记，带领乡亲们发展生产。我了解老百姓需要什么。我很期盼的一件事，就是让乡亲们饱餐一顿肉，并且经常吃上肉。但是，这个心愿在当时是很难实现的。"

"今年春节，我回到这个小村子。梁家河修起了柏油路，乡亲们住上了砖瓦房，用上了互联网，老人们享有基本养老，村民们有医疗保险，孩子们可以接受良好教育，当然吃肉已经不成问题。这使我更加深刻地认识到，中国梦是人民的梦，必须同中国人民对美好生活的向往结合起来才能取得成功。"

"梁家河这个小村庄的变化，是改革开放以来中国社会发展进步的一个缩影。我们用了30多年时间，使中国经济总量跃居世界第二，13亿多人摆脱了物质短缺，总体达到小康水平，享有前所未有的尊严和权利。这不仅是中国人民生活的巨大变化，也是人类文明的巨大进步，更是中国对世界和平与发展事业的重要贡献。"

把心留在了这里

几多牵挂，几多深情。在习近平心里，梁家河是挥之不去的乡情，是他精神升华的起点，是他为民做事的信念以及将人民对美好生活的向往作为奋斗目标密密交织起来的绵绵深情！习近平忘不了梁家河，忘不了陕北这块神奇的土地，忘不了乡亲们曾经的艰难困苦，更忘不了为民做事的信念与担当！

多年以后，习近平对梁家河这片土地做了深情的回望——

在他看来，梁家河是他人生的一个转折点。因此他说："脚踏在大地上，置身于人民群众中，会使人感到非常踏实，很有力量。"

在他看来，梁家河是一所学校，他在这里收获很多。他说："最大的收获有两点：一是让我懂得了什么叫实际，什么叫实事求是，什么叫群众……二是培养了我的自信心。"

在他看来，艰难困苦能够磨炼一个人的意志。他说："七年上山下乡的艰苦生活对我的锻炼很大，后来遇到什么困难，就想起那个时候在那样困难的条件下还可以干事，现在干嘛不干？你再难都没有难到那个程度。这个对人的作用很大。一个人要有一股气，遇到任何事情都有挑战的勇气，什么事都不信邪，就能处变不惊、知难而进。"

他说："15岁来到黄土地时，我迷惘、彷徨；22岁离开黄土地时，我已经有着坚定的人生目标，充满自信。作为一个人民公仆，陕北高原是我的根，因为这里培养出了我不变的信念：要为人民做实事！"

他说:"当年,我人走了,但我把心留在了这里。"

(摘编自:《习近平的七年知青岁月》,中共中央党校出版社,2017年8月;《梁家河》,陕西人民出版社,2018年5月)

案例点评:

1969年初,年仅15岁的习近平来到陕西省延川县文安驿公社梁家河村插队落户,直到1975年10月离开,他在这里度过了七年艰苦的知青生活。习近平总书记多次谈到,梁家河是他人生的重要起点,是他读懂人民、读懂中国的地方;在这里的七年,也是他确立人生目标,树立人生信念的重要阶段。他说:"我人生的第一步所学到的都是在梁家河,不要小看梁家河,这里是有大学问的地方。""无论我走到哪里,永远是黄土地的儿子!"

思考与讨论:

1. 如何理解习近平总书记所说的"这里是有大学问的地方"?
2. 从习总书记的成长经历中,我们能汲取到怎样的精神力量,获得怎样的人生启迪?

案例2

让中国人千年登月梦在我们手中实现

39岁的黄震,是中国航天科技集团五院载人航天领域最年轻的副总设计师之一,他的梦想是将航天员送到38万公里外的月球,实现中国首次载人登月,并希望未来可以在地球和月球之间,建立人类自由往返的通道;再远的将来,让中国人飞出地月系,飞到火星,甚至飞到太阳系以外。

前不久,这位追梦人获得第26届中国青年五四奖章,他和他的追梦故事才被更多人所知。

实现中国梦,青春勇担当

黄震与航天的缘分源于2003年。那一年,我国第一艘载人飞船神舟五号成功发射,举国上下一片欢腾。电视屏幕上奔腾的火焰,也点燃了黄震的梦想。那一年,他读大三。这名北京大学物理专业的高材生,暗自下定决心,要做一名航天人。

本科毕业后,黄震如愿来到航天科技集团五院攻读硕士和博士。2010年博士毕业后,他正式成为中国载人航天团队中的一员。让他没想到的是,一入职他就直接参与了神舟八号和天宫一号空间实验室交会对接这一国家重点航天工程。

2013年5月4日,习近平总书记曾到中国航天科技集团公司中国空间技术研究院(即五院),参加"实现中国梦、青春勇担当"主题团日活动,同各界优秀青年代表座谈。

当时,入职3年的黄震认真聆听总书记的重要讲话。"总书记的话就像一针强心剂,让我对从事的事业感到无比骄傲自豪,也对未来的工作充满信心。"黄震说。

也是那一年,他所在的团队迎来了新的挑战——我国新一代载人飞船和载人登月论证工作。

彼时,美国的龙飞船已经实现近地货物运输,用于载人登月的美国猎户座飞船、俄罗斯雄鹰号飞船也已开展研制。包括黄震在内的中国航天人意识到,如果不抓紧论证我国的新一代载人飞船,中国的载人航天将被远远地抛在后面。

很快,一群平均年龄只有30岁的青年组成了项目团队,踏上了研制新一代载人飞船的征程,他们的目标就是"要做到国际领先"。

"总书记说过,要增强敢为人先的锐气。我们也希望能用我们的青春、热血去奋斗,去创造,去实现我们的航天梦,让中国人登陆月球,插上我们的国旗。"黄震说。

不过实现梦想谈何容易。当前,载人航天器从空间站近地400公里的太空返回,已不是什么难事,但让航天器从38万公里之外的月球载人往返,中国航天团队没有任何公开的经验可以参考。

在研制阶段,他们遇到了很多前所未有的问题,克服了很多难以想象的困难。用黄震的话说,"这里面涉及太多不会的东西,所以除了完成正常的工作,我们还要看大量的文献资料,学习不懂的知识,天天学习便成了一种自觉"。天道酬勤,2016年6月26日,绕地球飞行13圈的长征七号运载火箭搭载的多用途飞船缩比返回舱,在东风着陆场成功着陆,并以其特有的轨迹给地球打了一个"蝴蝶结"。

黄震所在的团队成功了。这次试验,他们完美获取了4%的高精度气动数据。

为了验证新飞船从月球轨道返回的能力,他们又研制了约22吨的全尺寸新一代载人飞船试验船。这架飞船体积过于庞大,以至于他们不得不在五院天津基地进行总装和大型试验。于是,此后的5个月,团队全体成员每周在天津工作6天,日夜连续奋战,创造了多项总装和试验的最快纪录。以返回舱的锥角设计为例,他们0.1度0.1度地调整,力求兼顾速度、安全和舒适。功夫不负有心人。2020年5月5日,新一代载人飞船试验船成功发射,落点精度达到10.8环,飞行试验取得圆满成功。

"从研发出缩比返回舱、全尺寸试验船,再到成功发射新一代载人飞船试验船,我们用7年时间,实现了我国新一代载人飞船技术由'跟跑'到'并跑'的飞跃。"黄震说。

如今,随着神舟十三号载人飞行任务的圆满成功,我国空间站关键技术验证阶段任务完美收官,新一代载人飞船技术突破,我国已具备开展载人登月的条件。

黄震的脚步没有停歇,他和团队又开始了研制月面着陆器的新征程。

青春由磨砺而出彩,人生因奋斗而升华

"这一路下来,我始终在奔跑、在追赶、在超越。如果你问我累不累,答案当然是肯定的,但如果你问我后不后悔,我会说绝对不会。因为航天是一个让人很振奋的行业。这里有对宇宙永恒的探索,有对祖国赤诚的热爱,有对人生崇高的诠释。"黄震说。

让他庆幸的是,他和团队成员始终站在巨人的肩膀上,在攻关研制过程中,他们得到了杨孟飞院士、张柏楠总师、杨慧总师、孙泽洲总师的悉心指导。"他们为我们出谋划策,答疑解惑,帮助我们将关键技术一一突破,我们距离实现中国人载人登月的梦想又前进了一大步。"黄震说。

20年前,时任神舟飞船副总指挥的袁家军获得第6届中国青年五四奖章,那也是航天五院青年首次获得该荣誉;10年前,时任神舟九号总师助理贾世锦获得第16届中国青年五四奖章。如今,黄震获得第26届中国青年五四奖章,"回望载人航天30年,一代又一代青年为这个伟大的事业奉献了青春与智慧,一代又一代青年在这个广阔的平台得到成长与发展。这样的故事还在继续,这样的荣耀还将上演。"

当前,平均年龄只有35岁的载人登月团队正值青春年华。黄震告诉记者,他们的下一个目标很明确:"让中国人千年登月的梦想在我们的手中实现!"

(摘编自:《中国青年报》,2022年5月10日第2版,记者邱晨辉)

案例点评:

黄震的事业,始于大学时期确立的"成为航天人"的人生理想。通过从本科、硕士、博士再到航天科研工作者,一个阶梯一个阶梯地向上攀登,一步步地接近目标。黄震所追求的载人登月的事业,不止是个人的理想,更是高度契合中华民族伟大复兴的中国梦,伟大的时代使每个努力追梦的青年都可以梦想成真。个体的努力奋斗,加上团队的精诚合作,成就了黄震的人生高度。

思考与讨论:

1. 年少时,你有过哪些异想天开的梦想,又为此付出过哪些努力?
2. 上大学后,你为自己订立了怎样的目标?你打算如何实现这些目标?

实践 方案

方案1 我的人生理想

填写一份表格,内容为你的职业理想、生活理想、道德理想等,写下实现理想所需要的条件,并具体拟定实现理想的行动计划,包括阶段、步骤以及大学四年的规划。

示例:

我的人生理想

姓名 李×× 　　　学号 ×××× 　　　电子信息学院

	职业理想	生活理想	道德理想
长远目标	在专业相关领域成为自主创业的企业家	使父母家人生活得更好;有机会到国外旅游、考察	成为对社会有用的人
大学阶段的目标	1. 学好本专业课程,争取奖学金 2. 辅修工商管理专业课程 3. 课余参加勤工助学 4. 大三开始到企业实习,积累经验 5. 参加挑战杯或创新创业竞赛	1. 学习理财的经验 2. 每天坚持半小时以上体育锻炼,增强体质 3. 假期回家帮父母做些事情	1. 参加社团活动 2. 每学期参加志愿者活动至少2次,帮助需要帮助的人
本学期的目标	1. 认真学好每门课程,平均成绩在良好以上 2. 收集学校辅修相关信息 3. 报名参加创新实验班 4. 了解挑战杯信息及以往参赛获奖课题情况 5. 每天学习外语时间不少于1个小时……	1. 计划日常开支 2. 联系一份家教 3. 收集发展新型农业的信息,帮助父母选择效益好的项目,提高收入……	1. 报名参加环保社团和志愿者协会;积极参加社团活动……

订立时间: 年 月 日

姓名：　　　　　　　学号　　　　　　学院/专业

	职业理想	生活理想	道德理想
长远目标			
大学阶段的目标			
本学期的目标			

订立时间：　　年　月　日

方案2　成功的秘诀——成功人士访谈

活动目的：通过对事业上卓有成就的人士的访谈，了解他们的成功经验，并听取他们对大学生的建议，使同学们从中得到启发和借鉴。

活动方式：小组活动。

活动步骤：

1. 确定访谈对象；联系访谈对象，说明访谈目的，征得同意，并确定时间地点。
2. 拟定访谈大纲。
3. 按计划进行访谈，并做好访谈记录。
4. 撰写访谈报告。

方案3　参观当地革命历史纪念场馆

活动目的：通过参观当地革命历史纪念场馆，使同学们了解老一辈革命者的革命经历和事迹，感受革命斗争的艰苦卓绝，领悟理想信念在革命战争岁月中的巨大精神力量，明确当代大学生的使命，坚定理想信念。

活动方式：班级活动或小组活动。

活动步骤：

1. 了解当地有哪些革命历史纪念场馆，收集这些场馆的有关资料，包括参观的内容，地点，有何规定，是否需要预约等。
2. 制定参观活动详细计划，包括时间、组织方式、参加人员以及人员分工、经费、交通工具、安全保障等。
3. 按计划实施活动。
4. 撰写活动报告。

第三章 继承优良传统 弘扬中国精神

重点难点问题解析

一、什么是中国精神？怎样理解中国精神的丰富内涵？

中国精神是什么？2013年3月17日，习近平总书记在十二届全国人大一次会议闭幕会上高度概括了中国精神的主要内容和作用，"实现中国梦必须弘扬中国精神。这就是以爱国主义为核心的民族精神，以改革创新为核心的时代精神。这种精神是凝心聚力的兴国之魂、强国之魄。"习近平总书记还强调，"爱国主义始终是把中华民族坚强团结在一起的精神力量，改革创新始终是鞭策我们在改革开放中与时俱进的精神力量"，并要求"全国各族人民一定要弘扬伟大的民族精神和时代精神，不断增强团结一心的精神纽带、自强不息的精神动力，永远朝气蓬勃迈向未来"。

中国精神，是指生发于中华文化传统、积蕴于现代中华民族复兴历程，特别是在近些年中国的快速崛起中迸发出来的具有很强的民族集聚、动员与感召效应的精神及其气象，是中国文化软实力的重要显示，是实现中华民族伟大复兴的强大精神支撑和精神动力。

伟大创造精神、伟大奋斗精神、伟大团结精神、伟大梦想精神是中国精神内涵的生动展现。

第一，伟大创造精神是民族精神的灵魂。伟大创造精神是国家活力的源泉，是中华民族最鲜明的禀赋，它体现在"辛勤劳作、发明创造"之中。它让中国甩掉积贫积弱的帽子，让奇迹在中华大地上不断涌现。中华文明在人类文明史上享有的举世景仰的崇高地位，与中华民族的伟大创造精神紧密相关。从群星闪耀的诸子百家等思想巨匠、影响世界的四大发明等科技成果，震撼人心的文化遗存、气势恢宏的伟大工程，到今天中华民族从站起来、富起来到强起来的历史性飞跃，这些都是中国人民伟大创造精神所带来的。

中华民族的伟大创造精神不仅带来了中国的快速发展，也为解决人类问题贡献了中国智慧、中国理念、中国方案。中华民族创造的"中国方案"是一种新世界观、新价值观和新方法论，是把世界作为一个整体、把人类作为一个整体而进行的理论创造与实践创造。比如"天人合一""和而不同""生生不息"等思想，可以为人类解决当下面临的许多问题提供思路和途径。

第二，伟大奋斗精神是民族精神的基石。伟大奋斗精神是国家发展的底气，是中华民族披荆斩棘、战胜困难、走向胜利的重要法宝，它体现在"革故鼎新、自强不息"之中，它让中国从亡国灭种的边缘走到繁荣昌盛的今天，让中国人民不断刷新自己的美好生活。只有奋斗才能推动历史进步。人类社会取得的所有物质文明和精神文明成果，都是人们不懈奋斗的结晶。千百年来中华民族以辛勤汗水和聪明才智建设着自己的家园，让我们拥有了今天来之不易的一切。只有奋斗才能创造历史性成就。改革开放四十多年来，依靠"撸起袖子加油干"的奋斗精神，中国人民取得了全方位的、开创性的成就，创造了举世瞩目的丰功伟绩，对民族复兴、国家进步、社会发展产生了重大而又深远的影响。只有奋斗才能开创新时代。新时代是奋斗者的时代，每一个人都是新时代的见证者、开创者和建设者。宏伟蓝图靠坚实的脚步才能变为现实，前进道路上的艰难险阻靠顽强拼搏才能变为通途。

第三，伟大团结精神是民族精神的纽带。中国自古以来就是一个多民族国家，多元一体的中华民族的形成，不仅仅是因为有着共同的地缘和生活环境，更重要的是共同的历史命运把不同民族密不可分地联结在一起，各民族在相互交流中不断学习，在相互交融中不断发展，从最初的团结统一的意识，发展成为维护中华民族整体利益的共识。这种伟大的团结精神，无论是在祖国顺利发展的时期，还是在祖国面临生死存亡的危急关头，都在捍卫国家主权和维护民族尊严中发挥着重大的作用。今天，全国各族人民"团结一心、同舟共济"是实现中华民族伟大复兴的保障。我们要继续弘扬伟大团结精神，使各民族同呼吸、共命运、心连心的光荣传统代代相传，筑牢各族人民共同维护祖国统一、维护民族团结、维护社会稳定的钢铁长城，让每个中华儿女都能共享祖国繁荣发展的成果。

第四，伟大梦想精神是民族精神的保障。伟大梦想精神是国家强盛的支柱，是中华民族历经磨难而屹立不倒、克服险阻而坚毅前行的精神支撑，它体现在"心怀梦想、不懈追求"之中。中华民族是拥有伟大梦想的民族，自古以来，不论条件多么艰苦、环境多么严酷，中华儿女都能生生不息、奋斗不止，创造出灿烂的中华文明。究其原因，就在于中国人民始终心怀梦想、不懈追求。而今天，实现中华民族伟大复兴的中国梦，已经成为凝聚海内外中华儿女的"最大公约数"。发扬伟大梦想精神，坚持不懈追逐梦想，民族复兴终将实现。

弘扬以伟大创造精神、伟大奋斗精神、伟大团结精神、伟大梦想精神为主要内涵的中国精神，用中国精神滋养自己的精神世界，我们就有了发展进步的重要思想保证和强大精神动力。

二、怎样理解中国精神是民族精神和时代精神的统一？

民族精神与时代精神是两个既有联系也有区别的概念，它们统一于中国精神之中，使其既有中华民族精神的深厚内涵，又具有时代精神发展的最新内容。

第一，民族精神与时代精神紧密关联，都是中华民族赖以生存发展的精神力量，都是中国精神的主要组成部分。民族精神是一个民族生命力、创造力、发展力和凝聚力的集中体现，是一个民族共同生存、共同生活、共同发展的核心意识。在悠久漫长的历史发展中，以爱国主义为核心的民族精神，始终是动员和激励中国人民团结奋斗的一面旗帜，是增强民族凝聚力、树立民族自尊心和自豪感最有效的精神支柱。时代精神是每一个时代特有的普遍精神实质，是一个时代的人们在社会历史发展和文明创建活动中体现出来的精神风貌、进步观念和优良品格，是激励一个民族奋发图强、振兴发展的强大精神动力。就我国而言，新时期最鲜明的特点是改革开放，最显著的成就是快速发展，最突出的标志是与时俱进。因此，改革创新成为我国时代精神的核心。

第二，民族精神赋予中国精神以民族特征，是时代精神形成的基础。正是因为中华民族精神具有爱国主义、自强不息的精神品质，我们才能够摆脱困境，走进了改革开放的新时期；在改革开放的实践基础之上，我们才形成了以改革创新为核心的时代精神。这种时代精神是根源于现时代的社会实践的,具有时代性特征、实践性特征,但这种时代精神在深层次上是由民族精神所决定和影响的。

第三,时代精神赋予中国精神以时代内涵,为民族精神打上时代印记。任何民族精神都是一定民族不同历史时代的时代精神的积累和沉淀,民族精神在现实和未来的历史发展中所需要充实和完善的内容,都是来自时代精神,都是时代精神的持续融进和充实完善。这是因为,每个时代的时代精神各有其时代内容和特点,表明了当时的发展状况,反映了社会的最新发展趋势和潮流,最能起到促进社会进步和发展的作用。

民族精神与时代精神也是实现中国梦和社会主义建设事业的主要精神资源,是涵育社会主义核心价值观的重要泉源。在中国特色社会主义建设的历史进程中,我们既要大力弘扬以爱国主义为核心的民族精神,也要大力培育以改革创新为核心的时代精神。不仅要赋予民族精神以时代性特征,也要实现时代精神向民族精神的升华。

三、爱国主义的基本内涵是什么?

爱国主义是中华民族的优良传统,它深深地扎根在中华民族的伟大民族精神之中,贯穿了中国历史的发展进程。爱国主义体现了人们对自己祖国的深厚感情,揭示了个人对祖国的依存关系,是人们对自己家园以及民族和文化的归属感、认同感、尊严感与荣誉感的统一;是调节个人与祖国之间关系的道德要求、政治原则和法律规范;也是民族精神的核心。

爱国主义也是一个历史的范畴,它的具体要求因时代发展而变化。在今天,爱国主义的基本内涵主要表现在四个方面:

第一,爱祖国的大好河山。一是爱自己的故土家园。一方水土养一方人,热爱祖国山河的情感首先是从热爱自己的故乡开始。人们总是在热爱故乡一草一木、一山一水的基础上,随着年龄的增长、足迹的扩展、阅历的丰富,逐渐形成了对祖国大好河山的热爱和眷恋,并用各自不同的方式表达这种情感。二是捍卫祖国领土的完整统一。祖国的大好河山不只是自然风光,还是主权、财富、民族发展进步的载体。维护祖国领土的完整统一是国家的重大核心利益,也是每个公民的神圣使命和义务。

第二,爱自己的骨肉同胞。对骨肉同胞、对祖国人民的爱,是对祖国山河的爱的深化和拓展。"民为邦本",没有人民的祖国是不存在的,离开人民谈爱国是空洞的、毫无意义的。真正的爱国者都是热爱人民的。鲁迅曾说过:"我国自古以来就有埋头苦干的人、拼命硬干的人、为民请命的人,他们不愧为民族的脊梁。"人民才是创造祖国的历史、推动祖国前进的动力,对同胞、对人民群众的感情是衡量一个人对祖国忠诚程度的试金石。

第三,爱祖国的灿烂文化。博大精深、灿烂辉煌的中华优秀传统文化积淀了中华民族最深层的精神追求,包含着中华民族最根本的精神基因,代表着中华民族独特的精神标识,不仅为中华民族发展壮大提供了丰厚滋养,也为人类文明进步做出了卓越的贡献。爱祖国的灿烂文化,就是要认真学习、了解和尊重祖国的历史,树立起文化自信,自觉承担将中华民族优秀传统文化发扬光大的历史责任。

第四,爱自己的国家。国家和祖国是既有联系又有区别的概念。祖国更突出民族性和自然属性,是一个社会共同体;而国家则强调政治性和阶级属性,是指这种社会共同体的政治表现形态,是一个政治共同体。国家由立法机关、行政机关和司法军事警察机关等强力政治机构组成,国家职能的发挥与其统治下的人民的生存和发展息息相关。个人命运总是与国家命运紧密相连。国家强大了，个人才会有地位、受尊重；国家衰落了，个人将处处受欺辱。因此，爱自己的国家，是爱国主义必然的政治要求。在当代中国，爱祖国和爱国家是完全一致的。爱国家表现为拥护国家的基本制度，遵守国家的宪法法律，维护国家安全统一，捍卫国家利益，为国家繁荣发展做出贡献。

四、如何做新时代的忠诚爱国者？

中国特色社会主义进入新时代，实现中华民族伟大复兴的中国梦是新时代爱国主义的鲜明主题。做新时代的忠诚爱国者，大力弘扬新时代爱国主义，做到以下四个方面：

第一，坚持爱国爱党爱社会主义相统一。在当代中国，爱国主义的本质就是坚持爱国和爱党、爱社会主义高度统一。我们爱的"国"是中国共产党领导的社会主义中国。社会主义制度的建立，为中国的繁荣发展提供了可靠的保障。社会主义在中国集中代表着、体现着、实现着国家、民族和人民的根本利益。爱国主义与爱社会主义的统一是历史发展的必然结果。中国共产党是先锋队，是中国特色社会主义事业的领导核心。没有共产党就没有新中国，就没有中华民族伟大复兴，这是中国历史和现实所昭示的真理。现阶段爱国主义主要表现为在中国共产党领导下，献身于建设新时代中国特色社会主义伟大事业，献身于实现中华民族伟大复兴的中国梦的实践，献身于促进祖国统一大业。

第二，维护祖国统一和民族团结。维护和推进祖国统一，必须保持香港、澳门长期繁荣稳定，解决台湾问题、实现祖国完全统一，是党矢志不渝的历史任务，是实现中华民族伟大复兴的必然要求。要坚持一个中国和"九二共识"，推进两岸交流合作，促进两岸同胞团结奋斗，同时促进民族团结。中华民族和各民族的关系，是一个大家庭和家庭成员的关系；各民族的关系，是一个大家庭里不同成员的关系。处理好民族问题、促进民族团结，是关系祖国统一和边疆巩固的大事，是关系民族团结和社会稳定的大事，是关系国家长治久安和中华民族繁荣昌盛的大事。大学生要坚决捍卫民族团结进步、共同繁荣发展的大好局面，筑牢各族人民共同维护祖国统一、维护民族团结、维护社会稳定的钢铁长城。

第三，尊重和传承中华民族历史文化。对祖国悠久历史深厚文化的理解和接受，是培育和发展爱国主义情感的重要条件。作为中华儿女，我们要了解中华民族历史，传承中华文化基因，提升民族自豪感自信心，增强做中国人的骨气和底气。新时代大学生不仅认识到历史文化是民族生生不息的丰富滋养，还要旗帜鲜明反对历史虚无主义，树立大历史观和正确党史观，真正理解历史、把握历史，增强历史自觉和历史自信。

第四，坚持立足中国又面向世界。中国的命运与世界的命运紧密相关。弘扬新时代的爱国主义，要求我们正确处理中国与世界的辩证统一关系。当今世界，国家仍然是民族存在的最高组织形式，是国际社会活动中的独立主体，弘扬新时代的爱国主义，必须维护国家发展主体性。国家安全是民族复兴的根基，社会稳定是国家强盛的前提，大学生要增强国家安全意识，确立总体国家安全观，增强国防意识，履行维护国家安全的义务，弘扬新时代的爱国主义，必须自觉维护国家安全。弘扬新时代的爱国主义，必须推动构建人类命运共同体。共同建设一个持久和平、普遍安全、共同繁荣、开放包容、清洁美丽的世界，是全世界的共同利益和价值追求。构建人类命运共同体是世界各国人民前途命运所在，同时实现中国梦离不开和平的国家环境和稳定的国际秩序，大学生要始终做世界和平的建设者、全球发展的贡献者、国际秩序的维护者。

五、为什么实现中国梦必须弘扬中国精神？

中华民族在五千多年的历史发展的伟大实践中，形成了具有中国风格、中国气派的中国精神，这里的精神不是广义上的一切"精神现象"，而是狭义上的精神，即在心理、意识、观念、习俗、规范、制度等方面形成的稳定特质和风貌。它为人们思维方式、行为方式、生活方式的形成和发展提供情感基础和精神动力，是意识形态构筑发展的基础和支撑。中国精神是推进改革创新，引领社会发展，凝聚社会共识的有力思想武器。中国精神不仅是中国梦的精神支柱，更是实现中国梦的重要动力。

第一，中国精神是凝聚中国力量的精神纽带。中国梦是国家的梦，也是人民的梦。人民是追梦、圆梦的主体，人民性是中国梦的本质属性。实现中国梦必须紧紧依靠人民群众，中国精神能够将中华民族全体成员凝聚成一个有机整体，将分散的个体力量聚集起来，从而形成磅礴的中国力量。实现中国梦不能停留在"喊口号"的层面，需要13亿人民心往一处想、劲往一处使，长期艰苦奋斗，才能久久为功。中国精神正是不断激活广大人民群众投身实现中国梦伟大实践的最持久的精神动力。

第二，中国精神是激发创新创造的精神动力。创新是国家民族发展以及人类社会进步的重要力量。中国梦是人类社会前所未有的以改革创新为支撑的梦想，改革创新能给中国梦的实现提供内在驱动力。改革开放四十多年来的成就，就是在中国精神的激励下勇于改革、坚持开放、大胆创新取得的。改革创新没有完成时，只有进行时。进入新时代，无论是冲破思想观念障碍还是打破利益固化弊端，无论是破解发展难题还是释放改革红利，都需要继续发扬创新精神。这就要求我们必须不断寻找新方法、探索新路径、积累新经验、采取新举措，才能走出一条具有中国特色的社会主义发展道路。

第三，中国精神是推进复兴伟业的精神支柱。中国梦的本质是国家富强、民族振兴、人民幸福，实现这个伟大梦想必定是充满风险挑战和曲折坎坷的。全球化背景下最大发展中国家的地位，社会主义初级阶段的基本国情，使得中国梦的实现不可能一帆风顺，更不可能一蹴而就。在迈向中华民族伟大复兴的道路上，我们会面临意识形态斗争的日益激烈、人民内部矛盾的频繁出现、改革转型阵痛的不断加剧等诸多问题。尤其是当前，我国正处于经济社会体制深刻转型的关键期，改革进入了攻坚克难的深水区，在国际社会上遇到的误解和挑战也很多，这便需要一种强大的精神力量支撑我们坚持走下去。只有大力弘扬和培育中国精神，我们才能在"唱衰中国"的论调中牢牢把握意识形态领域的领导权和主动权、维护国家政治安全与政权稳定；在"贫富差距愈发严重"的质疑中逐步构建和谐安定的社会环境、全面建成小康社会；在"中国经济崩溃论"的声浪中坚持高举改革开放大旗、适应经济发展新常态。在新的历史条件下，我们必须继续弘扬中国精神，勇于面对挑战、迎难而上，敢于抵御风险、攻坚克难，保持定力，坚定不移地将中国特色社会主义事业推向前进。

六、大学生如何走在改革创新的时代前列？

改革创新是推动人类社会发展的重要力量，是当今国际竞争新优势的集中体现，也是当代中国社会发展的关键因素，是中国赢得未来的必然要求。创新已经摆在了国家发展全局的核心位置，创新驱动发展战略成为国家的重大战略，不断推进理论创新、实践创新、制度创新、科技创新、文化创新等各项事业的创新发展，成为党和国家各项工作的要求。青年一代朝气蓬勃，思维活跃、好奇心强、求知欲盛，最富有创新意识和创造力。作为青年知识分子，大学生应当深刻认识时代要求和社会发展趋势，迎接挑战，勇做改革创新的实践者。

第一，要树立改革创新的自觉意识。一是要深刻认识当代社会发展的潮流和趋势，增强责任感和使命感。改革开放四十多年来中国特色社会主义事业的辉煌成就，是党领导人民解放思想、与时俱进，不断探索社会主义社会发展规律，不断突破思想理论框框和体制机制束缚而取得的。大学生要不断增强以改革创新推动社会进步，在改革创新中贡献社会的责任感和使命感。二是要树立敢于突破陈规的意识。进入新时代，需要我们不断突破已有成就实现跨越发展，需要我们勇于打破陈规大胆探索未知。大学生要在学习和实践中培养独立思考的能力、追求真理的精神，敢于批判质疑，不唯书、不唯上，只唯实。三是树立大胆探索未知领域的信心。鲁迅先生说，世界上本没有路，走的人多了就成了路。跟在别人后面亦步亦趋，是不可能创新和超越的。青年阶段的一个优势，就是可以尝试失败，要勇于在试错中开辟前人没有走过的新路。

第二，要增强改革创新的能力本领。任何创新创造都不会是碰运气、偶然巧合、盲目蛮干的产物，而是日积月累、深耕厚植、深思熟虑、锲而不舍的结果。大学生要想做出创新创造的成就，必须狠下苦功，夯实知识基础、主动加快知识更新、优化知识结构、拓宽眼界和视野，切忌好高骛远、眼高手低、不切实际。要注重培养创新思维，善于观察、发现问题，敢于异想天开，乐于接受新事物，勤于思考。投身改革创新实践是造就创新人才的根本途径。大学生要积极参与改革创新的社会实践，开启创新创业理想、开展创新创业活动，将理论知识与实际工作、生活、劳动、科研结合起来，在实践中认识社会需要、发现问题，锻炼解决问题的本领，做改革创新的实践者和生力军。

习近平关于中国精神、传统文化等的重要论述摘编

一、论中国精神

实现中国梦必须弘扬中国精神。这就是以爱国主义为核心的民族精神，以改革创新为核心的时代精神。这种精神是凝心聚力的兴国之魂、强国之魂。爱国主义始终是把中华民族坚强团结在一起的精神力量，改革创新始终是鞭策我们在改革开放中与时俱进的精神力量。全国各族人民一定要弘扬伟大的民族精神和时代精神，不断增强团结一心的精神纽带、自强不息的精神动力，永远朝气蓬勃迈向未来。

——在十二届全国人民代表大会第一次会议上的讲话（2013年3月17日）

中国人民在抗日战争的壮阔进程中孕育出伟大抗战精神，向世界展示了天下兴亡、匹夫有责的爱国情怀，视死如归、宁死不屈的民族气节，不畏强暴、血战到底的英雄气概，百折不挠、坚忍不拔的必胜信念。伟大抗战精神，是中国人民弥足珍贵的精神财富，将永远激励中国人民克服一切艰难险阻、为实现中华民族伟大复兴而奋斗。

——在纪念中国人民抗日战争暨世界反法西斯战争胜利75周年座谈会上的讲话（2020年9月3日）

伟大抗疫精神，同中华民族长期形成的特质禀赋和文化基因一脉相承，是爱国主义、集体主义、社会主义精神的传承和发展，是中国精神的生动诠释，丰富了民族精神和时代精神的内涵。我们要在全社会大力弘扬伟大抗疫精神，使之转化为全面建设社会主义现代化国家、实现中华民族伟大复兴的强大力量。

——在全国抗击新冠肺炎疫情表彰大会上的讲话（2020年9月8日）

脱贫攻坚精神，是中国共产党性质宗旨、中国人民意志品质、中华民族精神的生动写照，是爱国主义、集体主义、社会主义思想的集中体现，是中国精神、中国价值、中国力量的充分彰显，赓续传承了伟大民族精神和时代精神。全党全国全社会都要大力弘扬脱贫攻坚精神，团结一心，英勇奋斗，坚决战胜前进道路上的一切困难和风险，不断夺取坚持和发展中国特色社会主义新的更大的胜利！

——在全国脱贫攻坚总结表彰大会上的讲话（2021年2月25日）

我国几代科技工作者通过接续奋斗铸就的"两弹一星"精神、西迁精神、载人航天精神、科学家精神、探月精神、新时代北斗精神等，共同塑造了中国特色创新生态，成为支撑基础研究发展的不竭动力。要在全社会大力弘扬追求真理、勇攀高峰的科学精神，广泛宣传基础研究等科技领域涌现的先进典型和事迹，教育引导广大科技工作者传承老一辈科学家以身许国、心系人民的光荣传统，把论文写在祖国的大地上。

——在二十届中央政治局第三次集体学习时的讲话（2023年2月21日）

高举中国特色社会主义伟大旗帜，全面贯彻新时代中国特色社会主义思想，弘扬伟大建党精神，自信自强、守正创新，踔厉奋发、勇毅前行，为全面建设社会主义现代化国家、全面推进中华民族伟大复兴而团结奋斗。

——在中国共产党第二十次全国代表大会上的报告（2022年10月16日）

坚持发扬斗争精神。增强全党全国各族人民的志气、骨气、底气，不信邪、不怕鬼、不怕压，知难而进、迎难而上，统筹发展和安全，全力战胜前进道路上各种困难和挑战，依靠顽强斗争打开事业发展新天地。

——在中国共产党第二十次全国代表大会上的报告（2022年10月16日）

这次主题教育，要教育引导广大党员、干部学思想、见行动，树立正确的权力观、政绩观、事业观，增强责任感和使命感，不断提高推动高质量发展本领、服务群众本领、防范化解风险本领，加强斗争精神和斗争本领养成，提振锐意进取、担当有为的精气神。

——在学习贯彻习近平新时代中国特色社会主义思想主题教育工作会议上的讲话（2023年4月3日）

精神家园构筑必须久久为功。要面向各族群众加强党的理论和路线方针政策教育，加强党史、新中国史、改革开放史、社会主义发展史、中华民族发展史宣传教育，用共同理想信念凝心铸魂，深入培育和践行社会主义核心价值观。深入实施红色基因传承工程，大力弘扬以爱国主义为核心的民族精神、以改革创新为核心的时代精神，不断增强对中华民族的认同感和自豪感，振奋各族人民奋进新征程、建功新时代的精气神。实施中华优秀传统文化传承发展工程，研究和挖掘中华传统文化的优秀基因和时代价值，推动中华优秀传统文化创造性转化、创新性发展，繁荣发展社会主义先进文化，构建和运用中华文化特征、中华民族精神、中国国家形象的表达体系，不断增强各族群众的中华文化认同。全面推广普及国家通用语言文字，全面推行使用国家统编教材，以语言相通促进心灵相通、命运相通。

——在二十届中央政治局第九次集体学习时的讲话（2023年10月27日）

新四军的历史充分说明，民心向背决定着历史的选择，江山就是人民、人民就是江山。这是开展革命传统教育、爱国主义教育的生动教材，要用好这一教材，教育引导党员、干部传承发扬不怕困难、不畏艰险，勇于斗争、敢于胜利的精神，紧紧依靠人民，把强国建设、民族复兴伟业不断推向前进。

——在江苏盐城参观新四军纪念馆时的讲话（2023年12月3日）

毛泽东同志把自己的一生献给党和人民，留下了永志后人的崇高精神风范。毛泽东同志展现出一个伟大革命领袖高瞻远瞩的政治远见、坚定不移的革命信念、勇于开拓的非凡魄力、炉火纯青的斗争艺术、杰出高超的领导才能、心系人民的赤子情怀、坦荡宽广的胸怀境界、艰苦奋斗的优良作风，赢得了全党全国各族人民的爱戴和敬仰，毛泽东同志的崇高精神风范永远是激励我们继续前进的强大动力。

——习近平2023年12月26日在纪念毛泽东同志诞辰130周年座谈会上的讲话

对中国革命战争史要学而时习之，珍惜来之不易的红色江山，发扬革命传统，增强斗争精神，勇于战胜前进道路上的各种艰难险阻。

——赴天津看望慰问基层干部群众时的讲话（2024年2月1日至2日）

二、论传统文化和文化自信

中华优秀传统文化是中华文明的智慧结晶和精华所在，是中华民族的根和魂，是我们在世界文化激荡中站稳脚跟的根基。

——在十九届中央政治局第三十九次集体学习时的讲话（2022年5月27日）

在推动中华优秀传统文化创造性转化、创新性发展的过程中，我们要坚持马克思主义的根本指导思想，传承弘扬革命文化，发展社会主义先进文化，从中华优秀传统文化中寻找源头活水。

——在十九届中央政治局第三十九次集体学习时的讲话（2022年5月27日）

中华民族有着五千多年的文明史，我们要敬仰中华优秀传统文化，坚定文化自信。要善于从中华优秀传统文化中汲取治国理政的理念和思维，广泛借鉴世界一切优秀文明成果，不能封闭僵化，更不能一切以外国的东西为圭臬，坚定不移走中国特色社会主义道路。

——在四川考察时的讲话（2022年6月8日）

要坚定历史自信、文化自信，坚持古为今用、推陈出新，把马克思主义思想精髓同中华优秀传统文化精华贯通起来、同人民群众日用而不觉的共同价值观念融通起来，充分吸收其中蕴含的治国理政的思想智慧、格物究理的思想方法、修身处世的道德理念，不断赋予科学理论鲜明的中国特色，不断夯实马克思主义中国化时代化的历史基础和群众基础，让马克思主义在中国牢牢扎根。

——在党的二十届一中全会上的讲话（2022年10月23日）

中华优秀传统文化是我们党创新理论的"根"，我们推进马克思主义中国化时代化的根本途径是"两个结合"。我们要坚定文化自信，增强做中国人的自信心和自豪感。

——在河南省安阳市考察时的讲话（2022年10月28日）

坚定文化自信，就是坚持走自己的路。坚定文化自信的首要任务，就是立足中华民族伟大历史实践和当代实践，用中国道理总结好中国经验，把中国经验提升为中国理论，既不盲从各种教条，也不照搬外国理论，实现精神上的独立自主。要把文化自信融入全民族的精神气质与文化品格中，养成昂扬向上的风貌和理性平和的心态。

——在文化传承发展座谈会上的讲话（2023年6月2日）

三、论中国共产党人的精神

大力弘扬东北抗联精神、大庆精神（铁人精神）、北大荒精神，引导党员、干部树立正确的政绩观，激发干事创业热情。

——在主持召开新时代推动东北全面振兴座谈会时的讲话（2023年9月7日）

弘扬伟大建党精神，广泛培育和践行社会主义核心价值观，发展社会主义先进文化。

——在浙江考察时的讲话（2023年9月20日至21日）

要总结运用第一批主题教育的成功经验，高质量开展第二批主题教育，用井冈山精神、苏区精神、长征精神砥砺党员、干部，教育引导党员、干部坚定理想信念、牢记初心使命、积极开拓进取、勇于担当作为。

——在江西考察时的讲话（2023年10月10日至13日）

要大力弘扬劳模精神、劳动精神、工匠精神，发挥好劳模工匠示范引领作用，激励广大职工在辛勤劳动、诚实劳动、创造性劳动中成就梦想。

——在同中华全国总工会新一届领导班子成员集体谈话时的讲话（2023年10月23日）

第二批主题教育正在深入开展，灾区各级党组织要把主题教育与灾后恢复重建紧密结合起来，大力弘扬抗洪救灾精神，充分发挥基层党组织战斗堡垒作用和党员干部先锋模范作用，用恢复重建成果和人民群众满意度来检验主题教育的成效。

——在北京河北考察灾后恢复重建工作时的讲话（2023年11月10日）

上海是我们党的诞生地，要用好一大会址等红色资源，弘扬伟大建党精神，教育引导广大党员、干部牢记"三个务必"，在新征程上开拓创新、奋发进取、真抓实干。
——在上海考察时的讲话（2023年11月28日至12月2日）

要保护和运用好红色资源，大力弘扬沂蒙精神，推动红色基因代代相传。
——在山东考察时的讲话（2024年5月22日至24日）

全军高级干部要牢记初心使命，带头弘扬延安精神，带头加强革命性锻造，扛起党和人民赋予的历史重任，团结带领广大官兵打好实现建军一百年奋斗目标攻坚战，把强军事业不断推向前进。
——瞻仰王家坪革命旧址时的讲话（2024年6月17日）

要坚持党对军队绝对领导，贯彻落实新时代政治建军方略，牢牢把握政治建军时代要求，聚焦打好实现建军一百年奋斗目标攻坚战，发扬彻底的自我革命精神，持续深化政治整训，锻造政治坚定、能力过硬的坚强党组织，锻造忠诚干净担当、堪当强军重任的高素质干部队伍，为强军事业提供坚强政治保证。
——在中央军委政治工作会议上的讲话（2024年6月17日至19日）

大力弘扬以改革创新为核心的时代精神和青藏高原精神，激励党员、干部进一步解放思想、转变观念，锐意进取、担当作为。
——在青海考察时的讲话（2024年6月18日至19日）

四、论"一国两制"和推进祖国统一

我们全面准确推进"一国两制"实践，坚持"一国两制"、"港人治港"、"澳人治澳"、高度自治的方针，推动香港进入由乱到治走向由治及兴的新阶段，香港、澳门保持长期稳定发展良好态势。我们提出新时代解决台湾问题的总体方略，促进两岸交流合作，坚决反对"台独"分裂行径，坚决反对外部势力干涉，牢牢把握两岸关系主导权和主动权。
——在中国共产党第二十次全国代表大会上的报告（2022年10月16日）

我们要扎实推进"一国两制"实践和祖国统一大业。推进强国建设，离不开香港、澳门长期繁荣稳定。要全面准确、坚定不移贯彻"一国两制"、"港人治港"、"澳人治澳"、高度自治的方针，坚持依法治港治澳，支持香港、澳门特别行政区发展经济、改善民生，更好融入国家发展大局。实现祖国完全统一是全体中华儿女的共同愿望，是民族复兴的题中之义。要贯彻新时代党解决台湾问题的总体方略，坚持一个中国原则和"九二共识"，积极促进两岸关系和平发展，坚决反对外部势力干涉和"台独"分裂活动，坚定不移推进祖国统一进程。
——在第十四届全国人民代表大会第一次会议上的讲话（2023年3月13日）

我们要继续全面准确、坚定不移贯彻"一国两制"方针，落实"爱国者治港"、"爱国者治澳"原则，支持香港、澳门发展经济、改善民生，发挥自身特点和优势，积极参与粤港澳大湾区建设，保持香港、澳门长期繁荣稳定！

——在庆祝中华人民共和国成立74周年招待会上的讲话（2023年9月28日）

我们要坚持一个中国原则和"九二共识"，推动两岸关系和平发展，深化两岸融合发展，维护中华民族根本利益，增进两岸同胞福祉。实现祖国完全统一是民心所向、时代潮流、历史必然，是任何势力都阻挡不了的。

——在庆祝中华人民共和国成立74周年招待会上的讲话（2023年9月28日）

要坚持和完善"一国两制"，推进祖国统一。中国式现代化需要全体中华儿女和衷共济、共襄盛举。我们要全面准确、坚定不移贯彻"一国两制"、"港人治港"、"澳人治澳"、高度自治的方针，坚持依法治港治澳，坚持和完善"一国两制"制度体系，落实中央全面管治权，落实"爱国者治港"、"爱国者治澳"原则，坚持中央全面管治权和保障特别行政区高度自治权相统一。支持香港、澳门发展经济、改善民生、破解经济社会发展中的深层次矛盾和问题，更好融入国家发展大局。实现祖国完全统一是大势所趋、大义所在、民心所向，祖国必须统一，也必然统一。我们要坚持贯彻新时代党解决台湾问题的总体方略，坚持一个中国原则和"九二共识"，深化两岸各领域融合发展，推动两岸关系和平发展。中国人民有坚定的意志、充分的信心、足够的能力，坚决防止任何人以任何方式把台湾从中国分裂出去。

——在纪念毛泽东同志诞辰130周年座谈会上的讲话（2023年12月26日）

民革要在对台工作大局中进一步找准定位、发挥优势、积极作为，更好团结海内外、岛内外一切可以团结的爱国力量，不断壮大反"独"促统力量，共同推进祖国和平统一进程。要积极推动两岸科技、农业、人文、青年发展等领域交流合作，深化两岸各领域融合发展。

——在看望参加全国政协十四届二次会议的民革、科技界、环境资源界委员并参加联组会时的讲话（2024年3月6日）

黄埔军校是第一次国共合作的产物，是我国第一所培养革命军队干部的学校。黄埔军校同学会是中国共产党领导下联系海内外黄埔同学及其亲属的爱国群众团体，成立以来始终秉持"发扬黄埔精神，联络同学感情，促进祖国统一，致力振兴中华"的宗旨，服务党和国家发展大局，为扩大两岸交流合作、反对"台独"分裂、推进祖国统一作出了积极贡献。

——致黄埔军校建校100周年暨黄埔军校同学会成立40周年的贺信（2024年6月16日）

五、论坚持总体国家安全观

我们贯彻总体国家安全观，国家安全领导体制和法治体系、战略体系、政策体系不断完善，在原则问题上寸步不让，以坚定的意志品质维护国家主权、安全、发展利益，国家安全得到全面加强。

——在中国共产党第二十次全国代表大会上的报告（2022年10月16日）

我们要坚持以人民安全为宗旨、以政治安全为根本、以经济安全为基础、以军事科技文化社会安全为保障、以促进国际安全为依托，统筹外部安全和内部安全、国土安全和国民安全、传统安全和非传统安全、自身安全和共同安全，统筹维护和塑造国家安全，夯实国家安全和社会稳定基层基础，完善参与全球安全治理机制，建设更高水平的平安中国，以新安全格局保障新发展格局。

——在中国共产党第二十次全国代表大会上的报告（2022年10月16日）

要坚持扩大教育对外开放不动摇。深入贯彻总体国家安全观，把牢教育对外开放正确方向和安全底线。

——在二十届中央政治局第五次集体学习时的讲话（2023年5月29日）

要全面贯彻党的二十大精神，深刻认识国家安全面临的复杂严峻形势，正确把握重大国家安全问题，加快推进国家安全体系和能力现代化，以新安全格局保障新发展格局，努力开创国家安全工作新局面。

——在二十届中央国家安全委员会第一次会议上的讲话（2023年5月30日）

我们践行共同、综合、合作、可持续的安全观，照顾各方合理安全关切，统筹应对各类传统安全和非传统安全挑战，共同守护地区和平和安宁，携手为地区国家发展繁荣营造良好环境。

——在上海合作组织成员国元首理事会第二十三次会议上的讲话（2023年7月4日）

当前，世界进入新的动荡变革期，我国安全形势不稳定性不确定性增大。要时刻牢记使命任务，坚持问题导向，增强忧患意识，全力以赴履行好战区主战职能。要深化战争和作战筹划，建强战区联合作战指挥体系，大抓实战化军事训练，加快提高打赢能力。要坚持从政治高度思考和处理军事问题，敢于斗争、善于斗争，坚决捍卫国家主权、安全、发展利益。

——在视察东部战区机关时的讲话（2023年7月6日）

我们要努力实现普遍安全。这些年世界很不太平，不少国家和地区饱经战乱、人民颠沛流离。国际社会迫切希望消除冲突和战争的根源，找到世界长治久安的根本之策。事实表明，不断扩大军事同盟，拓展自身势力范围，挤压别国安全空间，必将造成安全困境，导致各国都不安全。只有坚持共同、综合、合作、可持续的新安全观，才能走出一条普遍安全之路。

——在2023年金砖国家工商论坛闭幕式上的致辞（2023年8月22日）

共同维护和平安全的全球环境。非洲正朝着"消弭枪声"的目标不懈努力。我们愿同非方一道，践行共同、综合、合作、可持续的新安全观，倡导以对话弥合分歧、以合作化解争端，推动政治解决国际和地区热点问题，维护世界和平稳定。我们要坚持人与自然和谐共生，维护全球生态环境安全。

——在中非领导人对话会上的主旨讲话（2023年8月24日）

维护国家安全和社会稳定，守护人民的幸福和安宁，是人民警察的神圣职责。你们的父辈勇于担当作为，甘于牺牲奉献，他们的精神永远值得铭记和发扬。希望你们以英雄的父辈为榜样，坚定理想信念，刻苦学习训练，努力练就报国为民的过硬本领，矢志不渝做党和人民的忠诚卫士，为建设更高水平的平安中国不懈努力，为推进强国建设、民族复兴伟业积极贡献力量。

——给中国人民公安大学在读英烈子女的回信（2023年9月28日）

无论是巴以冲突还是乌克兰危机，要从根子上解决，需要对安全问题进行更深入思考，坚持共同、综合、合作、可持续的安全观，推动构建均衡、有效、可持续的安全架构。挤压别国安全空间，片面袒护一方而忽视另一方的正当诉求，都会导致地区失衡，引起冲突扩大升级。中欧应该致力于调解冲突、缓和紧张，为促进地区和平与发展发挥积极作用。

——同德国总理朔尔茨举行视频会晤时的讲话（2023年11月3日）

加强团结协作，筑牢中越命运共同体的安全防线。中越同为共产党领导的社会主义国家，维护政治制度安全、捍卫社会主义事业是我们共同的责任使命。双方要加强团结，坚持开放、共赢，共同防范抵御外部渗透破坏图谋，为壮大世界社会主义力量、推动人类和平和进步事业作出应有贡献。

——同越南国家主席武文赏举行会谈时的讲话（2023年12月13日）

要夯实部队基础，落实全面从严治军要求，严格教育管理，保持正规秩序，激发动力活力，全面锻造过硬基层，确保部队高度集中统一和安全稳定，奋力开创部队建设新局面，坚决完成党和人民赋予的各项任务。

——向信息支援部队授予军旗并致训词（2024年4月19日）

六、论人类命运共同体

我们全面推进中国特色大国外交，推动构建人类命运共同体，坚定维护国际公平正义，倡导践行真正的多边主义，旗帜鲜明反对一切霸权主义和强权政治，毫不动摇反对任何单边主义、保护主义、霸凌行径。

——在中国共产党第二十次全国代表大会上的报告（2022年10月16日）

我们要努力推动构建人类命运共同体。中国的发展惠及世界，中国的发展离不开世界。我们要扎实推进高水平对外开放，既用好全球市场和资源发展自己，又推动世界共同发展。我们要高举和平、发展、合作、共赢旗帜，始终站在历史正确一边，践行真正的多边主义，践行全人类共同价值，积极参与全球治理体系改革和建设，推动建设开放型世界经济，推动落实全球发展倡议、全球安全倡议，为世界和平发展增加更多稳定性和正能量，为我国发展营造良好国际环境。

——在第十四届全国人民代表大会第一次会议上的讲话（2023年3月13日）

我们要深化交流互鉴，以包容的胸怀构建和而不同的精神家园。文明是多样的，世界是多彩的。青年充满了活力，应该也能够以平等、包容、友爱的视角看待和而不同，用欣赏、互学、互鉴的态度对待多种文化。我们要以这次大运会为契机，弘扬全人类共同价值，谱写推动构建人类命运共同体新篇章。

——在成都第三十一届世界大学生夏季运动会开幕式欢迎宴会上的致辞（2023年7月28日）

中方愿同金砖伙伴一道，秉持人类命运共同体理念，加强战略伙伴关系，深化各领域合作，以金砖责任应对共同挑战，以金砖担当开创美好未来，共同驶向现代化的彼岸！

——在金砖国家领导人第十五次会晤上的讲话（2023年8月23日）

当今世界变乱交织，百年变局加速演进。如何解决发展赤字、破解安全困境、加强文明互鉴是我们共同面临的时代课题。为此，我提出全球发展倡议、全球安全倡议、全球文明倡议，倡导和平、发展、合作、共赢，推动构建人类命运共同体，得到非洲国家广泛支持。中国和非洲正在通过共同探索现代化的生动实践回答历史之问，携手推进合作共赢、和合共生、文明共兴的历史伟业。

——在中非领导人对话会上的主旨讲话（2023年8月24日）

作为山海相连、人文相亲的命运共同体，我们要以体育促和平，坚持与邻为善和互利共赢，抵制冷战思维和阵营对抗，将亚洲打造成世界和平的稳定锚。

——在杭州第十九届亚洲运动会开幕式欢迎宴会上的致辞（2023年9月23日）

要秉持人类命运共同体理念，完善细化全面深入参与世界贸易组织改革的中国方案。坚决维护包括我国在内的广大发展中国家的合法权益。

——在二十届中央政治局第八次集体学习时的讲话（2023年9月27日）

我们要坚持和平发展，坚定奉行互利共赢的开放战略，维护国际公平正义，践行真正的多边主义，推动落实全球发展倡议、全球安全倡议、全球文明倡议，推动构建人类命运共同体，同各国人民携手努力，应对各种全球性挑战，共创人类的美好未来！

——在庆祝中华人民共和国成立74周年招待会上的讲话（2023年9月28日）

我们深刻认识到，人类是相互依存的命运共同体。世界好，中国才会好；中国好，世界会更好。通过共建"一带一路"，中国对外开放的大门越开越大，内陆地区从"后卫"变成"前锋"，沿海地区开放发展更上一层楼，中国市场同世界市场的联系更加紧密。中国已经是140多个国家和地区的主要贸易伙伴，是越来越多国家的主要投资来源国。无论是中国对外投资，还是外国对华投资，都彰显了友谊和合作，体现着信心和希望。

——在第三届"一带一路"国际合作高峰论坛开幕式上的主旨演讲（2023年10月18日）

必须坚定"四个自信"，积极主动加强宣传引导，大力宣传中华民族的历史，大力宣传中华民族共同体理论，大力宣传新时代党的民族工作取得的历史性成就，大力宣传中华民族同世界各国人民携手构建人类命运共同体的美好愿景。

——在二十届中央政治局第九次集体学习时的讲话（2023年10月27日）

推进中国式现代化建设，需要适应社会主要矛盾变化，更好解决发展不平衡不充分问题；需要建设现代化产业体系、加快构建新发展格局；需要在推动高质量发展中提高人民生活品质，促进全体人民共同富裕；需要应对气候变化等人类面临的共同挑战，推动构建人类命运共同体。

——在中央金融工作会议上的讲话（2023年10月30日）

欢迎各方积极参与全球发展倡议，深化减贫、粮食安全、工业化、发展筹资等领域合作，构建全球发展共同体，让各国人民共享现代化建设成果。

——在亚太经合组织第三十次领导人非正式会议上的讲话（2023年11月17日）

要坚定维护以国际法为基础的国际秩序，主动参与国际规则制定，推进国际关系法治化。积极参与全球治理体系改革和建设，推动全球治理朝着更加公正合理的方向发展，以国际良法促进全球善治，助力构建人类命运共同体。

——在二十届中央政治局第十次集体学习时的讲话（2023年11月27日）

当前，世界百年变局正在加速演进，中国和阿拉伯国家都肩负着实现各自民族振兴、加快国家建设的时代使命。构建中阿命运共同体彰显我们开辟中阿关系新纪元、开创美好世界新未来的共同愿望。

——在中阿合作论坛第十届部长级会议开幕式上的主旨讲话（2024年5月30日）

联合国贸易和发展会议成立60年来，秉持共同繁荣的宗旨，积极促进南南合作，倡导南北对话，推动构建国际经济新秩序，为全球贸易和发展作出了重要贡献。当前，世界百年变局加速演进，和平和发展面临新的挑战。我们要以对历史和人民负责的态度，把准正确方向，携手构建人类命运共同体。

——向联合国贸易和发展会议成立60周年庆祝活动开幕式发表的视频致辞（2024年6月12日）

七、论创新创造

坚持创新在我国现代化建设全局中的核心地位。完善党中央对科技工作统一领导的体制，健全新型举国体制，强化国家战略科技力量，优化配置创新资源，优化国家科研机构、高水平研究型大学、科技领军企业定位和布局，形成国家实验室体系，统筹推进国际科技创新中心、区域科技创新中心建设，加强科技基础能力建设，强化科技战略咨询，提升国家创新体系整体效能。深化科技体制改革，深化科技评价改革，加大多元化科技投入，加强知识产权法治保障，形成支持全面创新的基础制度。培育创新文化，弘扬科学家精神，涵养优良学风，营造创新氛围。扩大国际科技交流合作，加强国际化科研环境建设，形成具有全球竞争力的开放创新生态。

《高举中国特色社会主义伟大旗帜 为全面建设社会主义现代化国家而团结奋斗》

——在中国共产党第二十次全国代表大会上的报告（2022年10月16日）

要贯彻新时代中国特色社会主义文化思想，深化文化体制改革，激发文化创新创造活力，大力提升文化软实力。

——在上海考察时的讲话（2023年11月28日至12月2日）

大力推进科技创新。新质生产力主要由技术革命性突破催生而成。科技创新能够催生新产业、新模式、新动能，是发展新质生产力的核心要素。这就要求我们加强科技创新特别是原创性、颠覆性科技创新，加快实现高水平科技自立自强。要深入实施科教兴国战略、人才强国战略、创新驱动发展战略，坚持"四个面向"，强化国家战略科技力量，有组织推进战略导向的原创性、基础性研究。要聚焦国家战略和经济社会发展现实需要，以关键共性技术、前沿引领技术、现代工程技术、颠覆性技术创新为突破口，充分发挥新型举国体制优势，打好关键核心技术攻坚战，使原创性、颠覆性科技创新成果竞相涌现，培育发展新质生产力的新动能。

——在二十届中央政治局第十一次集体学习时的讲话（2024年1月31日）

要紧扣制约科技与经济深度融合的突出问题，围绕创新要干什么、谁来组织创新、如何支持激励保护创新，持续深化改革攻坚，加快建设全面创新的基础制度。

——在中央全面深化改革委员会第四次会议上的讲话（2024年2月19日）

要瞄准世界能源科技前沿，聚焦能源关键领域和重大需求，合理选择技术路线，发挥新型举国体制优势，加强关键核心技术联合攻关，强化科研成果转化运用，把能源技术及其关联产业培育成带动我国产业升级的新增长点，促进新质生产力发展。

——在二十届中央政治局第十二次集体学习时的讲话（2024年2月29日）

要突出构建以先进制造业为骨干的现代化产业体系这个重点，以科技创新为引领，统筹推进传统产业升级、新兴产业壮大、未来产业培育，加强科技创新和产业创新深度融合，巩固传统产业领先地位，加快打造具有国际竞争力的战略性新兴产业集群，使江苏成为发展新质生产力的重要阵地。

——在参加十四届全国人大二次会议江苏代表团审议时的讲话（2024年3月5日）

科技界委员和广大科技工作者要进一步增强科教兴国强国的抱负，担当起科技创新的重任，加强基础研究和应用基础研究，打好关键核心技术攻坚战，培育发展新质生产力的新动能。要务实建言献策，助力深化科技体制改革和人才发展体制机制改革，健全科技评价体系和激励机制，进一步激发各类人才创新活力和潜力。

——在看望参加全国政协十四届二次会议的民革、科技界、环境资源界委员并参加联组会时的讲话（2024年3月6日）

新兴领域发展从根本上说源于科技的创新和应用。要增强创新自信，坚持以我为主，从实际出发，大力推进自主创新、原始创新，打造新质生产力和新质战斗力增长极。要把握新兴领域交叉融合发展特征，加强集成创新和综合应用，推动形成多点突破、群体迸发的生动局面。

——在出席十四届全国人大二次会议解放军和武警部队代表团全体会议时的讲话（2024

年3月7日）

要以科技创新引领产业创新，积极培育和发展新质生产力。立足实体经济这个根基，做大做强先进制造业，积极推进新型工业化，改造提升传统产业，培育壮大新兴产业，超前布局建设未来产业，加快构建以先进制造业为支撑的现代化产业体系。更加重视科技创新和产业创新的深度融合，加强重大科技攻关，增强产业创新发展的技术支撑能力。强化企业创新主体地位，构建上下游紧密合作的创新联合体，促进产学研融通创新，加快科技成果向现实生产力转化。深入实施制造业重大技术改造升级和大规模设备更新工程，推动制造业高端化、智能化、绿色化发展，让传统产业焕发新的生机活力。

——在新时代推动中部地区崛起座谈会上的讲话（2024年3月20日）

科技创新是发展新质生产力的核心要素。要在以科技创新引领产业创新方面下更大功夫，主动对接国家战略科技力量，积极引进国内外一流研发机构，提高关键领域自主创新能力。强化企业科技创新主体地位，促进创新链产业链资金链人才链深度融合，推动科技成果加快转化为现实生产力。聚焦优势产业，强化产业基础再造和重大技术装备攻关，继续做大做强先进制造业，推动产业高端化、智能化、绿色化发展，打造国家级产业集群。

——在湖南考察时的讲话（2024年3月18日至21日）

强化科技创新和产业创新深度融合，积极培养引进用好高层次科技创新人才，努力攻克一批关键核心技术。深化东中西部科技创新合作，建好国家自主创新示范区、科技成果转移转化示范区。加快传统产业技术改造，推进重点行业设备更新改造，推动传统优势产业升级、提质、增效，提高资源综合利用效率和产品精深加工度。

——在新时代推动西部大开发座谈会上的讲话（2024年4月23日）

深入实施制造业重大技术改造升级和大规模设备更新工程，加快传统产业转型升级，积极培育具有国际先进水平和竞争力的战略性新兴产业。加强重大科技攻关，强化科技创新和产业创新深度融合，积极培育新业态新模式新动能，因地制宜发展新质生产力。

——在重庆考察时的讲话（2024年4月22日至24日）

要坚持以开放促创新，健全科技对外开放体制机制，完善面向全球的创新体系，主动融入全球创新网络，突出重点领域和关键环节，补齐开放创新制度短板。

——在中央全面深化改革委员会第五次会议上的讲话（2024年6月11日）

坚持科技研发和成果转化两手抓，广泛应用新技术，因地制宜改造提升传统产业、发展战略性新兴产业，培育新质生产力。

——在青海考察时的讲话（2024年6月18日至19日）

强化科技创新和产业创新融合，加大科技成果转化应用力度，促进传统产业转型升级，培育战略性新兴产业，因地制宜发展新质生产力。

——在宁夏考察时的讲话（2024年6月19日至20日）

学者论坛

中华民族现代文明以中华优秀传统文化为思想根基

李梦云

习近平总书记指出，"中华优秀传统文化是我们最深厚的文化软实力，也是中国特色社会主义植根的文化沃土"。中华民族现代文明的命题出场彰显了中华优秀传统文化创造性转化和创新性发展的演化进路。这一演化路径，既符合文明发展的一般规律，也贴合中华民族现代文明的建构实际。

从文明的狭义概念出发，文明作为一个民族文化发展的高级形态，内在地规定着一个民族的思想传统和精神积淀，具有鲜明的继承性。在马克思恩格斯笔下，文明的时代划分被区别为奴隶制文明、封建制文明、资本主义文明和共产主义文明。但是，无论文明的发展形态如何变化，前一文明形态包含的影响人的生产和解放的积极要素都会在社会的精神生产中被历史地承继下来。"历史文明虽然在文明发展的历史中成为'过去'，但在过往的'历史'文明中也积淀着种种'现代'文明的元素。"文化的传承给文明的发展以历史的佐证和发展的根基。观之中华民族现代文明亦是如此。

"如果不从源远流长的历史连续性来认识中国，就不可能理解古代中国，也不可能理解现代中国，更不可能理解未来中国。"5000余年的中华文明久经岁月洗礼，自近代新文化运动以来，实现了文化模式的传统向现代的转型，也在文化表达上实现了封建向自由的转换，为建构中华民族现代文明奠定了基础。但是，从中华文明当代发展的现实状况来看，其中蕴含和传承下来的中华优秀传统文化和思想精神仍熠熠生辉，影响和改变着国家治国理政的方略政策，也影响和改变着人民群众的精神生活。比如，在习近平外交思想中就突出地显现了中华优秀传统文化中"大同社会""协和万邦"的价值观念；在文化产品的创作、推广中，承载中华优秀传统文化价值的作品，更易被人民接受，更易于释放其蕴含的魅力价值，也能够带来更可观的经济效益。因而，从文明发展的宏观视域出发，中华民族现代文明的命题出场必然要从传统中华文明中汲取营养和价值，既要继承和弘扬传统中华文明承载的文化观念和精神内核，也要在中华优秀传统文化的创造性转化和创新性发展中实现理论叙事和实践演化的突破。这是中华民族现代文明建构发展的合规律性与合现实性的重要体现与内在要求。

（摘编自：《中华民族现代文明的基本内核、主要特征与价值意蕴》，原载《马克思主义研究》，2024年第3期）

铸就中国共产党人的精神谱系，提升中华民族的精神境界

陈志刚

精神是文化的沉淀，是文化中最持久的力量。在悠久的历史中，中华民族形成了独特的人文精神，铸就了独特的精神标识。习近平总书记指出："为什么中华民族能够在几千年的历史长河中顽强生存和不断发展呢？很重要的一个原因，是我们民族有一脉相承的精神追求、精神特质、精神脉络。""中国人民在长期奋斗中培育、继承、发展起来的伟大民族精

神",包括伟大创造精神、伟大奋斗精神、伟大团结精神、伟大梦想精神,"为中国发展和人类文明进步提供了强大精神动力"。

在习近平总书记所概括的中华民族伟大精神中,伟大创造精神居于首位,这体现了中华文明具有突出的创新性。中华文明之所以能够长期引领世界,创造精神、创新精神至关重要。"创新精神是中华民族最鲜明的禀赋。在5000多年文明发展进程中,中华民族创造了高度发达的文明,我们的先人们发明了造纸术、火药、印刷术、指南针,在天文、算学、医学、农学等多个领域创造了累累硕果,为世界贡献了无数科技创新成果,对世界文明进步影响深远、贡献巨大,也使我国长期居于世界强国之列。"但是,到了近代以后,受西方工业文明的冲击,"创造了灿烂文明的中华民族遭遇到文明难以赓续的深重危机"。梁漱溟曾指出:"中国文化到了清代已僵腐,内容很不行,完全失掉了中心信仰———人类精神;因之礼教成了硬壳,硬固的虚假,对于自己的真精神没有把握,胸中无主"。孙中山先生也认为,中国之所以从"世界独强"沉沦为"次殖民地",其原因在于我们失去了民族的精神,"中国的人只有家族和宗族的团体,没有民族的精神,所以虽有四万万人结合成一个中国,实在是一片散沙"。因此,孙中山先生强调"我们要挽救这种危亡,便要提倡民族主义,用民族精神来救国"。但如何恢复中华民族的精神,如何找到中华民族复兴的道路,鸦片战争以来无数仁人志士进行了探索,从太平天国运动、洋务运动、戊戌变法、义和团运动,到孙中山先生领导的辛亥革命,但都以失败而告终,没有能够改变中国人民和中华民族的悲惨命运。

十月革命一声炮响,给中国送来了马克思列宁主义,让中国先进分子在重重黑暗中看到了希望。马克思列宁主义的唯物精神、斗争精神、革命精神,弥补了中华传统文化柔弱有余而刚强不足、重视个体心性修养而忽视人群整合的缺陷,使"中国人在精神上就由被动转入主动",由自卑走向自信。马克思主义的真理力量激活了中华民族的伟大精神,扭转了近代以来的精神颓势,实现了中华民族精神的跃升。

中国共产党人作为中华民族的脊梁,在革命、建设和改革的伟大实践和艰苦奋斗中,"坚持性质宗旨,坚持理想信念,坚守初心使命,勇于自我革命,在生死斗争和艰苦奋斗中经受住各种风险考验、付出巨大牺牲,锤炼出鲜明政治品格,形成了以伟大建党精神为源头的精神谱系"。以坚持真理、坚守理想,践行初心、担当使命,不怕牺牲、英勇斗争,对党忠诚、不负人民为基本内涵的伟大建党精神,既体现了马克思主义政党的性质宗旨、理想信念,也深深植根于中华优秀传统文化之中,极大地弘扬、升华了中华民族的伟大创造精神、伟大奋斗精神、伟大团结精神、伟大梦想精神。百余年来,在伟大建党精神的滋养下,中国共产党在革命、建设和改革中塑造了一座又一座精神丰碑,团结带领人民创造了一系列奇迹,迎来了从站起来、富起来到强起来的伟大飞跃,使中华民族抛弃了"东亚病夫"的帽子,重新屹立于世界民族之林。特别是改革开放的伟大实践,大力弘扬了中华5000年文明一直贯穿的"天行健,君子以自强不息""地势坤,君子以厚德载物"的变革和开放精神,铸就了"伟大改革开放精神,极大丰富了民族精神内涵,成为当代中国人民最鲜明的精神标识"。

伟大事业需要伟大精神,伟大精神引领伟大事业。恩格斯曾说:"一个知道自己的目的,也知道怎样达到这个目的的政党,一个真正想达到这个目的并且具有达到这个目的所必不可缺的顽强精神的政党,———这样的政党将是不可战胜的"。百余年来,中国共产党大力弘扬以爱国主义为核心的民族精神、以伟大建党精神为源头的革命精神、以改革创新为核心的时代精神,重新塑造了中华民族的精神面貌,提升了中华文明的精神境界,使中华民族创造了一个又一个奇迹。这些精神，也为我们在新征程上全面推进中华民族伟大复兴提供了不竭动力，铸就了战胜一切风险挑战的必胜信心。

（摘编自：《在中华优秀传统文化创造性转化和创新性发展中建设中华民族现代文明》，原载《马克思主义研究》，2023年第6期）

中华民族最根本的精神基因

胡海波

一个国家或民族往往都存在自身所特有的精神基因，这种精神基因内在于该国家或民族的文化传统之中，从而形成有别于其他国家或民族的人文精神和文化习惯。中华民族在5000多年的文明发展进程中，创造出了光辉灿烂的传统文化，逐渐形成了中华民族所特有的基本精神。

在中华民族传统文化中，对中华民族影响最大、最久远的思想文化是儒家学说，但不能就此简单地把中华民族的基本精神归结为儒家精神。中华民族的传统文化从结构上看，是各家思想相互交融而成的一个整体：一方面，九流十家，各有其说。各家思想都有不同的观点，也有不同的特点；另一方面，各家思想相互补充，相互交融，共同构成了一个完整的精神世界。德国哲学家施伟策曾写道："在其他任何地方都未能像在中国思想中那样成为一个包罗万象的样子。老子、庄子、孔子、孟子、列子等等，都是这样的思想家。在他们那里，西方思想须努力解决的世界观，却被一种非常奇怪而又深深吸引我们注意力的方式表现了出来。"在这个中华民族传统文化整体中，既有精华，也有糟粕。中华民族传统文化的精华经过世代传承，其基本精神已经深深融入中华民族的血脉之中，成为中华民族最基本的精神基因。中共中央办公厅、国务院办公厅印发的《关于实施中华优秀传统文化传承发展工程的意见》指出："在5000多年文明发展中孕育的中华优秀传统文化，积淀着中华民族最深沉的精神追求，代表着中华民族独特的精神标识，是中华民族生生不息、发展壮大的丰厚滋养，是中国特色社会主义植根的文化沃土，是当代中国发展的突出优势，对延续和发展中华文明、促进人类文明进步，发挥着重要作用。"

中华民族最根本的精神基因深藏于中华民族文化的深层结构之中，具有相对恒久的稳定性，并且能够在新的时代条件下发出新的光彩。这种稳定与新生的辩证统一，是中华优秀传统文化的生命力所在。透过中华文化发展史，不难发现，中华文化在几千年的演进过程中，虽历经劫难，但每次都能发扬光大、传承至今。根据英国著名学者汤因比的著述，人类文明史上曾经存在26个文明形态，其他古老文明或中断或湮灭，唯有中华文化体系没有中断而延续至今。中华民族传统文化历久弥新的关键就在于其中蕴含着能够保持旺盛生命力的最根本的精神基因。

对于中华传统文化蕴含的中华民族最根本的精神基因，张岱年先生曾将其概括为"自强不息的精神"和"厚德载物的宽容精神"。习近平总书记在山东考察时强调，弘扬中华优秀传统文化，要形成"向上的力量"和"向善的力量"；在主持中共中央第二十九次集体学习时明确提出："爱国主义是中华民族精神的核心。爱国主义精神深深植根于中华民族心中，是中华民族的精神基因。"笔者认为，中华民族最根本的精神基因可以概括为以下几个方面：

"自强不息"的向上精神基因。中华民族5000多年的灿烂文化始终积淀着一种奋发向上、开拓进取的精神基因。这种精神基因体现着中华民族最深沉的精神追求，是中华民族生存、不断发展的生机和活力所在，也是区别于其他民族的独特精神标识。"天行健，君子以自强不息"就是这种精神基因的很早的形象表达。这种"刚健、自强不息"的精神基因在几千年的文明历程中传承，激励一代又一代中华儿女永不松懈、艰苦奋斗、奋发图强，成为中华民族昂扬奋进的精神力量。"天下兴亡，匹夫有责"的责任意识与"先天下之忧而忧"的忧患意识催生出强大的民族凝聚力，是中华民族生生不息、昂扬向上的动力；"苟日新，日日新，又日新"的锐意进取、革故鼎新精神是中华民族蓬勃向上的具体展现；"天道酬勤"的理念付诸实践便成为奋发向上的具体路径。

"厚德载物"的向善精神基因。中华民族文化的演进历程可以说是一部以人生和心性为观照、以崇德向善为特征的伦理文化发展史，始终承载着持之以恒的向善基因。"地势坤，君子以厚德载物"是这种精神基因的完美体现和高度概括。"厚德载物"以人生和心性为观照，强调通过自身的修养，使人的德性敦厚崇高至承载万物。"善不积不足以成名""勿以善小而不为""积善成德"等至理名言和"桐城六尺巷"等崇德向善的经典故事历史地见证了中华民族一贯的"厚德载物"高尚品质和精神基因。诚信、仁爱、包容、贵和等思想既是传统德性实践的准则，也是中华民族向善基因的具体呈现。

爱国主义的精神基因。爱国主义是中华民族一以贯之的优良传统，是中华民族精神的核心和集中体现，也是中华儿女共同的精神支柱。中华民族的爱国主义精神基因是在中华传统文化的沃土中孕育生成的。中华文化是中华各民族团结统一的精神纽带，也是爱国主义精神基因传承的基本载体。爱国主义始终是绵延不绝的中华传统文化的重要主题，从"大道之行也，天下为公"到"鞠躬尽瘁，死而后已"，从"精忠报国，还我河山"到"天下兴亡，匹夫有责"等等，都彰显着爱国主义和民族精神的光辉。中华传统文化宣扬的爱国主义精神，其精华部分早已超越时空的界限，深入人心，维系着中华民族的团结统一，激励着中华儿女为国家和民族而不懈奋斗。

中华文化源远流长的生命力就在于其中蕴含着中华民族最根本的精神基因，"自强不息"的向上精神基因是中华文化蓬勃发展的内在动力，"厚德载物"的向善精神基因是中华文化能够以海纳百川的气魄、包容和吸纳外来文化推进自身文化发展的重要依据，爱国主义的精神基因是维系中华各民族团结统一、为国家和民族奋斗的根本精神力量。承传至今的传统文化中最根本的精神基因，不仅涵养了当代中国人民，而且中华优秀传统思想文化所体现的世界观、人生观和价值观，"其中最核心的内容已经成为中华民族最基本的文化基因"，成为中国特色社会主义文化生命力的丰厚滋养。

(摘编自：《中华民族最根本的精神基因》，《光明日报》，2017年7月17日第15版)

尊重、传承和创新中华文化是当代中华爱国主义的重要使命

王泽应

中国的现代复兴，是以中华民族文化精神觉醒为根本前提和价值指向的。文化自觉与文化自信、文化自强三者是一个有机联系的整体。对中华文化既需要传承与守护，也需要发展与创新。唯有实现创造性转化与创新性发展，才能使中华文化永远充满活力。我们要坚持不忘本来、吸收外来、面向未来的文化建设的基本原则和方针，学会在继承中华文化中对其予

以创造性的转化，在学习中华文化中对其予以超越性的创新，把延续中华文化基因、萃取中华文化精华、展现中华文化魅力、推进中华文化创造性转化与创新性发展有机地结合起来，创造出一种既立足本国又放眼世界、既扎根传统又面向现代和未来的新的中华文化。

近代以来，中华文化的自觉、自信与自强经历了艰辛的发展过程。文化复古主义和自由主义的全盘西化论代表对中华文化的态度的两个极端。文化复古主义的盲目自信和醉心西化论者不加分析地自我否定，都造成了严重的偏弊，都没有解决中华文化的创造性转化和创新性发展问题。特别是自由主义的全盘西化论者大多以西方文化之长反观中华文化之短，每每得出"百事不如人"的结论，故其批评尖刻有余而公允论述甚少，致使中华文化之精神实质往往湮没不彰。一百多年来，相当一部分知识分子始终摆脱不掉"尊西人若帝天，视西籍如神圣"的文化自卑或文化自虐心态，清醒的文化自觉、文化自信和文化自强意识始终没有培育起来。即便是在改革开放时期，这种状况也并未得到根本性的扭转。传承和创新中华文化的任务可谓任重而道远。

如何促进中华文化的创造性转化和创新性发展，这是一个需要深入探索并不断在实践中总结的重大现实问题。其关键是既要发掘中华文化超越时空的永恒价值，又要根据时代精神作出创造性的解说，吸收现实生活中的新鲜养料，汲取外国文化的有益因素，激活其内在的生命力，推动其不断进入新境界，形成新的发展形态，使其更好地承前启后、继往开来。

具体来说，第一，强化对中华文化的跨越时空、超越国界、富有永恒魅力、具有当代价值的文化精神的挖掘、阐发和弘扬，这是实现中华文化创造性转化和创新性发展的基础性工程，是文化自觉和文化自信的内在要求。习近平指出："中华民族有着深厚文化传统，形成了富有特色的思想体系，体现了中国人几千年来积累的知识智慧和理性思辨。这是我国的独特优势。"中华文化延续着我们国家和民族的精神血脉，是涵养社会主义核心价值观的重要源泉，也是我们在世界文化激荡中站稳脚跟的坚实根基。中华文化中到底有哪些跨越时空、跨越国界、富有永恒魅力、具有当代价值的因素呢？集中起来讲就是以爱国主义为核心的民族精神以及"讲仁爱、重民本、守诚信、崇正义、尚和合、求大同"的传统美德和基本价值观。"中华传统美德是中华文化精髓，蕴含着丰富的思想道德资源"，我们要认真汲取中华道德精髓，"深入挖掘和阐发中华优秀传统文化讲仁爱、重民本、守诚信、崇正义、尚和合、求大同的时代价值，使中华优秀传统文化成为涵养社会主义核心价值观的重要源泉"。

第二，以时代精神激活中华文化的生命力，实现民族精神与时代精神的有机统一。习近平指出："中华文化源远流长、博大精深，如同一座宝藏，一旦探秘其中，就会终生受用。我们要取其精华、去其糟粕，赋予中华传统文化以新的时代内涵，使之成为我们的精神追求和行为准则。"我们要站在新的时代高度，基于新的文化建设目标和任务，用科学的态度和观点对待文化传统。不忘历史才能开辟未来，善于继承才能善于创新。优秀传统文化是一个国家、一个民族传承和发展的根本，如果丢掉了，就割断了精神命脉。"我们要善于把弘扬优秀传统文化和发展现实文化有机统一起来，紧密结合起来，在继承中发展，在发展中继承。"在继承中华文化中发展和创新中华文化，在发展和创新中华文化中继承中华文化，是马克思主义唯物辩证法的根本要求，也是繁荣、发展中华文化的内在逻辑使然。

第三，把不忘本来与吸收外来、面向未来有机地结合起来，努力吸收人类文明的优秀成果，以促使中华文化实现创造性转化和创新性发展。此即含有"淬厉其所本有而新之"和"采补其所本无而新之"的意义，"欲强吾国，则不可不考博各国民族所以自立之道，汇择其长者而取之，以补我之所未及"，把中华民族的优良传统与西方民族文化的合理因素结合起来，构造一种全新的国民道德观念和心理品质。推动中华文化创造性发展，既不能心醉西风，"蔑弃吾数千年之道德学术风俗，以求伍于他人"，也不能墨守成规，"仅抱此数千年之道德学术风俗，遂足以立于大地也"，而应当兼采中西文化之长并予以创造性发展。

第四，坚持批判继承、去粗取精、去伪存真的原则和方法，做到古为今用、以古鉴今，把有鉴别的对待与有扬弃的继承结合起来。实现中华文化的创造性转化和创新性发展，既需要薪火相传、代代守护，也需要与时俱进、推陈出新，绝不能搞厚古薄今、以古非今和食古不化，应当使传统文化与当代文化相适应，与现代社会相协调。

尊重、传承和创新中华文化是当代中华爱国主义的重要使命，也是当代中华爱国主义的内在要求。"中华文化既坚守本根又不断与时俱进，使中华民族保持了坚定的民族自信和强大的修复能力，培育了共同的情感和价值、共同的理想和精神。……没有中华文化繁荣兴盛，就没有中华民族伟大复兴。"弘扬当代中华爱国主义的时代旋律，要求我们在热爱中华文化的基础上促进其创造性转化和创新性发展。中华文化的创造性转化和创新性发展，有利于锻铸新的国魂和民魂，谱写中华爱国主义和中华民族伟大复兴的宏伟乐章。

（摘编自：《爱中华文化是中华爱国主义的重要内容和本质特征》，原载《社会主义核心价值观研究》，2018年第1期）

如何理解提升国家创新体系整体效能？

习近平总书记在党的二十大报告中指出，"提升国家创新体系整体效能"。这一重要论断，阐明了加快实现高水平科技自立自强、建设科技强国的关键着力点。对此，需要深刻理解、准确把握，全面落实。

第一，加强党对科技工作的全民领导。新时代10年，在长期努力的基础上，我国国家创新体系整体效能持续提升，国家创新体系建设处于历史上最好时期。在规模方面，研发经费、研发人员、基础设施等的规模已处于世界前列；在结构方面，国家实验室、国家科研机构、高水平研究型大学、科技领军企业等国家战略科技力量不断发展壮大，呈现出多样性的结构特征；在能力方面，我国已成功进入创新型国家行列，全球创新指数排名从2012年的第34位上升到2022年的第11位。这些历史性成就和历史性变革，是在以习近平同志为核心的党中央坚强领导下取得的。实践证明，加强党对科技工作的全面领导，是我国科技事业发展的根本政治保证，是党的领导政治优势的充分体现。要以近中新时代中国特色社会主义思想为指导，把党的领导落实到科技事业各领域各方面各环节，坚决拥护"两个确立"，增强"四个意识"、坚定"四个自信"、做到"两个维护"，在政治立场、政治方向、政治原则、政治路上始终同以习近平同志为核心的党中央保特高度一致。加强党中央集中统一领导，完善党中央对科技工作统一领导的体制，建立权威的决策指挥体系。强化统筹谋划和总体布局，调动各方面积极性，加速聚集创新要素，优化配置创新资源，努力实现创新驱动系统能力整合，增强科技创新活动的组织力、战斗力。

第二，构建体系化全局性科技发展新格局。提升国家创新体系整体效能，要坚持系统观念，坚持科技创新和制度创新"双轮驱动"，形成国家科技创新体系化能力，构建新时代科技发展新格局。坚持面向世界科技前沿、面向经济主战场、面向国家重大需求、面向人民生命健康，加强顶层设计，补短板、建长板、强能力、成体系。健全新型举国体制，以国家战略需求为导向，集聚力量进行原创性引领性科技攻关，着力解决影响制约国家发展全局和长远利益的重大科技问题,坚决打赢关键核心技术攻坚战。围绕国家急迫需要和长远需求,加快实施一批具有战略性全局性前瞻性的国家重大科技项目,增强自主创新能力。加强科技基础能力建设,在力量相建、资源配置、基础设施、科研平台、政策法规、技术标准、创新生态、科技人才等方面夯实基础。

第三,强化国家战略科技力量。以国家目标和战略需求为导向,加快组建一批国家实验室,重组现有国家重点实验室,形成国家实验室体系。优化国家科研机构、高水平研究型大学、科技领军企业定位和布局。建立国家战略科技力量履职尽责、优势互补的协作体制,增强体系化创新能力。统筹推进国际科技创新中心、区域科技创新中心建设,打造世界科学前沿领域和新兴产业技术创新、全球科技创新要素的汇聚地。强化企业科技创新主体地位,发挥科技型骨干企业,引领支撑作用,加强企业主导的产学研深度融合,推动创新链产业链资金链人才链的深度融合,提高科技成果转化和产业化水平。强化科技战略咨询,发挥国家科技咨询委员会、国家科技高端智库和战略科学家决策支撑作用。

第四,深化科技体制改革。着力破解深层次体制机制障碍,着力营造良好政策环境,深化科技评价改革,加大多元化科技投入。加强知识产权法治保障,形成支持全面创新的基础制度。提升科技投入效能,深化财政科技经费分配使用机制改革,激发创新活力。营造有利于科技型中小微企业成长的良好环境。培育创新文化,弘扬科学家精神,涵养优良学风,营造创新氛围。

第五,扩大国际科技交流合作。积极主动融入全球创新体系,用好全球创新资源。实施更加开放包容、互惠共享的国际科技合作战略,以持续提升科技自主创新能力夯实国际合作基础,以更加开放的思维和举措推进国际科技交流合作。加强国际化科研环境建设,形成具有全球竞争力的开放创新生态。

摘自:《党的二十大报告学习辅导百问》

为什么增强自主创新能力要加强基础研究?

习近平总书记在党的二十大报告中指出:"加强基础研究。突出原创,鼓励自由探索。"习近平总书记还强调过,"基础研究是整个科学体系的源头,是所有技术问题的总机关"。这些重要论述和战略部署,深刻表明了加强基础研究对增强自主创新能力、增添高水平科技自立自强后劲、夯实科技强国基础的极端重要性。

第一,加强基础研究是建设科技强国的必然要求。历史发展表明,世界科技强国都是科学基础雄厚的国家,都是在重要科技领域处于领先行列的国家,都是世界主要科学中心、创新和人才高地,在解决人类面临的重大挑战、基本科学问题、开辟新的科学领域方向构建新的科学构建理论体系上具有引领性贡献。党的十八大以来,以习近平同志为核心的党中央高度重视基础研究并做出一系列重大决策部署。我国基础研究和原始创新取得重要进展,基础研究整体实力显著增强。落实加强基础研究战略部署,需要把原始创新能力提升摆在更加突出的位置,瞄准世界科技前沿,敢于挑战最前沿的科学问题,在独创独有上下功夫,提出更多原创理论,作出更多原创发现,解决更多原创科学问题,实现前瞻性基础研究,引领性原创成果重大突破,不断丰富和发展科学体系,引领世界科技发展新方向,不断向科学技术广度和深度进军。

第二，加强基础研究是实现高水平科技自立自强的必然要求。

当今世界正经历百年未有之大变局，发达国家对"追赶型"国家科技发展压制不断升级，并逐步从高技术领域向基础研究领域拓展，我国基础研究发展的外部环境更加严峻。要充分认识加强基础研究对支撑高水平科技自立自强的重要性和紧迫性，只有突破基础理论、基本原理、基础软硬件、关键基础材料等瓶颈制约，我国的科技才能立得起来、强得起来，才能加快实现高水平科技自立自强。

要坚持目标导向和自由探索"两条腿走路"，不断壮大我国基础研究体系。强化目标导向，从经济社会发展和国家安全面临的实际问题中凝练科学问题，从源头和底层解快关键核心技术问题。鼓励自由探索，不断拓展认识自然的边界，开拓新的认知疆域。孕育科学突破，夯实引领未来发展的知识基础。

第三，加强基础研究是抢抓新一轮科技革命和产业变革机遇的必然要求。当前新一轮科技革命和产业变革正在创造历史性机遇，学科交叉融合加速，新兴学科不断涌现，前沿领域不断延伸。基础研究的重大突破往往催生颠覆性创新，带动前沿技术交叉融合、群体跃进，推动生产力跨越式发展，深刻改变人类经济社会面貌。实践证明，谁引领前沿性、基础性科学技术方向，谁就能抢抓新一轮科技革命和产业变革的主动权。为此，要把握科技发展加速的时代潮流，密切跟踪、科学研判科技发展趋势，着力提升科学研判前沿性方向和自主提出重大科学问题的能力，以基础研究带动应用技术群体突破，不断放大科学、技术、产业的正向循环效应，抢抓新一轮科技革命和产业变革重大历史机遇，把科学研究成果应用在建设社会主义现代化国家的伟大事业中。

第四，加强基础研究是培养造就世界级科学家和领军人才的必然要求。重大发明创造、颠覆性技术创新关键在人才。没有强大的基础研究人才队伍，自主创新就是无源之水、无本之木。加强基础研究，有利于造就一批能够把握世界科技大势、追求真理、勇攀高峰的顶尖科学家、领军人才和高层次复合型人才，有利于发现一批创新思维活跃、敢闯"无人区"的青年才俊。要打造体系化、高层次基础研究人才培养平台，加大基础研究领域人才培养力度；长期稳定支持一批在自然科学领域取得突出成绩且具有明显创新潜力的青年人才，让大批优秀基础研究人才涌现出来，成为我国科技人才力量的重要组成部分。

摘自：《党的二十大报告学习辅导百问》

伟大建党精神：中国共产党的精神之源

中共中央党史和文献研究院

习近平总书记在庆祝中国共产党成立100周年大会上的重要讲话中指出："一百年前，中国共产党的先驱们创建了中国共产党，形成了坚持真理、坚守理想，践行初心、担当使命，不怕牺牲、英勇斗争，对党忠诚、不负人民的伟大建党精神，这是中国共产党的精神之源。"伟大建党精神，内涵丰富、意境深远、跨越时空、历久弥新。弘扬伟大建党精神，对于新时代推进党的建设新的伟大工程、坚持和发展中国特色社会主义伟大事业，具有重大现实意义和深远历史意义。

伟大建党精神形成的基础和条件

伟大建党精神，是中国共产党先驱在20世纪20年代探索救国救民道路中创造的宝贵精神财富，是马克思主义基本原理同中国具体实际相结合、同中华优秀传统文化相结合产生的宝贵精神财富，凝聚着中国共产党人的初心和使命，激励着中国共产党人不断开拓前行。

民族复兴历史任务是伟大建党精神形成的时代背景。中华民族是世界上伟大的民族，有着5000多年源远流长的文明历史，为人类文明进步作出了不可磨灭的贡献。但1840年鸦片战争以后，中国逐步沦为半殖民地半封建社会：西方列强纷至沓来，强迫中国割地、赔款，攫取种种特权；腐朽的清政府日益成为外国资本主义统治中国的工具，卖国无能，扼杀中国生机。帝国主义和中华民族的矛盾，封建主义和人民大众的矛盾，成为近代中国社会的主要矛盾。从那时起，实现中华民族伟大复兴，就成为中国人民和中华民族最伟大的梦想；争取民族独立、人民解放和实现国家富强、人民幸福，就成为中国人民的两大历史任务。正是在这个伟大的时代主题下，伟大建党精神所蕴含的各个因素开始孕育、形成，并在不断的斗争中丰富、发展。

马克思列宁主义是伟大建党精神形成的理论来源。十月革命一声炮响，给中国送来了马克思列宁主义。陷于彷徨和苦闷中的中国人民由此看到了解决中国问题的出路和希望，一批赞成俄国十月社会主义革命道路、具有初步共产主义思想的先进分子开始在中国出现。1919年五四运动爆发，中国工人阶级开始以独立的姿态登上政治舞台，显示出强大力量，马克思主义也开始在中国广泛传播。中国先进分子集合在马克思主义旗帜下，积极投身群众斗争实践，到工人中调查生活、宣传革命、办学校、办工会。随着马克思主义在中国的进一步传播，与中国工人运动相结合，推动了伟大建党精神的萌发。

伟大建党活动是伟大建党精神形成的实践基础。"南陈北李，相约建党"。在共产国际帮助下，中国先进分子组织马克思学说研究会等组织，成立了共产党早期组织。他们致力于研究宣传马克思主义，同反马克思主义思潮展开论战，组织工人群众，筹建社会主义青年团。1921年7月，中国共产党第一次全国代表大会在上海召开，一个以马克思列宁主义为行动指南的、完全新式的无产阶级政党诞生。中国共产党成立后，迅速领导各地党组织开展劳工运动和党团建设。1922年7月党的二大召开，制定党的民主革命纲领，诞生第一部党章，健全中央领导机构，标志着中国共产党创建工作顺利完成。中国共产党的创建过程，在实践中建立了党的组织，在精神上形成了伟大建党精神。

中华优秀传统文化是伟大建党精神形成的文化土壤。没有中华文化繁荣兴盛，就没有中华民族伟大复兴。在5000多年文明发展中孕育的中华优秀传统文化，是中华民族的精神命脉。崇仁爱、重民本、守诚信、讲辩证、尚和合、求大同等思想，自强不息、敬业乐群、扶正扬善、扶危济困、见义勇为、孝老爱亲等传统美德，形成了中华民族独特的思想理念和道德规范。中国先进分子以国家兴亡为己任，郑重选择和广泛传播马克思主义真理，激活了中华优秀传统文化的生命力，为伟大建党精神的形成提供了丰富的文化和精神滋养。

伟大建党精神的深刻内涵

坚持真理、坚守理想，就是坚持马克思主义的科学真理，坚守共产主义远大理想和中国特色社会主义共同理想。这是对中国共产党人理想信念和价值追求的集中表达。中国共产党是用马克思主义武装起来的政党，马克思主义是中国共产党人理想信念的灵魂。中国先进分子从俄国十月革命看到了"世界人类全体的新曙光",感受到"真理的味道非常甜",建立起了马克思主义信仰。毛泽东同志提出:"主义譬如一面旗子,旗子立起了,大家才有所指望,才知所趋赴。"党的一大确定党的名称为"中国共产党",明确"革命军队必须与无产阶级一起推翻资本家阶级的政权","承认无产阶级专政,直到阶级斗争结束","消灭资本家私有制"等。这表明,中国共产党从一开始就坚持以马克思主义为行动指南,旗帜鲜明地把社会主义和共产主义规定为自己的奋斗目标。对马克思主义的信仰,对社会主义和共产主义的信念,始终是共产党人经受住任何考验的精神支柱。习近平总书记指出:"中国共产党为什么能,中国特色社会主义为什么好,归根到底是因为马克思主义行!"中国共产党人坚持真理、坚守理想,不断推进马克思主义中国化时代化,指导中国人民不断推进伟大社会革命,深刻改变了近代以后中华民族发展的方向和进程,深刻改变了中国人民和中华民族的前途和命运,深刻改变了世界发展的趋势和格局。

践行初心、担当使命,就是坚持为中国人民谋幸福、为中华民族谋复兴的初心和使命。这是对中国共产党人历史责任和时代使命的集中表达。中国共产党作为中国最先进的阶级——工人阶级的政党,不仅代表着工人阶级的利益,而且代表着整个中国人民和中华民族的利益。……习近平总书记指出:"从石库门到天安门,从兴业路到复兴路,我们党近百年来所付出的一切努力、进行的一切斗争、作出的一切牺牲,都是为了人民幸福和民族复兴。"中国共产党人践行初心、担当使命,团结带领中国人民进行革命、建设、改革,中华民族迎来了从站起来、富起来到强起来的伟大飞跃,实现中华民族伟大复兴进入了不可逆转的历史进程。

不怕牺牲、英勇斗争,就是始终保持斗争精神、顽强意志、优良作风,毫无畏惧地面对一切困难和挑战,坚定不移地开辟新天地。这是对中国共产党人精神风范和意志品质的集中表达。中国共产党是"无产阶级的先锋军,为无产阶级奋斗,和为无产阶级革命的党",始终把"实行社会革命"作为根本政治目的。共产党员是"特殊材料制成的人",不惧"为他所信仰的主义而死"。毛泽东同志说:"从古以来,中国没有一个集团,像共产党一样,不惜牺牲一切,牺牲多少人,干这样的大事。"习近平总书记指出:"在应对各种困难挑战中,我们党锤炼了不畏强敌、不惧风险、敢于斗争、勇于胜利的风骨和品质。"在革命性锻造中,中国共产党人焕发出强大生机活力,始终走在时代前列,成为全国人民的主心骨,成为坚强领导核心。

对党忠诚、不负人民,就是无条件地对党的信仰忠诚、对党组织忠诚、对党的理论和路线方针政策忠诚,始终坚持全心全意为人民服务的根本宗旨。这是对中国共产党人政治担当和人民立场的集中表达。……习近平总书记指出:"全国广大共产党员要始终在党爱党、在党为党,心系人民、情系人民,忠诚一辈子,奉献一辈子。"中国共产党人始终保持同人民群众最密切的联系,实现了由小到大、由弱到强的发展壮大,团结带领人民根本改变了中国人民和中华民族的前途和命运。

伟大建党精神是中国共产党人精神谱系的历史源头和高度凝练

习近平总书记指出:"一百年来,中国共产党弘扬伟大建党精神,在长期奋斗中构建起中国共产党人的精神谱系,锤炼出鲜明的政治品格。"正确认识伟大建党精神与中国共产党人精神谱系的关系,特别是从党的百年奋斗历程中深刻认识伟大建党精神的地位和作用,是理解把握伟大建党精神是中国共产党精神之源的关键所在。

伟大建党精神是中国共产党人精神谱系的历史源头。树高千尺有根，水流万里有源。伟大建党精神是在创建中国共产党的伟大实践中形成的。党的创建是中国共产党奋斗征程的起点，伟大建党精神的形成是中国共产党人精神谱系的开篇。在百年接续奋斗中，中国共产党弘扬伟大建党精神，团结带领人民创造了一系列伟大成就，铸就了一系列伟大精神。新民主主义革命时期，中国共产党团结带领人民浴血奋战、百折不挠，推翻了三座大山，建立了中华人民共和国，铸就了井冈山精神、长征精神、遵义会议精神、延安精神、西柏坡精神等。社会主义革命和建设时期，党团结带领人民自力更生、发愤图强，确立了社会主义基本制度，推进了社会主义建设，铸就了抗美援朝精神、红旗渠精神、大庆精神和铁人精神、雷锋精神、焦裕禄精神、"两弹一星"精神等。改革开放和社会主义现代化建设新时期，党团结带领人民解放思想、锐意进取，开创、坚持、捍卫、发展了中国特色社会主义，铸就了特区精神、抗洪精神、抗击"非典"精神、载人航天精神、抗震救灾精神等。中国特色社会主义新时代，党团结带领人民自信自强、守正创新，推动党和国家事业取得历史性成就、发生历史性变革，铸就了探月精神、新时代北斗精神、伟大抗疫精神、脱贫攻坚精神等。这一系列伟大精神，是伟大建党精神这一"源头"在不同历史时期的"活水"涌流，是中国共产党在完成不同历史任务中弘扬伟大建党精神的具体表现，共同构筑起中国共产党人的精神谱系。

　　伟大建党精神是中国共产党人精神谱系的高度凝练。历史川流不息，精神代代相传。中国共产党在不同历史时期铸就的一系列伟大精神，既各有侧重、各具特点，又从不同方面体现了伟大建党精神的基本内涵。比如，井冈山精神的主要内容是：坚定信念、艰苦奋斗，实事求是、敢闯新路，依靠群众、勇于胜利；延安精神的主要内容是：坚定正确的政治方向、解放思想实事求是的思想路线、全心全意为人民服务的根本宗旨、自力更生艰苦奋斗的创业精神；大庆精神和铁人精神的主要内容是：爱国、创业、求实、奉献；"两弹一星"精神的主要内容是：热爱祖国、无私奉献、自力更生、艰苦奋斗、大力协同、勇于登攀；特区精神的主要内容是：敢闯敢试、敢为人先、埋头苦干；抗洪精神的主要内容是：万众一心、众志成城，不怕困难、顽强拼搏，坚韧不拔、敢于胜利；抗击"非典"精神的主要内容是：万众一心、众志成城，团结互助、和衷共济，迎难而上、敢于胜利；伟大抗疫精神的主要内容是：生命至上、举国同心、舍生忘死、尊重科学、命运与共；脱贫攻坚精神的主要内容是：上下同心、尽锐出战、精准务实、开拓创新、攻坚克难、不负人民。这一系列伟大精神的主要内容，都蕴含着伟大建党精神的基本内涵，充分表明伟大建党精神既在创建中国共产党的实践中形成，又在党的百年光辉历史中发扬光大；既是中国共产党人精神谱系的历史源头，也是中国共产党人精神谱系的高度凝练。

　　伟大建党精神是贯穿中国共产党人精神谱系的红色血脉。"石可破也，而不可夺坚；丹可磨也，而不可夺赤。"伟大建党精神集中体现了中国共产党的性质宗旨、优良作风和伟大品格，深刻揭示了中国共产党最鲜明的特质和特点，充分展示了中国共产党人精神谱系的本质内容和精神实质，是贯通中国共产党人精神谱系的一条红线，是中国共产党不断发展壮大的基因密码。

　　坚持真理、坚守理想，深刻揭示了中国共产党思想先进、信仰坚定的鲜明特质，展现了党的强大思想优势。中国共产党之所以能够完成近代以来各种政治力量不可能完成的艰巨任务，就在于始终把马克思主义这一科学理论作为行动指南，不断开辟马克思主义中国化新境界；之所以能够经受一次次挫折而又一次次奋起，就在于始终把实现共产主义作为远大理想和崇高追求，理想之光不灭，信念之光不灭。

践行初心、担当使命,深刻揭示了中国共产党初衷不改、本色依旧的鲜明特质,展现了党的强大政治优势。中国共产党始终把自己的前途命运同中国人民和中华民族的前途命运紧密联系在一起,为争取民族独立、人民解放和实现国家富强、人民幸福不懈奋斗。中国共产党团结带领人民进行的一切奋斗、一切牺牲、一切创造,归结起来就是一个主题:实现中华民族伟大复兴。

不怕牺牲、英勇斗争,深刻揭示了中国共产党意志顽强、作风优良的鲜明特质,展现了党的强大精神优势。中国共产党始终保持"为有牺牲多壮志,敢教日月换新天"的大无畏奋斗精神,在中国革命、建设、改革的各个时期,不畏强敌、不惧风险、敢于斗争、勇于胜利,创造了一个又一个人间奇迹。世界上没有哪个党像中国共产党这样,遭遇过如此多的艰难险阻,经历过如此多的生死考验,付出过如此多的惨烈牺牲。

对党忠诚、不负人民,深刻揭示了中国共产党品德高尚、情系人民的鲜明特质,展现了党的强大道德优势。一代又一代中国共产党人为党和人民的事业顽强拼搏、不懈奋斗,涌现了一大批视死如归的革命烈士、一大批顽强奋斗的英雄人物、一大批忘我奉献的先进模范,以实际行动诠释了共产党人对党无限忠诚,对人民无限热爱。

(摘编自:求是网,《求是》2021年第14期;有删节)

撷英荟萃

中国人民有自己的民族自尊心和自豪感,以热爱祖国,贡献全部力量建设社会主义为最大光荣,以损害社会主义的利益、尊严和荣誉为最大耻辱。

——邓小平

实现中华民族伟大复兴的中国梦,是当代中国爱国主义的鲜明主题。

——习近平

做人最大的事情是什么呢?就是要知道怎样爱国。

——孙中山

饭疏食,饮水,曲肱而枕之,乐亦在其中矣。不义而富且贵,于我如浮云。

——《论语·述而》

一箪食,一瓢饮,在陋巷。人不堪其忧,回也不改其乐。

——《论语·雍也》

我善养吾浩然之气。

——《孟子·公孙丑上》

中国自古以来,就有埋头苦干的人,就有拼命硬干的人,就有为民请命的人,就有舍身求法的人——他们是中国的脊梁。

——鲁迅

不辞艰险出夔门,救国图强一片心;莫谓东方皆落后,亚洲崛起有黄人。

——吴玉章

一个人对人民的服务不一定要站在大会上讲演或是作什么惊天动地的大事业，随时随地，点点滴滴地把自己知道的、想到的告诉人家，无形中就是替国家播种、垦植。

——傅雷

我所谓共和国里的美德，是指爱祖国、也就是爱平等而言。这并不是一种道德上的美德，也不是一种基督教的美德，而是政治上的美德。

——孟德斯鸠

爱国主义的力量多么伟大啊！在它面前，人的爱生之念，畏苦之情，算得是什么呢！

——车尔尼雪夫斯基

谁不属于自己的祖国，那么他就不属于人类。

——别林斯基

我只觉得我是献身给我的国家。这种全心全意的贡献里面，竟有着如此巨大的愉快。我已经切切实实懂得了，为什么人们能在彻底的自我牺牲中，获得无上的喜悦。

——泰戈尔

纵使世界给我珍宝和荣誉，我也不愿离开我的祖国。因为纵使我的祖国在耻辱之中，我还是喜欢、热爱、祝福我的祖国。

——裴多菲

科学没有国界，科学家却有国界。

——巴甫洛夫

热爱祖国，这是一种最纯洁、最敏锐、最高尚、最强烈、最温柔、最有情、最温存、最严酷的感情。一个真正热爱祖国的人，在各个方面都是一个真正的人。

——苏霍姆林斯基

扩展阅读

1. 佘双好主编《中国梦之中国精神》，武汉：武汉大学出版社，2015 年

本书以中华民族延绵数千年文明发展所积淀的民族精神和以中国共产党领导中国人民革命、建设和改革过程中形成的时代精神为纵坐标，以世界上不同国家、不同民族的国家精神、民族精神的特点为横坐标，探寻中国精神的历史方位，揭示中国精神的实质与核心。

2. 本书编创组《中国精神：中国共产党人的奋斗故事》，北京：中共中央党校出版社，2020 年

本书，以习近平新时代中国特色社会主义思想为指导，聚焦中国共产党百年奋斗这一宏大主题，紧扣中国共产党百年"革命、建设、改革"三大历史发展轴线，通过新民主主义革命时期、社会主义革命和建设时期、改革开放和社会主义现代化建设新时期三个篇章，筛选出 60 个极具典型性的中国共产党人砥砺奋进的人物和事件，用符合大众特别是青少年阅读习惯的写作手法和插画形式，通俗化阐释、形象化解读、故事化表达中国精神，弘扬中国共产党在各个历史时期奋斗中形成的伟大精神，内涵丰富、通俗易懂、催人奋进，是一本"不忘初心"的生动教材。

3. 本书编写组《〈新时代爱国主义教育实施纲要〉学习读本》，北京：人民出版社出版，2020年

该书共分14讲，以习近平新时代中国特色社会主义思想为指导，深刻阐述习近平总书记关于爱国主义的重要论述精神，紧紧围绕《新时代爱国主义教育实施纲要》基本精神展开，旨在准确把握新时代爱国主义教育的总体要求、基本内容、群体对象、载体手段。

4. 中共中央宣传部、中央国家安全委员会办公室《总体国家安全观学习纲要》，北京：人民出版社，学习出版社，2022年

本书共11章，系统阐释总体国家安全观的基本精神、基本内容、基本方法、基本要求，对牢固树立总体国家安全观在国家安全工作中的指导地位，发挥在认识上统一思想、凝聚共识，在行动上增强自信、激励实干的作用，意义重大。

案例讨论

案例1

徐僖：探寻高分子材料的世界

徐僖教授（1921.1—2013.2），杰出的科学家，中国科学院院士、英国皇家化学会会士，生前曾任四川大学高分子研究所所长，我国高分子材料事业的奠基人和开拓者，被誉为"中国塑料之父"。

徐僖1921年1月生于江苏南京，1944年毕业于浙江大学化工系。1947年考取中华教育基金董事会庚款留美研究生，赴美国宾州李海大学（Lehigh University）化学系留学，1948年获硕士学位。徐僖求学时，正是国家贫弱、饱受战火侵袭的年月。1937年12月南京沦陷前3天，他随父母逃难到四川。一路上，徐僖阅尽祖国山河破碎、民不聊生的惨景，他在学习中考虑最多的是如何学以致用、报效祖国，他把自己的未来和祖国的命运紧密地联系在一起。

1948年获知新中国即将成立的喜讯，徐僖怀着强烈的爱国之心和创建中国人自己的塑料工业的梦想，毅然谢绝美国导师的一再挽留，于1949年5月乘美国"威尔逊号"轮船回国。途经香港时，受到刁难和阻挠，幸得著名科学家侯德榜和中华教育基金董事会董事长、曾任国立四川大学校长的任鸿隽等人的帮助，最后舍弃所有行李，随身只带了一箱珍贵的笔记资料及一台打字机回到祖国。

徐僖创建了我国第一个塑料专业和我国高分子材料学科。20世纪50年代，徐僖克服各种困难，建立了棓酸塑料研究小组，发明了五棓子塑料。他创建了我国第一个完全采用国产原料、设备和技术的塑料工厂，创办了我国第一个塑料专业，撰写了我国高校工科第一本高分子专业教科书《高分子化学原理》。数十年来，他在高分子成型基础理论、高分子力化学、辐射化学等领域取得了丰硕的成果，拓展创立了高分子力化学新理论，发明了高分子力化学合成和加工系列新技术，推进了我国高分子材料工程学科和交叉学科的发展。同时他还率领团队研究解决国防军工、石油和石化重大工程技术问题，为我国高分子材料工业从无到有并发展成为国民经济和国防建设的重要支柱做出了卓越贡献。繁重的工作使徐老积劳成疾，失去了一只眼睛、切除了2/3的肺，但是他从来没有停止过研究工作。60年来，为了让中国的高分子产业走上世界舞台，徐老似乎早已忘记个人的健康。

徐僖是一个不折不扣的爱国学者。他常用自己的亲身经历教育学生热爱祖国，他说："生为中国人，永远不能背离祖国，要为她工作，使她早日富强起来。"在他出席的各种国际场合，徐僖总要极力维护祖国的尊严。1989年，为了争取1991年度的亚澳地区高分子会议如期在上海召开，徐僖专门赶到法国和竞争对手进行激烈的辩论。会议开到一半时，主席团代表到会议室休息。这时，参加竞争的一名日本代表拿出名片恭恭敬敬地向每个人分发，走到徐僖面前时，他不屑地扭过头，单手递上名片。这时，所有人的眼睛都看着这个中国学者。怎么办？徐僖毫不犹豫地拿起名片，重重地摔在地下。日本代表被这位中国科学家严正的表情所震动，连忙捡起来重新双手递上。主席团成员目睹了这一幕，有的人鼓起了掌。结果这小插曲变成了凯歌，大会决定：1991年的年会在中国上海召开。

徐老常说，爱不爱国要看行动，不是嘴上说说的。身教重于言教。他的无私奉献精神，认真负责的工作态度，处处成为学生的表率。徐老的一生是爱国的一生，他的人生格言是"人生的乐趣在于无私奉献"，他用自己的一生践行了格言中每一个字。徐僖的名字已经和钱三强、钱学森、谢希德等大科学家一起被载入了党史。

（摘编自：四川大学新闻网）

案例点评：

徐僖先生是我国高分子材料事业的奠基人和开拓者，被誉为"中国塑料之父"。他将爱国作为自己追求事业成功的唯一动力；他为了祖国可以抛弃自己的一切，包括荣誉、事业、优越的工作条件和生活待遇；他把个人的命运与祖国的前途紧密结合起来，为国家富强、民族振兴贡献自己的才华和智慧。正因为他有对祖国的真挚感情，才有了他的人生动力和远大目标。所以，伟大的人生目标往往产生于对祖国深厚的爱。一个人对祖国爱得越深，历史责任感就越强烈，人生目标就越明确，人生信念就越坚定，他就能做出一番事业，使自己的人生有价值、有意义。

思考与讨论：

1. 徐僖的人生格言是"人生的乐趣在于无私奉献"，你对徐老的这句话有何感想？
2. 结合本案例，谈谈应如何把个人的自我发展与国家、民族的前途命运结合起来。

案例2

大地之子黄大年

黄大年，著名地球物理学家，生前担任吉林大学地球探测科学与技术学院教授、博士生导师。2009年，黄大年同志毅然放弃国外优越条件回到祖国，刻苦钻研、勇于创新，取得了一系列重大科技成果，填补了多项国内技术空白，2017年1月8日不幸因病去世，年仅58岁。

"如果祖国有需要，我必全力以赴"

2009年12月24日傍晚，伦敦希思罗机场的候机室异常冷清。这是圣诞来临前的平安夜，大多数人都选择在家中欢度节日。一个黄皮肤、黑头发、戴着眼镜的中年男子，独坐在落地窗边的座位上，望着机场跑道出神。他脊背挺得笔直，身上的黑色呢子大衣被宽厚的肩膀撑得满满的，手边只有一件手提箱和一个黑色的双肩包。

没有人知道，这个人就是在英美等国盛名远扬的航空重力学研究和深地探测领域的传奇人物——黄大年。他主要研究一种高级"CT机"，透视的对象不是人体，而是人类脚下的大地和浩渺的海洋。

"是时候回去了。"黄大年喃喃自语，低头看了一眼手中那张国航938航班的机票。中转站：北京；目的地：长春。

人到中年，黄大年可谓功成名就，可他心中却仍有一种难以填补的失落。那其中，有"总把他乡作故乡"的惆怅，也有"万里长城家，一生唯报国"的豪情。

祖国，就是黄大年的人生归依。读懂了这两个字，就会明白为什么再好的物质生活也不能动摇他的心志，再多的名利诱惑也不能拖延他的脚步。

短短几个月，黄大年放弃了公司股份，处理了部分家当，和妻子商定把女儿留在英国独自完成学业，毅然决定回国。

黄大年与吉林大学签约5年，仅有一个头衔：地球探测科学与技术学院教授。

"大年，有什么要求，我们尽力解决。"学校领导很担心，多所国内顶尖学校纷纷伸出橄榄枝，东北这块土地会不会留不住他。

"我是国家培养出来的，是从东北这块黑土地走出去的，吉林大学是我梦开始的地方，我就一定会回到这里！"黄大年身板挺直，眼中透出一股坚定的自信。

他的大学好友、原吉林大学仪电学院院长林君仿佛又看见了那个在毕业留言册上写下"振兴中华，乃我辈之责"的青年，一头黑发、满眼光华。

同窗四年，他们曾废寝忘食地坐进自习室，翻烂了能找到的所有专业书籍；他们曾热血沸腾地夜游校园，庆祝中国女排拿下第一个世界冠军；他们曾争先恐后地传阅各类人物传记，立志要"把有限的生命投入到无限的为人民服务中"去……

1982年，黄大年作为全校仅有的10个"三好标兵"之一，令人惊讶地留校任教。科学的春天里，风华正茂的黄大年和改革开放后的中国，一起追赶着世界。他顺利考取硕士研究生，一路表现优异、屡获奖励，1991年破格晋升副教授。

"老同学，我要走了！"1992年秋天，黄大年找到林君，告诉他学校要送他去英国深造。他获得"中英友好奖学金项目"的全额资助，是30个人中唯一一名地学研究者。

1996年春，黄大年在利兹大学获得地球物理学博士学位。一年后，黄大年进入英国ARKeX公司，一步步成为一个被仰望、被追赶的传奇人物。

但林君料定，大年一定会回来，"就像娃出去见了世面，吃了好东西，总惦记着给母亲捎回来"。

果然，黄大年带着满腔的激情、一身的本领回来了。正如他所说："如果祖国有需要，我必全力以赴。"

回国不久，2010年2月，一个国家级的大项目找上门来。

"黄老师，我们领域正在部署一个航空重力梯度仪的项目，想在'十二五'时期取得突破。"科技部的一位项目负责同志开门见山，态度恳切。

这是国家正在酝酿的一个"863""十二五"主题项目：高精度航空重力测量技术。相关团队、仪器、设备都已齐备，只缺一个领军人物。有人向科技部这位负责同志推荐了黄大年，经过简短的交流，来人发现他在这一领域的视野比其他人要宽广得多。怎么管理、用什么路线、怎么保证核心部件质量……他都"门儿清"。

"没问题。"黄大年笑容可掬地回答。

"黄老师，我得和您说明一下，现在这个项目的情况是，您拿不到一分钱、没有一个自己承担的课题，但是非常迫切，需要您做牵头人，请您来管团队、赶进度、帮忙指导技术……"

"没问题。"黄大年依然是三个字，让这位同志愣住了。黄大年看着对方正色说道："这是关系国家战略安全的重大研究，我愿意做。"

"做了牵头人，意味着这些项目和课题的评审、论证、验收，您可能都需要参与，需要额外占用您很多时间。"

"只要国家需要，我就干！没什么好说的。"黄大年很坚定。

航空重力梯度仪是一项战略尖端技术。这项技术就像在飞机上安装"千里眼"，可以透视出地表下几百米深度内一辆卡车大小的目标，它不受地形限制，一天就可以高质量地完成传统方法几个月的工作量。早在20世纪90年代，美英等发达国家已使用这项技术进行军事防御和资源勘探。有人甚至把这个国际贸易中的"非卖品"称为"地球重力武器"。

没有谁比黄大年更清楚，在国外长期对华封锁的情况下，中国想要在这一领域取得从零到一的突破，有多难，又有多急迫！

几个月的时间，他跑遍了十几个与航空重力梯度仪研究相关的科研院所。彻底摸过"家底儿"后，他就把自己关进办公室，通宵达旦设计科研思路，提出"从移动平台、探测设备两条路线加速推进"；他向吉林大学提交报告，创设移动平台探测技术研发中心，启动"重载荷智能化物探专用无人直升机研制"课题。

一时之间，黄大年面前，至少有15个大项目排着队。从立项阶段对技术思路和关键指标的讨论，到每一个课题的任务细化和实施进展，从每个年度的进展汇报，到项目立项获批两年后的中期评估，每一步都需要他通盘考虑、细致规划、设计实施。

"拼命黄郎"

2016年6月27日，黄大年晕倒了。临近正午，507办公室内突然传出"嘭"的一声，惊动了坐在外屋的王郁涵。她推开门，看到黄老师躺在地上，赶紧拽过他的书包，找出他叮嘱她准备的速效救心丸，给他塞到嘴里。

过了一会儿，黄大年醒来，对王郁涵说的第一句话是："不许跟别人说。"王郁涵顶着黑眼圈，飞快地看一眼黄大年办公桌上小山一样高的一摞材料，默默地应了。

深探专项答辩进入最后倒计时，他们已经熬了将近3个通宵。黄大年更是逐页检查、反复推敲。"这个项目，可是凝结了我们团队6年的心血，一点儿不许松懈。"黄大年像是在跟王郁涵说，又像是在喃喃自语。他走到办公室门口，关上门，在沙发上躅了20分钟，就赶往北京参加答辩。到了宾馆，已是晚上11时，他把师生们汇总的全部答辩材料拷贝出来，就一个人回了房间。

那又将是怎样的一个不眠之夜啊！

第二天下午2时30分，黄大年揉了揉布满血丝的双眼，又含了几粒速效救心丸，以惯有的自信完成了历时两个半小时的答辩发言。

专家组验收结束后给出结论：项目成果整体达到国际领先水平。这是国内同类项目评审中的最高评价。由此，中国重型探测装备技术研发实现了弯道超车，完成了跨代飞跃！

那一天，很少沾酒的黄大年一口气喝掉半瓶，他在微信朋友圈写下这样的感言：

我和我的团队成员5年多来没轻松过，最近一段时间没睡好过，有累倒的，有因委屈而忧郁的，有半道放弃的，还有失去家庭生活的……我在最后一刻也终于没撑住，终于倒下，是吃着救心丸上验收场的，别人替代不了。但是，正是这些项目能为吉大培养出一帮"疯子"和"狂人"，一批能打硬仗的精兵。

身体已经发出强烈预警，可黄大年却依然像一台永动机，一刻不停。

他的内心时常涌出巨大的不安全感。他担心在科学的竞跑中，取得的任何成绩都将马上成为过去，他生怕稍微慢一步就被落下了。这种"不安全感"、这种"本领恐慌"，让这个"拼命黄郎"更加疯狂，像只陀螺转到了极限！

正是这个"拼命黄郎"，每年几十次往返于10多个科研机构，协同几百位科学家并肩奋战，用5年时间完成了西方发达国家20年走过的艰难路程。在他牵头项目下设的尖端装备重力梯度仪的研制上，我国数据获取的能力和精度，与国际的研发速度相比至少缩短了十年，在算法上则达到了与国际持平的水平。

也正是这个"拼命黄郎"，又从战略高度提出研发我国大深度、大面积、高效率的快速移动探测系统和综合地球物理资料处理解释系统。在他一次次不辞辛苦地向有关部门讲解后，国家批复了3亿多元的科研经费，比预期申报的增加了1亿多元。

黄大年的生命，在向科学事业的巅峰进军中，迸发出耀眼夺目的火光。可支撑这火光燃烧的身体，却加速着迎向死亡。

2016年11月29日，日程表上龙飞凤舞地标记着"第七届教育部科技委地学与资源学部年度工作会"。这天凌晨，在北京前往成都的飞机上，黄大年又晕倒了。

"病人什么情况？"凌晨2点，急救车一路开进成都第七人民医院急诊大楼，医生一边推着担架床，一边看着这个面色青黄、脸冒虚汗的中年男子。

"在飞机上，他说胃很疼，就昏过去了。"同行的一位同志焦急地回答。

"他吃什么了？"

"他今天没顾上吃饭，登机前就喝了一瓶冰可乐。"

"可乐？"医生带着怀疑，想为他做初步检查，却怎么都拿不开他抱在怀里的电脑。过了一会儿，他终于醒来，睁眼看到医生微微一愣，又赶紧摸了摸怀中的电脑，喘了一口气，又对旁边的同志说："我可能不行了……我要是不行了，请把我的电脑交给国家，里面的研究资料很重要。"

这台电脑，在黄大年眼中，比命还重要。他从国外两手空空地回到国内，这台电脑里装的，都是他呕心沥血的精华。

这一晚，黄大年都抱着那台电脑，睡得很不安稳。早晨一睁开眼，他就撑着爬起来。护士赶过来劝他做进一步检查，他却塞了一把速效救心丸，背着书包奔出病房，"还有个会，挺重要的，我得去。"

当他匆匆跨入成都市翔宇宾馆的会议室时，有人下意识地看了下表，黄大年怎么会迟到？也有人注意到，这个总是一丝不苟的人今天有点儿不一样——

他的那件黄色呢子西装皱得厉害，背也挺得不直，脸色泛着青黄，下巴上还有没刮干净的胡茬。直到登台演讲，他才恢复了往日的神采，一边熟练地演示着他无懈可击的PPT，一边滔滔不绝地导出他最新思考的问题。

回到长春，黄大年被强制做了体检。他叮嘱于平不要告诉其他人，以免影响工作。还没出结果，他又跑去北京出差。

检查结果：疑似胆管肿瘤。2017年1月4日，手术后第21天。黄大年内脏出现大出血、转氨酶升高、肝功能开始迅速衰竭、心电图出现停跳……1月8日13时38分，黄大年永远地走了，带着他对祖国最深沉的眷恋，带着祖国对他最不舍的呼唤……

中共中央总书记、国家主席、中央军委主席习近平对黄大年同志先进事迹作出重要指示，黄大年同志秉持科技报国理想，把为祖国富强、民族振兴、人民幸福贡献力量作为毕生追求，为我国教育科研事业作出了突出贡献，他的先进事迹感人肺腑。习近平强调："我们要以黄大年同志为榜样，学习他心有大我、至诚报国的爱国情怀，学习他教书育人、敢为人先的敬业精神，学习他淡泊名利、甘于奉献的高尚情操，把爱国之情、报国之志融入祖国改革发展的伟大事业之中、融入人民创造历史的伟大奋斗之中，从自己做起，从本职岗位做起，为实现'两个一百年'奋斗目标、实现中华民族伟大复兴的中国梦贡献智慧和力量。"

（摘编自：吴晶　陈聪《心有大我 至诚报国：黄大年》，时代文艺出版社，2017年。有删节）

案例点评：

事业有成、家庭幸福，黄大年为何选择回国？回国后，他淡泊名利、忘我工作，这又是因为什么？心有大我，至诚报国，这是黄大年的时代答卷。作为科学家，他在地球深部探测等多个领域运筹帷幄，呕心沥血，矢志不渝实践科技报国理想，直到生命的最后一刻。作为教师，他言传身教、诲人不倦，叮嘱学生"出去了要回来，出息了要报国"，激励学生树立远大理想和家国情怀。他是新时期归国留学人员心系祖国、报效人民的杰出楷模，是广大知识分子把爱国之情、报国之志自觉融入中华民族伟大复兴宏伟事业的优秀代表。中共中央追授黄大年同志为"全国优秀共产党员""时代楷模"等荣誉。

思考与讨论：

1. 黄大年生前曾说："如果祖国有需要，我必全力以赴。"你对这句话如何理解？
2. 在黄大年身上，体现着怎样的"中国精神"？

 实践 方案

方案1　参观爱国主义教育基地

活动目的：通过参观爱国主义教育基地，用生动、具体的历史事实，引导大学生深入理解国家命运和我们每个人命运紧密相连的道理。在感受先辈爱国主义传统中加深爱国情感，激励同学们振奋精神，努力学习，牢记使命责任，坚定报国之志。

活动形式：以班级或小组方式组织参观活动。

活动步骤：

1. 了解学校所在地的爱国主义教育基地的相关信息，根据了解的情况，按就近原则选择参观爱国主义教育基地，并与该基地联系，预约参观时间，了解参观要求。
2. 拟定参观活动计划，如参观的时间、到达的方式和路线、经费以及安全保障措施等。

3. 就参观爱国教育基地的所见所闻、所感所悟，每一个学生写一篇参观学习小结。以教学班为单位组织学生进行交流。

方案2 我们都是一家人

活动目的：以"我们都是一家人"为主题开展爱国主义征文比赛活动。参赛者充分运用民族文化宝贵资源，结合自己的所见所闻，描述中华民族团结发展的光辉历程、伟大成就以及重要意义，充分表达当代大学生拥护祖国统一、民族团结的深厚感情。

活动方式：征文比赛，以年级和班级为单位开展活动，个人报名参赛。

活动步骤：

1. 制定活动计划，包括征文题目、内容要求、字数要求、交稿时间和地点、评奖规则和方式、奖励方式等。

2. 组织评委对征文进行评审。

3. 公布评审结果，对获奖征文作者予以适当奖励。

方案3 说说我的家乡美

活动目的：通过以"我的家乡"为主题的班会或演讲活动，引导学生深入了解自己家乡的发展历史、风土人情和建设成就，寻找自己家乡的美好事物，特别是改革开放四十多年来家乡的变化，在相互交流中感受中华文化的丰富多彩与博大精深，从而增进爱家乡、爱祖国的情感。

活动方式：主题班会，以班级和小组的方式进行；或者来自同一生源地的同学组成一个小组，按小组在班上进行报告和演讲。

活动步骤：

1. 由班干部负责组织活动，先布置活动题目，同学分成小组，按小组进行活动，制定成果呈现方式及评比标准。

2. 小组同学协商分工，完成文字、图片或影像资料的搜集，撰写报告或演讲稿，制作PPT等。

3. 召开主题班会，按小组进行演讲和报告，由评委给小组打分。

4. 同学分享参加活动的体会；组织者对活动进行总结；对评出的优秀小组给予适当鼓励。

第四章 明确价值要求 践行价值准则

重点 难点 问题解析

一、如何理解社会主义核心价值观的科学内涵？

党的十八大提出积极培育和践行社会主义核心价值观，理解社会主义核心价值观的科学内涵，是弘扬和践行社会主义核心价值观的基本前提。

第一，社会主义核心价值观是社会主义核心价值体系的精神内核。社会主义核心价值观体现了社会主义核心价值体系的根本性质和基本特征，反映了社会主义核心价值体系的丰富内涵和实践要求，是社会主义核心价值体系的高度凝练和集中表达。同时，社会主义核心价值观与社会主义核心价值体系具有内在一致性，都体现了社会主义意识形态的本质要求，体现了社会主义制度在思想和精神层面的质的规定性，是全面建成社会主义现代化强国、实现第二个百年奋斗目标的价值引领。

第二，社会主义核心价值观的基本内容凝聚了全党全社会的价值共识。习近平强调，富强、民主、文明、和谐，自由、平等、公正、法治，爱国、敬业、诚信、友善，这12个词是"全国各族人民共同认同的价值观'最大公约数'"。此外，这12个词还被视为全体社会成员"各种社会认知的最大公约数""当代中国精神世界的'价值公约数'"。

第三，社会主义核心价值观的基本内容涵括了国家价值目标、社会价值取向和公民价值准则。富强、民主、文明、和谐是国家层面的价值目标；自由、平等、公正、法治是社会层面的价值取向；爱国、敬业、诚信、友善是公民个人层面的价值准则。习近平指出："这个概括，实际上回答了我们要建设什么样的国家、建设什么样的社会、培育什么样的公民的重大问题。"社会主义核心价值观的三个层面，既相互区别，又内在贯通，从而把涉及国家、社会、公民的价值要求融为一个整体。

第四，社会主义核心价值观推崇国家的德、社会的德和个人的德。明大德、守公德、严私德是社会主义核心价值观的内在意蕴。习近平强调："核心价值观，其实就是一种德，既是个人的德，也是一种大德，就是国家的德、社会的德。国无德不兴，人无德不立。如果一个民族、一个国家没有共同的核心价值观，莫衷一是，行无依归，那这个民族、这个国家就无法前进。这样的情形，在我国历史上，在当今世界上，都屡见不鲜。"把握和激活人们心底所蕴藏的崇德向善、见贤思齐、修身律己之意愿，就找到了社会主义核心价值观生根发芽的最深厚土壤。具体而言，社会主义核心价值观坚持马克思主义道德观、发展社会主义道德观、弘扬中华传统美德，着力锤炼社会公德、职业道德、家庭美德和个人品德，引导人们依德而行、择善而从，弘扬真善美、贬斥假恶丑，纠正歪风邪气、维护公序良俗，形成激浊扬清、抑恶扬善的舆论环境和社会风尚，从而推动好人好报、善有善报以及常怀善念、常修善德、常做善举之褒励机制的形成。

二、如何理解社会主义核心价值观的渊源根据？

社会主义核心价值观有根有源，立足中国特色社会主义实践、内蕴中华优秀传统文化基因、吸收世界文明有益成果、契合时代要求。习近平指出："我们提出的社会主义核心价值观，把涉及国家、社会、公民的价值要求融为一体，既体现了社会主义本质要求，继承了中华优秀传统文化，也吸收了世界文明有益成果，体现了时代精神。"

第一，社会主义核心价值观体现了社会主义本质要求。社会主义核心价值观是对社会主义尤其是中国特色社会主义不懈探索的结晶。社会主义核心价值观正是对社会主义一系列重大理论与实践问题所进行的价值观考量及其澄明，深刻蕴含和体现了社会主义的本质要求和内在属性。换言之，社会主义核心价值观在本质上首先是社会主义的，社会主义核心价值观是社会主义在价值层面的集中反映和深刻表现，体现了中国特色社会主义的道路自信、理论自信、制度自信和文化自信。

第二，社会主义核心价值观继承了中华优秀传统文化。马克思指出："人们自己创造自己的历史，但是他们并不是随心所欲地创造，并不是在他们自己选定的条件下创造，而是在直接碰到的、既定的、从过去承继下来的条件下创造。"中华民族有着5000多年的悠久历史和灿烂文化，习近平指出："一个民族、一个国家的核心价值观必须同这个民族、这个国家的历史文化相契合，同这个民族、这个国家的人民正在进行的奋斗相结合，同这个民族、这个国家需要解决的时代问题相适应。"比如，中华优秀传统文化讲仁爱、重民本、守诚信、崇正义、尚和合、求大同等。中华优秀传统文化，是深沉而不断地涵养社会主义核心价值观的坚实根基、重要源泉和历史底蕴，植根于中华优秀传统文化的沃土，从中汲取丰富营养，是社会主义核心价值观的必然要求。社会主义核心价值观既是对中华优秀文化传统、深层精神追求的礼敬、坚守和继承，又是对中华民族灿烂文化传统的创造性发展。因此，习近平强调："中华优秀传统文化已经成为中华民族的基因，植根在中国人内心，潜移默化影响着中国人的思想方式和行为方式。今天，我们提倡和弘扬社会主义核心价值观，必须从中汲取丰富营养，否则就不会有生命力和影响力。"

第三，社会主义核心价值观吸收了世界文明的有益成果。从古至今，世界各国、各民族、各地区都纷纷构建、宣扬和推销着各自的价值观，其中有许多可供借鉴的正反经验。在人类发展的历史长河中，积淀了许许多多价值观的理论财富与实践资源，凡是真正符合人类发展规律、契合世界进步潮流的价值理念，都可以而且应当被吸纳到社会主义核心价值观中。社会主义核心价值观基本内容的12个词虽然在西方社会也都有，但词语表达形式上的相同或相似绝不能忽视本质上的区别，这是由于社会主义核心价值观在借鉴世界文明的有益成果时实现了开拓创新。

第四，社会主义核心价值观体现了时代精神。价值观总是表现出鲜明的时代特点。马克思指出："问题是时代的格言，是表现时代自己内心状态的最实际的呼声。"社会主义核心价值观基本内容的确立并非偶然。富强、民主、文明、和谐，涉及经济、政治、文化、社会和生态建设等方面的价值要求。党的十七大报告就已正式提出"建设富强民主文明和谐的社会主义现代化国家"；自由、平等、公正、法治，凸显了中国特色社会主义的基本属性，党的十七大报告也已提出"树立社会主义民主法治、自由平等、公平正义理念"。爱国、敬业、诚信、友善，体现着社会公德、职业道德、家庭美德、个人品德等方面的价值规范，中共中央于2001年9月20日印发的《公民道德建设实施纲要》就已提出"爱国守法、明礼诚信、团结友善、勤俭自强、敬业奉献"的公民基本道德规范。可见，社会主义核心价值观的基本内容是在既有理论成果和实践经验的基础上，顺应时代需要而得以确立的。

三、如何理解培育和践行社会主义核心价值观的重大意义？

培育和践行社会主义核心价值观，具有重大而深远的理论意义与实践作用。

第一，培育和践行社会主义核心价值观，有助于构建民族精神家园、引领社会全面进步。社会主义核心价值观构筑和展示着中华民族的精神家园。习近平强调："人类社会发展的历史表明，对一个民族、一个国家来说，最持久、最深层的力量是全社会共同认可的核心价值观。核心价值观，承载着一个民族、一个国家的精神追求，体现着一个社会评判是非曲直的价值标准。"因此，社会主义核心价值观是中华民族的纽带与向导，从而塑造和增强中国人的骨气和底气。此外，中国式现代化是物质文明和精神文明相协调的现代化。物质富足、精神富有是社会主义现代化的根本要求。物质贫困不是社会主义，精神贫乏也不是社会主义。我们既要不断厚植现代化的物质基础，不断夯实人民幸福生活的物质条件，同时也要大力发展社会主义先进文化，加强理想信念教育，传承中华文明，促进物的全面丰富和人的全面发展。推进社会主义核心价值观与社会主义核心价值体系建设，就是要弘扬共同理想、凝聚精神力量、引领道德风尚，形成全民族奋发向上、团结和睦的精神纽带，使我们的国家、民族、人民在思想上和精神上强起来，更好地坚持中国道路、弘扬中国精神、凝聚中国力量。

第二，培育和践行社会主义核心价值观，有助于增强我国文化软实力、建设社会主义文化强国。越来越多的国家和地区把提升文化软实力确立为国家战略和长远工程。一个名副其实的大国乃至强国，必须拥有影响世界的价值观及其力量。文化的力量归根到底来自它所蕴含的核心价值观的力量，故文化软实力的竞争本质上也可看作不同文化所蕴含的核心价值观的竞争。社会主义核心价值观是决定我国文化性质和引领我国文化方向的最深层要素、最关键尺度，也是我国文化软实力的内核、特质和标识。习近平强调："提高国家文化软实力，要努力传播当代中国价值观念。当代中国价值观念，就是中国特色社会主义价值观念，代表了中国先进文化的前进方向。"因此，培育和践行社会主义核心价值观是我国文化软实力的灵魂，是当前文化软实力建设的重点。

第三，培育和践行社会主义核心价值观，有助于增进社会团结和谐、实现中华民族伟大复兴的中国梦。当前，我国正处在经济转轨和社会转型的加速期，思想领域日趋多元、多样、多变，各种思潮此起彼伏，各种观念交相杂陈，不同价值取向多元并存。所有这些表现出来的是具体利益、观念、观点之争，但折射出来的却是价值观的分歧。我国是一个有着14亿多人口、56个民族的大国，培育和践行社会主义核心价值观，能够在具体利益矛盾、各种思想差异之上最广泛地形成价值共识，有效引领与整合纷繁复杂的社会思想意识，有效避免利益格局调整可能带来的思想对立和混乱，形成团结奋斗的强大精神力量。社会主义核心价值观是实现中国梦的价值引领、精神激励和动力助推。习近平强调："中国梦的宣传和阐释，要与当代中国价值观念紧密结合起来。"社会主义核心价值观这个反映全国各族人民共同价值认同的"最大公约数"，最能够集聚实现中国梦的强大力量。

四、社会主义核心价值观的践行要求是什么?

2013年12月,中共中央办公厅印发《关于培育和践行社会主义核心价值观的意见》,对社会主义核心价值观的建设工作进行了总体部署、提出了原则要求。2015年4月,中央宣传部、中央文明办印发的《培育和践行社会主义核心价值观行动方案》是深化社会主义核心价值观建设的重要步骤。习近平就社会主义核心价值观建设也提出了一系列重要论断。

第一,社会主义核心价值观要内化于心。树木者必培其根,树人者必养其心。只有内化于心,才能自觉践行。因此,不仅要让人们对社会主义核心价值观理解得更准、更深、更透,而且要让社会主义核心价值观入耳、入脑、入心。此外,社会主义核心价值观的认知认同,不仅反映在理性认知上,而且体现在情感认同上。真理力量与道义力量合璧辉映,社会主义核心价值观才能影响深远和行之久远。

第二,社会主义核心价值观要外化于行。社会主义核心价值观应当立足于践行、着眼于践行、落脚于践行,促进人们从自己做起、从点滴做起、从现在做起。社会主义核心价值观不可止于坐论,也不可流于空谈,而必须立足实际、融入实际,也必须立足实践、融入实践。正如习近平所说:"于实处用力,从知行合一上下功夫,核心价值观才能内化为人们的精神追求,外化为人们的自觉行动。"

第三,社会主义核心价值观要教化于众。习近平强调:"只要是中国人,就应该自觉培育和践行社会主义核心价值观。"他还强调:要面向全社会做好培育和践行社会主义核心价值观工作,"特别要抓好领导干部、公众人物、青少年、先进模范等重点人群。"具体而言,要发挥党员干部的模范带头作用、社会公众人物的示范作用、青少年的生力军作用、青年大学生的先进代表性、文艺工作者的正向效应。

第四,社会主义核心价值观要贯穿融入社会生活各方面。培育和践行社会主义核心价值观,既应当实现社会主义核心价值观的大众化即面向大众、走进大众、融入大众,也应当实现社会主义核心价值观社会化即具体化、日常化、生活化。社会主义核心价值观只有在实际条件中并根据这些具体条件才能得以更好地培育、践行和弘扬。习近平强调:"一种价值观要真正发挥作用,必须融入社会生活,让人们在实践中感知它、领悟它。要注意把我们所提倡的与人们日常生活紧密联系起来,在落细、落小、落实上下功夫。"这就是说培育、践行和弘扬社会主义核心价值观要接地气,从而达到潜移默化、润物无声的效果。习近平指出:"要切实把社会主义核心价值观贯穿于社会生活方方面面。要通过教育引导、舆论宣传、文化熏陶、实践养成、制度保障等,使社会主义核心价值观内化为人们的精神追求,外化为人们的自觉行动。"习近平还强调将社会主义核心价值观的基本要求融入各类规章制度、政策导向、行为准则、礼仪制度、庆典活动和精神文明创建活动之中,从而"利用各种时机和场合,形成有利于培育和弘扬社会主义核心价值观的生活情景和社会氛围,使核心价值观的影响像空气一样无所不在、无时不有"。

第五,社会主义核心价值观要常抓不懈。培育、践行和弘扬社会主义核心价值观意义重大、影响深远、任务艰巨,这不可能毕其功于一役,也不可能一蹴而就。我国古代社会的核心价值观"仁、义、礼、智、信",历经一千多年才得以普遍认同和正式确立。欧美资本主义社会的核心价值观"自由、民主、平等、博爱",从提出、论证到确定、丰富已有大约五百年的历史。"推进核心价值观建设,贵在持之以恒,重在知行合一,成在综合施策。要确立长远规划、长远措施,一个阶段有一个阶段的工作目标,一个时期有一个时期的重点举措,扎扎实实、步步为营,不能忽冷忽热、抓抓停停。"

青年要自觉践行社会主义核心价值观(节选)
——在北京大学师生座谈会上的讲话
(2014年5月4日)

习近平

....

大学是一个研究学问、探索真理的地方,借此机会,我想就社会主义核心价值观问题,同各位同学和老师交流交流想法。

我想讲这个问题,是从弘扬五四精神联想到的。五四精神体现了中国人民和中华民族近代以来追求的先进价值观。爱国、进步、民主、科学,都是我们今天依然应该坚守和践行的核心价值,不仅广大青年要坚守和践行,全社会都要坚守和践行。

人类社会发展的历史表明,对一个民族、一个国家来说,最持久、最深层的力量是全社会共同认可的核心价值观。核心价值观,承载着一个民族、一个国家的精神追求,体现着一个社会评判是非曲直的价值标准。

古人说:"大学之道,在明明德,在亲民,在止于至善。"核心价值观,其实就是一种德,既是个人的德,也是一种大德,就是国家的德、社会的德。国无德不兴,人无德不立。如果一个民族、一个国家没有共同的核心价值观,莫衷一是,行无依归,那这个民族、这个国家就无法前进。这样的情形,在我国历史上,在当今世界上,都屡见不鲜。

我国是一个有着13亿多人口、56个民族的大国,确立反映全国各族人民共同认同的价值观"最大公约数",使全体人民同心同德、团结奋进,关乎国家前途命运,关乎人民幸福安康。

每个时代都有每个时代的精神,每个时代都有每个时代的价值观念。国有四维,礼义廉耻,"四维不张,国乃灭亡。"这是中国先人对当时核心价值观的认识。在当代中国,我们的民族、我们的国家应该坚守什么样的核心价值观?这个问题,是一个理论问题,也是一个实践问题。经过反复征求意见,综合各方面认识,我们提出要倡导富强、民主、文明、和谐,倡导自由、平等、公正、法治,倡导爱国、敬业、诚信、友善,积极培育和践行社会主义核心价值观。富强、民主、文明、和谐是国家层面的价值要求,自由、平等、公正、法治是社会层面的价值要求,爱国、敬业、诚信、友善是公民层面的价值要求。这个概括,实际上回答了我们要建设什么样的国家、建设什么样的社会、培育什么样的公民的重大问题。

中国古代历来讲格物致知、诚意正心、修身齐家、治国平天下。从某种角度看,格物致知、诚意正心、修身是个人层面的要求,齐家是社会层面的要求,治国平天下是国家层面的要求。我们提出的社会主义核心价值观,把涉及国家、社会、公民的价值要求融为一体,既体现了社会主义本质要求,继承了中华优秀传统文化,也吸收了世界文明有益成果,体现了时代精神。

富强、民主、文明、和谐,自由、平等、公正、法治,爱国、敬业、诚信、友善,传承着中国优秀传统文化的基因,寄托着近代以来中国人民上下求索、历经千辛万苦确立的理想和信念,也承载着我们每个人的美好愿景。我们要在全社会牢固树立社会主义核心价值观,全体人民一起努力,通过持之以恒的奋斗,把我们的国家建设得更加富强、更加民主、更加文明、更加和谐、更加美丽,让中华民族以更加自信、更加自强的姿态屹立于世界民族之林。

建设富强民主文明和谐的社会主义现代化国家,实现中华民族伟大复兴,是鸦片战争以来中国人民最伟大的梦想,是中华民族的最高利益和根本利益。今天,我们13亿多人的一切奋斗归根到底都是为了实现这一伟大目标。中国曾经是世界上的经济强国,后来在世界工业革命如火如荼、人类社会发生深刻变革的时期,中国丧失了与世界同进步的历史机遇,落到了被动挨打的境地。尤其是鸦片战争之后,中华民族更是陷入积贫积弱、任人宰割的悲惨状况。这段历史悲剧决不能重演!建设富强民主文明和谐的社会主义现代化国家,是我们的目标,也是我们的责任,是我们对中华民族的责任,对前人的责任,对后人的责任。我们要保持战略定力和坚定信念,坚定不移走自己的路,朝着自己的目标前进。

中国已经发展起来了,我们不认可"国强必霸"的逻辑,坚持走和平发展道路,但中华民族被外族任意欺凌的时代已经一去不复返了!为什么我们现在有这样的底气?就是因为我们的国家发展起来了。现在,中国的国际地位不断提高、国际影响力不断扩大,这是中国人民用自己的百年奋斗赢得的尊敬。想想近代以来中国丧权辱国、外国人在中国横行霸道的悲惨历史,真是形成了鲜明对照!

中华文明绵延数千年,有其独特的价值体系。中华优秀传统文化已经成为中华民族的基因,植根在中国人内心,潜移默化影响着中国人的思想方式和行为方式。今天,我们提倡和弘扬社会主义核心价值观,必须从中汲取丰富营养,否则就不会有生命力和影响力。比如,中华文化强调"民惟邦本"、"天人合一"、"和而不同",强调"天行健,君子以自强不息"、"大道之行也,天下为公";强调"天下兴亡,匹夫有责",主张以德治国、以文化人;强调"君子喻于义"、"君子坦荡荡"、"君子义以为质";强调"言必信,行必果"、"人而无信,不知其可也";强调"德不孤,必有邻"、"仁者爱人"、"与人为善"、"己所不欲,勿施于人"、"出入相友,守望相助"、"老吾老以及人之老,幼吾幼以及人之幼"、"扶贫济困"、"不患寡而患不均",等等。像这样的思想和理念,不论过去还是现在,都有其鲜明的民族特色,都有其永不褪色的时代价值。这些思想和理念,既随着时间推移和时代变迁而不断与时俱进,又有其自身的连续性和稳定性。我们生而为中国人,最根本的是我们有中国人的独特精神世界,有百姓日用而不觉的价值观。我们提倡的社会主义核心价值观,就充分体现了对中华优秀传统文化的传承和升华。

价值观是人类在认识、改造自然和社会的过程中产生与发挥作用的。不同民族、不同国家由于其自然条件和发展历程不同,产生和形成的核心价值观也各有特点。一个民族、一个国家的核心价值观必须同这个民族、这个国家的历史文化相契合,同这个民族、这个国家的人民正在进行的奋斗相结合,同这个民族、这个国家需要解决的时代问题相适应。世界上没有两片完全相同的树叶。一个民族、一个国家,必须知道自己是谁,是从哪里来的,要到哪里去,想明白了、想对了,就要坚定不移朝着目标前进。

去年12月26日,我在纪念毛泽东同志诞辰120周年座谈会上讲话时说:站立在960万平方公里的广袤土地上,吸吮着中华民族漫长奋斗积累的文化养分,拥有13亿中国人民聚合的磅礴之力，我们走自己的路，具有无比广阔的舞台，具有无比深厚的历史底蕴，具有无比强大的前进定力。中国人民应该有这个信心，每一个中国人都应该有这个信心。我们要虚心学习借鉴人类社会创造的一切文明成果，但我们不能数典忘祖，不能照抄照搬别国的发展模式，也绝不会接受任何外国颐指气使的说教。

我说这话的意思是，实现我们的发展目标，实现中国梦，必须增强道路自信、理论自信、制度自信，"千磨万击还坚劲，任尔东南西北风"。而这"三个自信"需要我们对核心价值观的认定作支撑。

我为什么要对青年讲讲社会主义核心价值观这个问题？是因为青年的价值取向决定了未来整个社会的价值取向，而青年又处在价值观形成和确立的时期，抓好这一时期的价值观养成十分重要。这就像穿衣服扣扣子一样，如果第一粒扣子扣错了，剩余的扣子都会扣错。人生的扣子从一开始就要扣好。"凿井者，起于三寸之坎，以就万仞之深。"青年要从现在做起、从自己做起，使社会主义核心价值观成为自己的基本遵循，并身体力行大力将其推广到全社会去。

广大青年树立和培育社会主义核心价值观，要在以下几点上下功夫。

一是要勤学，下得苦功夫，求得真学问。知识是树立核心价值观的重要基础。古希腊哲学家说，知识即美德。我国古人说："非学无以广才，非志无以成学"大学的青春时光，人生只有一次，应该好好珍惜。为学之要贵在勤奋、贵在钻研、贵在有恒。鲁迅先生说过："哪里有天才，我是把别人喝咖啡的工夫都用在工作上的。"大学阶段，"恰同学少年，风华正茂"，有老师指点，有同学切磋，有浩瀚的书籍引路，可以心无旁骛求知问学。此时不努力，更待何时？要勤于学习、敏于求知，注重把所学知识内化于心，形成自己的见解，既要专攻博览，又要关心国家、关心人民、关心世界，学会担当社会责任。

二是要修德，加强道德修养，注重道德实践。"德者，本也。"蔡元培先生说过："若无德，则虽体魄智力发达，适足助其为恶。"道德之于个人、之于社会，都具有基础性意义，做人做事第一位的是崇德修身。这就是我们的用人标准为什么是德才兼备、以德为先，因为德是首要、是方向，一个人只有明大德、守公德、严私德，其才方能用得其所。修德，既要立意高远，又要立足平实。要立志报效祖国、服务人民，这是大德，养大德者方可成大业。同时，还得从做好小事、管好小节开始起步，"见善则迁，有过则改"，踏踏实实修好公德、私德，学会劳动、学会勤俭，学会感恩、学会助人，学会谦让、学会宽容，学会自省、学会自律。

三是要明辨，善于明辨是非，善于决断选择。"学而不思则罔，思而不学则殆。"是非明，方向清，路子正，人们付出的辛劳才能结出果实。面对世界的深刻复杂变化，面对信息时代各种思潮的相互激荡，面对纷繁多变、鱼龙混杂、泥沙俱下的社会现象，面对学业、情感、职业选择等多方面的考量，一时有些疑惑、彷徨、失落，是正常的人生经历。关键是要学会思考、善于分析、正确抉择，做到稳重自持、从容自信、坚定自励。要树立正确的世界观、人生观、价值观，掌握了这把总钥匙，再来看看社会万象、人生历程，一切是非、正误、主次，一切真假、善恶、美丑，自然就洞若观火、清澈明了，自然就能作出正确判断、作出正确选择。正所谓"千淘万漉虽辛苦，吹尽狂沙始到金"。

四是要笃实，扎扎实实干事，踏踏实实做人。道不可坐论，德不能空谈。于实处用力，从知行合一上下功夫，核心价值观才能内化为人们的精神追求，外化为人们的自觉行动。《礼记》中说："博学之，审问之，慎思之，明辨之，笃行之。"有人说："圣人是肯做工夫的庸人，庸人是不肯做工夫的圣人。"青年有着大好机遇，关键是要迈稳步子、夯实根基、久久为功。心浮气躁，朝三暮四，学一门丢一门，干一行弃一行，无论为学还是创业，都是最忌讳的。"天下难事，必作于易；天下大事，必作于细。"成功的背后，永远是艰辛努力。青年要把艰苦环境作为磨炼自己的机遇，把小事当作大事干，一步一个脚印往前走。滴水可以穿石。只要坚韧不拔、百折不挠，成功就一定在前方等你。

核心价值观的养成绝非一日之功，要坚持由易到难、由近及远，努力把核心价值观的要求变成日常的行为准则，进而形成自觉奉行的信念理念。不要顺利的时候，看山是山、看水是水，一遇挫折，就怀疑动摇，看山不是山、看水不是水了。无论什么时候，我们都要坚守在中国大地上形成和发展起来的社会主义核心价值观，在时代大潮中建功立业，成就自己的宝贵人生。

（来源：新华网，2014年5月5日）

学者论坛

把握核心价值体系与核心价值观的辩证关系

戴木才

党的十九大报告在阐述新时代中国特色社会主义的基本方略时，把"坚持社会主义核心价值体系"作为必须坚持的14条重要基本方略之一，并把社会主义核心价值观放在"坚持社会主义核心价值体系"的内容之中。社会主义核心价值观必须形成与之相适应的社会主义价值体系，形成社会生活方方面面的价值引领和价值规范，渗透到社会生活的方方面面，才能发挥作用。

一、坚持社会主义核心价值体系

2006年10月，党的十六届六中全会通过的《中共中央关于构建社会主义和谐社会若干重大问题的决定》，第一次明确提出了"建设社会主义核心价值体系"的重大命题和战略任务。社会主义核心价值体系包括马克思主义指导思想、中国特色社会主义共同理想、以爱国主义为核心的民族精神和以改革创新为核心的时代精神、社会主义荣辱观等四个方面的基本内容。社会主义核心价值体系是中国特色社会主义指导思想、共同理想、民族精神和时代精神、道德观念的集中体现，是社会主义意识形态的本质体现，是社会主义先进文化的精髓，决定着中国特色社会主义的发展方向，是兴国之魂。建设社会主义核心价值体系，展现了中国特色社会主义思想上精神上的旗帜。社会主义核心价值体系是中国特色社会主义的精神凝结、价值引领，规定了共同价值追求的方向。

党的十九大报告进一步明确"坚持社会主义核心价值体系"是新时代坚持和发展中国特色社会主义的重要基本方略之一，进一步强调了坚持社会主义核心价值体系在建设新时代中国特色社会主义伟大事业中的重要地位、重要意义和重要作用。社会主义核心价值体系是一面精神旗帜，它鲜明地向全社会昭示，不论社会的思想观念如何多元多样多变，不论人们的价值观念发生怎样的变化，我国社会主义核心价值体系是不能动摇的。

二、坚持社会主义核心价值观

建设社会主义核心价值体系为社会主义核心价值观的凝练和提出提供了实践基础和前提条件。在建设社会主义核心价值体系的基础上，经过反复征求意见，综合各方面认识，2012年11月党的十八大正式提出了"倡导富强、民主、文明、和谐，倡导自由、平等、公正、法治，倡导爱国、敬业、诚信、友善，积极培育社会主义核心价值观"的战略目标。富强、民主、文明、和谐，自由、平等、公正、法治，爱国、敬业、诚信、友善这12个基本范畴高度凝练和概括了社会主义核心价值观的基本内容，与中国特色社会主义发展要求相契合，与中华优秀传统文化和人类文明积极成果相承接，为培育和践行社会主义核心价值观提供了基本遵循。与社会主义核心价值体系相比较，社会主义核心价值观体现了以下几个鲜明特点：

首先，更加突出了核心要素。社会主义核心价值体系包括马克思主义指导思想、中国特色社会主义共同理想、民族精神和时代精神、社会主义荣辱观这样四个方面的基本内容，是一个系统性、总体性的框架。而社会主义核心价值观强调的"三个倡导"，则更加清晰地揭示了这个价值体系的内核和精髓，确立了当代中国的核心价值观念。

其次，更加注重了凝练表达。社会主义核心价值观倡导的富强、民主、文明、和谐，自由、平等、公正、法治，爱国、敬业、诚信、友善，分别明确了国家层面的价值目标、社会层面的价值取向和公民层面的价值准则，是社会主义核心价值体系的凝练表达，符合大众化、通俗化、日常化的要求，便于阐发、便于传播。

再次，更加强化了实践导向。社会主义核心价值观强调的"三个倡导"指向十分明确，每个层面都对人们有更具体的价值导向，是实实在在的具体要求，指引性、规范性和实践性都很强，便于遵循和践行，为进一步深入推进社会主义核心价值体系建设明确了切入点和着力点，有利于更好地把建设社会主义核心价值体系的各项任务落到实处。

三、社会主义核心价值观与社会主义核心价值体系的内在联系

坚持社会主义核心价值体系与积极培育和践行社会主义核心价值观，两者是紧密联系的。社会主义核心价值观形成于社会主义价值体系建设的实践之中，是适应社会主义核心价值体系大众化、通俗化、社会化的需要，是对社会主义核心价值体系四个方面基本内容的高度凝练和概括，属于社会主义核心价值体系范畴，并在社会主义核心价值体系的统一体中居于"内核"地位，体现了社会主义核心价值体系的根本属性和基本特征，集中反映了社会主义核心价值体系的具体内容和实践要求，是社会主义核心价值体系的精髓和"灵魂"。

其一，两者具有内在一致性。社会主义核心价值观与社会主义核心价值体系的根本性质和根本方向一致，都体现了社会主义意识形态的本质要求，体现了社会主义制度在思想和精神层面的质的规定性，凝结着社会主义先进文化的精髓，是中国特色社会主义道路、理论体系、制度和文化的价值表达，是实现中国特色社会主义现代化强国和中华民族伟大复兴中国梦的价值引领。

其二，两者各有其独特地位。在建设中国特色社会主义的伟大事业中，社会主义核心价值观与社会主义核心价值体系各自发挥着不可替代的重要作用，不能把两者简单地等同起来、混为一谈，更不能用一个方面否定另一个方面。建设社会主义核心价值体系要始终把培育和践行社会主义核心价值观作为出发点和归宿点，这样社会主义核心价值体系才能被广大

人民群众所认知所认同所践行，成为我们党团结全国人民共同奋斗的思想道德基础。另一方面，培育和践行社会主义核心价值观必须以社会主义核心价值体系为指引，这样"三个倡导"24字的核心价值理念才能彰显中国特色社会主义的根本价值诉求，保障培育和践行社会主义核心价值观的前进方向。

其三，两者都坚持重在建设。坚持社会主义核心价值体系，积极培育和践行社会主义核心价值观，就是要形成信念理念、弘扬共同理想、凝聚精神力量、建设道德风尚，都是为了形成全民族共同奋斗、奋发向上、团结和睦的精神动力和精神纽带，使我们的国家、民族、人民在思想和精神上"强起来"，与建设社会主义现代化强国的发展要求相适应，更好地坚持中国道路、弘扬中国精神、彰显中国价值、凝聚中国力量。

（摘编自：《把握核心价值体系与核心价值观的辩证关系》，《新华日报》，2018年3月21日第11版；有删节）

社会主义核心价值观培育和践行的着力点

沈壮海

社会主义核心价值观是社会主义核心价值体系的精神内核，最鲜明、最直接地反映着社会主义核心价值体系的本质规定性。积极培育和践行社会主义核心价值观，是社会主义核心价值体系建设的核心工程，是更好构筑中华民族精神家园的客观要求，是更强奏响当代中国发展进步主旋律的重要举措，也是进一步提升国家文化软实力的战略支点。当前，积极培育和践行社会主义核心价值观，就是要通过深度的理论开掘，让社会主义核心价值观更加完备成熟地昭明于世；就是要通过丰富细致的教育引导，让社会主义核心价值观春风化雨般地润人心田；就是要通过广泛深入的践履实行，让社会主义核心价值观充分发挥中国特色社会主义建设精神引擎的巨大作用。这三个方面，共同成为积极培育和践行社会主义核心价值观在当前阶段的基本蕴含。

积极培育和践行社会主义核心价值观，需要理论研究的深度开掘。……在当前，深化理论研究，首先要深化对"三个倡导"的研究。……"三个倡导"虽然只有短短十二个词，但内涵丰富、意蕴深刻，通过深入的理论研究，将其丰富内涵、深刻意蕴、时代气息、中国特色分析透彻、论证清楚、阐释全面，既是理论研究的重要任务，也是这些价值理念能够深入人心、得以广泛践行的重要前提。深化理论研究，还要致力于凝练形成更加完备成熟的社会主义核心价值观。"三个倡导"，展现了中国特色社会主义社会所追求的系列重要价值理念，同时也为进一步凝练概括社会主义核心价值观留下了广阔的理论空间。基于"三个倡导"的实践推进、基于中国特色社会主义建设的创新发展、基于我们对社会主义本质要求与建设规律更加深入的认识以及对人类文明发展潮流的洞察与把握，凝练出更加完备成熟的社会主义核心价值观，仍然需要我们做出艰辛的理论探索。此外，深化理论研究，还包括加强对新的社会历史条件下社会主义核心价值观走进大众、深入人心过程与规律的研究，准确揭示人民群众感知、理解、接受和践行社会主义核心价值观的内在机理，揭示各种培育途径、载体、方式方法的综合运用之道，为积极培育和践行社会主义核心价值观的有效推进提供科学的理论支撑。

积极培育和践行社会主义核心价值观，需要主体力量的全面动员。社会主义核心价值观,不是某一部分社会成员追求先进的誓词,也不是社会对某一层面群体的规范要求,而是激发全体社会成员团结奋斗的价值目标,承载着中华民族实现伟大复兴的理想追求,蕴含着对所有中国特色社会主义建设者的价值规范与行为准则。因此,积极培育和践行社会主义核心价值观,需要依赖社会成员中的每一个体、需要调动社会肌体的每一部分。只有人人都成为积极活跃的建设主体,社会主义核心价值观的培育和践行才能够获得最具根本意义的主体根据;只有社会肌体的每一部分都成为自觉能动的建设力量,社会主义核心价值观才会获得最富营养的培育沃土。调动最广泛的主体力量,需要在全社会形成对积极培育和践行社会主义核心价值观重大意义的深刻认识,强化人人都是社会主义核心价值体系建设的"筑堤人"与受益人、都是中华民族精神家园的呵护者等思想观念,使共建共享成为全社会积极培育和践行社会主义核心价值体系过程中的基本共识。调动最广泛的主体力量,离不开党的领导干部和每一成员的示范引导。……调动最广泛的主体力量,还需要向全社会尽情展现一切践行社会主义核心价值观的先进分子的真善美,让各个领域、各种类型的精神楷模不仅给人们带来感动、带来震撼,也真正成为人们崇尚追赶的时代偶像;需要结合不同行业、职业、岗位、角色的特点对社会主义核心价值观的内涵与要求做出具体阐释,让人们既了解核心价值观的宏旨要义,也明确践行核心价值观的切近门径,等等。……

积极培育和践行社会主义核心价值观,需要制度建设的融入贯穿。制度承载着价值,传递着理念,是价值体系建设的有效载体、重要保障。一个社会的核心价值体系和核心价值观,只有融入贯穿于整个社会的制度体系中,才能避免流为无所依附的观念漂浮物;只有形成制度化的建设机制,才能获得扎根现实、持续推进的有力保障。就微观而言,强化社会主义核心价值观培育和践行的制度支撑,核心是推进社会主义核心价值体系建设的制度化,以制度的刚性确保社会主义核心价值体系建设和核心价值观培育、践行工作的常态推进、稳定展开、落到实处。……就宏观而言,强化社会主义核心价值观培育、践行的制度支撑,关键是更好地实现社会主义核心价值理念与社会主义制度体系的深层融合,将社会主义核心价值体系建设与核心价值观的培育、践行融入社会主义制度、政策和规章体系的方方面面。社会主义制度在当代中国的确立和巩固,为社会主义核心价值体系之"魂"与制度体系之"体"的深层融合、有机统一确立了根本的制度前提。积极培育和践行社会主义核心价值观,需要在这一制度前提下,推动社会主义核心价值体系的本质要求在各种具体的制度安排中得到更加充分的体现,实现核心价值观的倡导、制度设计的规范、政策措施的导向、法律法规的权威等之间的整体通贯与互为呼应。这种"魂"与"体"的有机统一,构成弘扬社会主义核心价值体系、培育和践行社会主义核心价值观最具有说服力、规范力与影响力的现实场域。

积极培育和践行社会主义核心价值观,需要方法创新的精细建构。社会主义核心价值观要为人民群众喜闻乐见、善纳好行,离不开方式方法的创新发展、精细建构。方法创新精细建构的重要方向,在于更新、更细、更柔、更活。面对新的环境、新的对象、新的需求,唯有不断创新,才是提升核心价值体系建设与核心价值观培育、践行各种方式方法实效性的根本所在。更新,就是要敏锐把握人民群众思想活动的新规律新特点,切准人民群众精神文化需求的新变化新趋势,利用信息传播与舆论引导的新工具新载体,使推进社会主义核心价值体系建设和核心价值观培育、践行的各类活动都能够展现鲜明的时代新风,以时代性提促实效性。……更细,就是要善于将社会主义核心价值体系这一大道理结合人们常思的问题、常见的事例、常用的语言讲透阐明,善于将积极培育社会主义核心价值观这一大命题转换入日常生活的具体情境,贴近实际、贴近生活、贴近群众,引导人们从日常生活的细节中感知意义、体验崇高、增进认同。……更柔,就是要在坚持社会主义核心价值观培育和践行明确导向与要求的同时,注重春风化雨、润物无声,注重情理交融、以情感人,注重循循善诱、久久为功。建设社会主义核心价值体系、积极培育和践行社会主义核心价值观,需要营造环境、浓厚氛围,但并非将核心价值理念的标示千篇一律地陈列于道旁、悬挂于高楼大厦即告功成。更活,就是要更加讲究具体建设与培育工作的灵活多样,充分运用各种途径、载体,注重因地制宜、因势利导,注重各种宣传、建设活动中"形"与"神"的有机统一、深层融合。伴随着方式方法更新、更细、更柔、更活的精细建构,社会主义核心价值体系的建设也便与每一位社会成员离得更近,社会主义核心价值观为人们内化于心、外化于行的成效也便会愈加彰显。

(摘编自:《社会主义核心价值观培育和践行的着力点》,原载《思想政治工作研究》,2012 年第 12 期;有删节)

深刻认识全人类共同价值与社会主义核心价值观的辩证关系

张 磊

"全人类共同价值"的概念,是 2015 年 9 月 28 日习近平总书记在出席第七十届联合国大会一般性辩论,发表《携手构建合作共赢新伙伴 同心打造人类命运共同体》主题演讲中提出的,他说:"和平、发展、公平、正义、民主、自由,是全人类的共同价值,也是联合国的崇高目标。目标远未完成,我们仍须努力。当今世界,各国相互依存、休戚与共。我们要继承和弘扬联合国宪章的宗旨和原则,构建以合作共赢为核心的新型国际关系,打造人类命运共同体。"这一重要论述有这样几个方面的含义:第一,全人类有着共同遵循的基本价值,就是"和平、发展、公平、正义、民主、自由";第二,这些全人类共同价值,是联合国追求的目标,也是当今国际关系体系维系的基础;第三,这些全人类共同价值与世界各国各民族的基本价值观相通,是构建以合作共赢为核心的新型国际关系、打造人类命运共同体的价值观依托。

习近平总书记关于"全人类共同价值"的思想,是对当今时代国际社会文明价值准则的高度概括,具有超越国家、超越民族、超越意识形态的意义,反映了世界各国人民追求和平、发展、繁荣的共同企盼,是人类社会处理内部关系应有的基本遵循,对于反对"霸权主义""强权政治""冷战思维""零和博弈"、促进世界各国人民相互理解和合作具有重要的理论意义和现实指导意义。同时,"全人类共同价值"的思想拓展了社会主义核心价值观的外延,丰富了社会主义核心价值观在人类命运共同体层面的覆盖领域,必将作为人类的精神财富而载入史册。

人类的价值观是在历史发展过程中形成,与特定的社会制度、文化传统、宗教观念相联系,因而不同国家和文化的价值观有着自己的特殊性。我们说尊重文化多样性,很重要的就是要尊重各国各民族价值观的独特性和自主性。全人类共同价值作为世界各国人民共同遵循的基本价值观,包含当今时代人类价值观优秀成果,它与各国各民族价值观既相区别又相联系,是普遍性与特殊性的关系。普遍性寓于特殊性之中,特殊性中包含着普遍性。全人类共同价值与我国社会主义核心价值观之间，也是普遍性与特殊性的关系。同时，我国社会主义核心价值观以马克思主义科学理论为指导，继承人类价值观文化的优秀成果，反映人类社会发展趋势、适合我国国情，具有超越各类具体价值观的先进性，是一种先进的价值观体系。

第一，全人类共同价值继承了人类社会交流合作的优秀价值观成果，与社会主义核心价值观本身就是相通的。一个社会的核心价值观，承载着一个民族、一个国家的共同精神追求，体现着一个社会评判是非曲直的共同标准，它本身就是以"共同"性作为基础的。我们今天倡导的社会主义核心价值观，作为社会主义中国的精神旗帜，它以马克思主义为指导，根植于当代中国特色社会主义实践，是在继承中华民族优秀传统价值观、学习借鉴人类优秀价值观成果的基础上形成的，有着深厚的历史底蕴和坚实的社会基础，具有时代性、广泛性、先进性。它所倡导的价值理念具有强大的道义力量，为全体中国人民所拥护、赞同和遵循，也与世界各国的优秀价值观相通相融，交相辉映，其本身就包含全人类通适性因素。

全人类共同价值，作为在全世界各国人民认同基础上形成的价值观，是从世界各国、各民族价值观中提炼出来，得到全人类共同认可、作为维护国际秩序必须普遍遵循的价值观。它不仅不与社会主义核心价值观相矛盾，而且是相互融合、相互适应、相互促进的。正如核心价值观是一个民族赖以维系的精神纽带，一个民族共同的道德基础——全人类共同价值也是人类大家庭赖以维系的精神纽带，是全人类共同遵循的道德基础。全人类共同价值的基本内涵，理所应当地作为普遍性原则，体现在各民族价值观包括社会主义核心价值观这种特殊性表现之中。

第二，西方"普世价值"不是全人类共同价值，而是一个政治概念，是适应资产阶级狭隘利益、以"共同性"包装起来的西方资产阶级价值观。"普世价值"是前些年"新自由主义"鼓吹的政治概念，这个概念虽然打着人类"共同价值""普遍价值"的幌子，但实际上只是反映了西方发达国家利益、塞进了许多资产阶级政治观、历史观、价值观的政治含义，比如三权分立、多党制、西方宪政民主、西方新闻自由、公民社会、西方人权观，等等。这些政治概念，每一个都不是抽象概念，而是都具有特定解释和政治内涵。它们既不是西方社会历史形成的传统价值观念，更不是世界各国人民普遍认可的价值观念。它们是适应西方垄断资产阶级需要、由"新自由主义"加以改造、加以政治化的价值观。西方统治者对待这些概念，历来是"双重标准"，自己并不准备完全践行这些价值观，只是作为对付对手、遏制第三世界国家特别是像中国这样的社会主义国家的价值观武器，是颠覆这些国家的思想工具。

全人类共同价值不是西方所谓的"普世价值"。它的理论基础是包容性的，不是排他性的，不同社会制度、不同意识形态的国家、民族都能接受；它的实践基础是共识性的，以《联合国宪章》为基础和行为准绳，没有明确的政治性、意识形态性，也没有区别对待，不是"只许州官放火，不许百姓点灯"。西方的"普世价值"是和西方鼓吹的"普世模式"紧密联系在一起的，其真正意图是要在全球推行西方政治制度。西方国家推行"普世价值"，为的是维护不平等的国际经济政治旧体系，维护西方发达国家不合理利益。他们以"颜色革命"为手段、以武力强权为支撑，强制其他国家都按照他们的标准进行改造转型，对于不遵从他们的国家，就会冠以其"不民主""专制主义""集权国家""邪恶政权"等罪名，动用经济制裁甚至武力手段对其进行干涉。一言以蔽之，"普世价值"只是西方大国推行其"霸权主义"的一个"理由"，是维护其霸权地位、实现利益最大化的理论工具。

第三，坚持用辩证统一的观点看待社会主义核心价值观与全人类共同价值。世界各国各民族价值观的形成,与这些国家、民族的历史发展、文化传统、宗教信仰和现实状况相联系。因此,在世界历史发展的现阶段,各国各民族的价值观存在差异是可以理解的。我国社会主义核心价值观是社会主义中国的精神旗帜,是我国社会主义制度在价值层面的本质规定,是中国特色社会主义的内在精神之魂。因此,社会主义核心价值观是有阶级性、有社会主义属性的,是为巩固和发展社会主义意识形态,凝聚中国力量,弘扬中国精神,发展中国特色社会主义提供支撑的。而全人类共同价值为世界各国人民所接受,其内涵必然是非政治性、非意识形态性的。从某种意义上说,这是两种价值观,在这一属性上存在"对立"之处。

但是,社会主义核心价值观与"全人类共同价值"又是统一的。他们都具有既适用于世界,又适用于中国的特点。社会主义核心价值观之中的"富强、民主、文明、和谐;自由、平等、公正、法治;爱国、敬业、诚信、友善"本身就是政治性与非政治性、意识形态性与非意识形态性的统一。当然,对每个概念的解释,我们与西方是大不相同的,比如"民主""自由""法治"等就具有非常强的阶级性、政治性。但即使这样,也不妨碍我们从一般性、通用性方面与世界各国交流。比如,"民主"基本含义是"人民主权",对此不仅有阶级分野,也有人类进步的意义,在真实全面地体现"人民主权"方面,社会主义民主不仅不输资本主义民主,而且许多方面超越了资本主义民主,更加符合"普遍民主"的特性。对于"自由"也是一样,社会主义核心价值观着眼于全体人民真实的自由权利,而西方价值观着眼的是确保资本的绝对自由,其结果必然是资本的自由剥夺和不断损害人民的政治自由、社会自由甚至人身自由。西方国家金钱操控政治,为了赢得选票、保证资本利润,可以不顾新冠肺炎疫情肆虐,故意淡化疫情、强行推进开工,就是这种"自由"的表现。

(摘编自:《论"全人类共同价值"的理论和实践意义》,原载《文化软实力》,2020 年第 4 期;有删节)

论普世价值与价值共识

陈先达

普世价值与价值共识最易混淆。价值共识可以具有一定程度的普遍性,而普世价值似乎是人人都应该认同的一种价值共识。普世价值是一种以抽象人性论为依据、以绝对的普遍性为方法的唯心主义价值观。在当代,西方和国内少数人借助强势话语霸权,把西方资本主义的核心价值称为普世价值,以达到他们西化和分化的政治目的。我们要揭露西方"普世价值"论的实质,但应充分肯定人类文明进步的成果和通过国际合作与文化交流在一定范围内和一定问题上达到价值共识的可能性。不能因为人类可能具有的价值共识而陷入普世价值的政治陷阱,当然也不能因为反对西方普世价值论而拒绝人类文明进步的积极成果,否定人类的一定程度和范围的价值共识。

一、拒斥西方"普世价值"

在对待普世价值的问题上存在两种不同的观点:一种是西方中心论的普世价值论,即把西方以资本主义私有制为基础、以个人主义为核心的价值观奉为绝对的普世价值;一种是以历史唯物主义为指导的观点,它肯定人类文明进步和文化交流的积极成果。后一种观点是对人类基本价值的肯定,是一种价值共识论。由于代表历史进步的趋向、得到人民比较广泛的认可，这种价值共识具有一定程度的普遍性；而且由于它是人类文明成果的积淀，具有先导性。但价值共识的普遍性和先导性具有历史性、时代性和民族性。

抽象的绝对的普世价值是不存在的，因为它包含一个不可解决的矛盾，即价值主体与价值本质的矛盾。价值不可能具有绝对的普世性。价值是主客体的一种需要和满足需要的关系，它涉及的是利益、特别是核心利益关系问题。

普世价值不可能是绝对的，在当今世界不可能奉行同一种价值观。因为作为这种价值观的共同的统一的主体并不存在。现实中有个体，有由特定关系结合而成的集体，如阶级、社会、民族、国家，因而有个人价值、阶级价值、社会价值、民族价值、国家价值，但当今世界并没有以全世界所有国家为同一主体的普世价值。有人可能会说，虽然国家和民族不同，但都是人构成的，人就是普遍主体，因为人是"类"，"类"可以成为世界主体；只要承认我们都是人，必然有高于和超越各个国家、民族和阶级之上的绝对的普世价值。其实这只是抽象人道主义的老调新弹，是从马克思主义的"现实的人"重新回归"抽象的人"。

任何人都明白，迄今为止现实的人都是生活在一定国家和民族结构之中，而不是生活在一个以世界为统一主体的整体结构之中。全球化并没有把全世界的人变为统一的主体，泯灭了国家和民族的差别，而是使强国与弱国的对立更加激化。即使是联合国也是各个主权国家的国际组织，而不是无国界的所谓"人"的组织或"类"的组织。对于当今世界人类而言，国家仍然是存在的边界。所以凡是主张绝对普世价值的理论家，都承认有一个抽象的类主体，而且肯定人性的普遍性，由人性的普遍性推论出绝对普世价值。

由此可见，普世价值论的哲学基础有二：一是抽象人性论，它由人性共同性推论出价值的普世性；二是形而上学的价值不变论，它由人性的永恒性断定存在一种永恒不变的价值，这可算是"天不变道亦不变的"的西洋版。

二、重视人类"价值共识"

我们不同意普世价值，但承认人类在一定范围内、一定问题上可以存在某种价值共识。价值共识不是脱离各个民族的价值而独立存在的抽象共相，而是在人类文明进步中、在各民族文化交流中逐步形成的对某些基本价值的认可；它是有条件的、历史的、变化的。例如1948年12月10日联合国通过的《世界人权宣言》，就是对人权这个问题的某种价值共识；它代表宣言的签字国对一些基本的人权的认可。但这并不意味着人权宣言中列举的是超越历史和国家的普世价值。因为它具有时代性，产生于二次世界大战之后；它表明人们对战争的反省，随着人类社会发展、人的社会地位和政治地位的提高而发生的变化。《世界人权宣言》可以看作是人类历史进步的一种纪录：其中所列举的人的权利是历史的产物，其产生和完善经历了一个历史过程。即使在西方发达国家，所谓自由、民主、人权至今仍然是残缺不全的，并没有成为人人享有的普遍价值。

任何被大多数人认可的价值共识都具有时代性，应该符合时代的要求，是时代和社会自身实践成果在理论上的反映，而不是少数智者对绝对真理的发现，或慈悲家们救世主义地向世人宣示的约定。

我们否定普世价值，也不赞同所谓普世伦理，但我们不能否定人类的基本价值及其可能达到的某种共识。人不是以抽象的类作为全球统一主体，也不可能从抽象的普遍人性中引申出普世价值；但人作为社会的主体，无论属于哪一个种族、民族、国家，不仅具有某些共同的自然属性，而且都要解决人与自然、人与人的关系问题，面对某些相同或相似的问题，从而逐步积累一些相似的认识、经验和体验，形成一些对人类的生存和发展具有重要意义的基本价值。它们可以存在于物质文明中，也可以存在于精神文明中。价值共识就是对不同民族创造的物质文明和精神文明中积极合理因素的某种认同。例如在当代，民主、法制、自由、人权、平等、博爱、和谐等观念就是一些价值共识。

价值共识不是约定的，不是少数天才思想家的发现，而是人类历史和社会进步逐步形成的，具有客观的历史必然性。它并非逻辑、理性必然性的产物，也不是伦理学中的应然或"绝对命令"。价值共识以各民族实际创造的多样文化中的积极因素为依托，存于各种具有民族特性的文化之中。例如，西方人可以从东方人特别是从中国传统文化中吸收一些合理的思想，正如中国人可以从西方文化思想中吸收合理思想一样。孔子的"己所不欲，勿施于人"存在了两千多年，到 20 世纪末才被宗教家和伦理家们定为普世价值而且是黄金规则。这是现代道德危机和价值失落引发的对东方文化的需要，而非因为天才人物突然发现了它的普世性。当中国处于半封建半殖民社会、处于被压迫被瓜分的状态时，中国传统文化中的优秀东西并未被世界认可、赞扬。尽管孔子的"己所不欲，勿施于人"在当代可以作为一种价值共识，但实际上人们的行为是否都奉行这个原则，尤其在强国与弱国之间是否遵守这个原则，则是另一回事。

价值共识不是一时形成的，而是在各民族的文化长期交流、传播和相互学习中逐步形成的。无论具有普遍性的基本价值的形成过程如何漫长，尤其是一种理论上的共识变为现实如何艰难，人类文明进步中形成的基本价值都始终是人类文明发展的宝贵精神财富和人类追求的历史性目标。人类的历史就是由野蛮走向文明、由资本主义文明逐步以各种方式和道路走向未来的共产主义文明的历史。在每个历史阶段都会形成具有时代性的基本价值，成为那个时代的先进价值，并在进步人类中形成价值共识。而由马克思主义所设想的人类社会发展的目标，则更是一个漫长的充满矛盾的曲折过程。

世界上存在不同类型的文明、不同民族的文化，其文学、艺术、哲学、伦理等等价值形态中都蕴涵某些能达成共识的因素，因而跨民族跨文化的交流才是可能的。但没有任何一种单独文化形态可以居于普世的地位，它只包含能为其他民族所认同的因素，因此具有共识性的价值是人类各民族共同创造的积极成果。但各民族的文化并不会因为价值共识而失去它的民族特性。海纳百川，我们无法分辨出其中的各川之水，它们都已完全融为海水。可人类文化不同：人类文化交流不是形成一种独立于各民族之外的具有普世价值的文化，而是各民族立足于自身的文化吸收外来文化，丰富和发展本民族的文化；通过文化融合、吸收，你中有我，我中有你，但不会失去自己文化的民族特色。中国是具有丰富文化传统的国家，中国可以向世界展示其传统文化包括当代中国文化的优秀成果，它具有东方价值的特殊内容、意蕴和魅力；但它要为异民族文化认同、吸收和转化，才能体现其中包含的世界价值或人类价值。任何一个民族文化中的人类内容都是潜在的。民族价值中的人类性必须经过文化传播、交流、融合才能融入世界之中。

"普世价值"并非科学概念，因为它容易制造抽象共相的理论幻觉。西方张扬的所谓永恒不变的绝对"普世价值"是一种关于价值的唯心主义的理论，而"价值共识"具有实践意义和理论意义，它是对人类文明成果和文化交流或文化融合积极因素的肯定。普世价值是以抽象人性为依据的一种对价值的虚拟，价值共识则是对各民族文化实际贡献中有积极意义的基本价值的认可；普世价值是超历史、超时空的，价值共识是历史的、时代性的；抽象普世价值是无条件的、普世的，价值共识是有条件的、有范围的；抽象普世价值立足于观念，求助于人的理性,以应然为"绝对命令",价值共识则立足于实践,求助于各民族实际的文化积累和社会的进步;抽象普世价值外在于其他民族的文化或凌驾于其他民族文化之上,价值共识的因素则存在于各民族文化之中,是在文化交往和传播中逐步达到的;普世价值是一种不可兑现的空头约定,而价值共识是人类社会实践经验的积累和理论升华;普世价值论者沉醉于人类可以统一于西方普世价值的幻想,而价值共识论者以"和而不同"为原则,通过价值共识形成人类的合理的具有一定共性的价值追求,同时又肯定它的差异性和多样性。

价值共识是立足于人类进步和本国情况,是与具体性不可分的具体共性。民主、自由、人权在西方政治家手中之所以能采取双重标准,就是因为它们没有真正以人类基本价值的共识为依据,因而具有主观性、随意性。我们不赞同抽象的普世价值论,但充分认识到各民族的价值观念中包含的可供交流、借鉴和融合的共同因素,承认作为人类社会进步和文明成果的基本价值的普遍意义。我们拒绝西方"普世价值"的话语霸权,但坚持改革开放,坚持借鉴人类文明包括西方文明中的积极成果。

三、坚持"社会主义核心价值"

普世价值由于超越了国家和民族,超越了现实,而由地上升入天国,成为与具体相剥离的共相。一个社会的核心价值则不同,它立足于现实社会,植根于这个社会的经济和政治制度之中。每种社会制度都有自己的核心价值,它是这个社会得以存在的精神支柱,是这个社会从产生到巩固的标志。

核心价值的不同集中表现着社会形态和社会性质的不同。核心价值不是以抽象的人为主体,而是建立在特定的社会的经济和政治制度的基础上,并且起着稳定、巩固和发展自己制度的软实力作用。在任何国家中,处于支配地位的都是它的核心价值而不是所谓普世价值。一个社会的价值可以是多元的,但核心价值则是一元的:它是这个社会制度的主导价值,是该社会统治阶级的价值观。

中国特色社会主义就有自己的核心价值。它是以马克思主义为指导、以时代性和民族性为特征、以中国特色社会主义为理想的一种新的社会主义的价值观。它既吸收中国传统文化中的精华,也吸取世界文明的成果,因而它既具有民族性又具有时代性;但它始终是社会主义的核心价值,是与社会主义的经济和政治制度性质相一致的主导价值,而不是普世价值在中国的体现,也不是中国传统价值观的现代版。

讨论普世价值问题的最重要意义,就在于由此明确中国特色社会主义的方向和指导原则。我们要坚持社会主义核心价值,不为西方的普世价值错误理论所误导。笔者以为在对外交流、理论研究特别是在社会主义意识形态的建设中,应该区分普世价值、价值共识和核心价值。我们坚持社会主义核心价值,重视人类文明进步和文化交流中形成的以普遍形式出现的"价值共识",但拒绝西方中心论的普世价值观,特别要揭穿它的西化和分化的政治图谋,顶住其以资本主义制度及其价值观念作为普世价值而对发展中国家施加的政治压力和舆论攻势。

拒绝普世价值,肯定对人类文明和社会进步中的某些基本价值可以存在一定程度和范围的"共识",坚持核心价值———这应该是我们对待有关普世价值问题争论的基本原则。

(摘编自:《论普世价值与价值共识》,原载《新东方》,2009 年第 8 期)

撷英荟萃

只有在集体中,个人才能获得全面发展其才能的手段,也就是说,只有在集体中才能有个人自由。

——马克思、恩格斯

无产阶级平等要求的实际内容都是消灭阶级的要求。任何超出这个范围的平等要求,都必然要流于荒谬。

——恩格斯

友谊像清晨的雾一样纯洁,奉承并不能得到友谊,友谊只能用忠实去巩固它。

——马克思

我们大家要学习他毫无自私自利之心的精神。从这点出发,就可以变为大有利于人民的人。一个人能力有大小,但只要有这点精神,就是一个高尚的人,一个纯粹的人,一个有道德的人,一个脱离了低级趣味的人,一个有益于人民的人。

——毛泽东

核心价值观是文化软实力的灵魂、文化软实力建设的重点。这是决定文化性质和方向的最深层次要素。

——习近平

夫大人者,与天地合其德,与日月合其明,与四时合其序,与鬼神合其吉凶。

——《周易·文言传》

功崇惟志,业广惟勤。

——《尚书》

与朋友交,言而有信。

——《论语·学而》

诚者,天之道也;思诚者,人之道也。

——孟子

明法制,去私恩。夫令必行,禁必止。

——韩非

善气迎人,亲如兄弟;恶气迎人,害于兵戈。

——管仲

常思奋不顾身,而殉国家之急。

——司马迁

公正,一定会打倒那些说假话和做假证的人。

——赫拉克利特

公正不仅是一种美德,而且是一种力量。

——拿破仑

自由是做法律所许可的一切事情的权利。

——孟德斯鸠

生命不可能从谎言中开出灿烂的鲜花。

——海涅

谁若想在困厄时得到援助，就应在平日待人以宽。

——伊索

对人来说，最大的欢乐，最大的幸福是把自己的精神力量奉献给他人。

——苏霍姆林斯基

扩展阅读

1. 习近平著《青年要自觉践行社会主义核心价值观——在北京大学师生座谈会上的讲话》，北京：人民出版社，2014

《青年要自觉践行社会主义核心价值观》是2014年5月4日习近平总书记在北京大学师生座谈会上的讲话。习近平总书记指出，对一个民族、一个国家来说，最持久、最深层的力量是全社会共同认可的核心价值观。确立反映全国各族人民共同认同的价值观"最大公约数"，使全体人民同心同德、团结奋进，关乎国家前途命运，关乎人民幸福安康。青年处在价值观形成和确立的时期，抓好这一时期的价值观养成十分重要。要勤学，下得苦功夫，求得真学问。要修德，加强道德修养，注重道德实践。要明辨，善于明辨是非，善于决断选择。要笃实，扎扎实实干事，踏踏实实做人。

2. 《关于培育和践行社会主义核心价值观的意见》（中办发〔2013〕24号）

《关于培育和践行社会主义核心价值观的意见》是中共中央颁发的文件，全文共6项23条，全面阐释了培育和践行社会主义核心价值观的要求，为培育和践行社会主义核心价值观提供了重要遵循。主要内容包括：培育和践行社会主义核心价值观的重要意义和指导思想、把培育和践行社会主义核心价值观融入国民教育全过程、把培育和践行社会主义核心价值观落实到经济发展实践和社会治理中、加强社会主义核心价值观宣传教育、开展涵养社会主义核心价值观的实践活动、加强对培育和践行社会主义核心价值观的组织领导。

3. 罗国杰主编《马克思主义价值观研究》，北京：人民出版社，2013年

《马克思主义价值观研究》由我国马克思主义伦理学学科的开创者、著名伦理学家罗国杰教授主编，系统而深入地阐述了马克思主义价值观的相关问题。在辨析价值观的内涵与历史形态的基础之上，既系统分析了马克思主义价值观的产生与发展、理论内涵、基本结构与内容等，又一一分析了当代中国的非马克思主义价值观思潮，最后还指出了加强马克思主义价值观建设的目标、意义、要求等。本书对于廓清马克思主义价值观、弘扬和践行社会主义核心价值观具有重要参考价值。

4. 袁银传主编《价值观、核心价值观、核心价值体系：中国特色社会主义核心价值观》，武汉：武汉大学出版社，2014年

本书属于中国特色社会主义理论体系普及读本，从历史、理论、现实三者统一的角度，层层递进，从整体上系统而深入解读了价值观、核心价值观、核心价值体系。既有深入的学理分析，又有鲜活的实例说明。既辨析了价值、价值观、社会主义核心价值观的基本概念，又探讨了社会主义核心价值观的思想资源、指导思想、凝练原则、话语表达、社会作用，还分析了社会主义核心价值体系建设的基本内容、基本原则、基本经验和基本路径。

5. 约瑟夫·奈著《软力量：世界政坛成功之道》，吴晓辉、钱程译，北京：东方出版社，2005 年

约瑟夫·奈，美国著名政治学家，哈佛大学肯尼迪政府学院国际关系学教授。1937 年生，1964 年获哈佛大学政治学博士学位。1977 年开始步入政坛，之后两年出任卡特政府助理国务卿。1993 年—1994 年间，他担任克林顿政府全国情报委员会主席，1994 年—1996 年间任美国助理国防部长。后重回哈佛，担任哈佛大学肯尼迪政府学院院长。约瑟夫·奈是国际关系理论中新自由主义学派的代表人物，以最早提出软实力（Soft Power）概念而闻名，被称为"软实力之父"，受到国际社会和学术界的广泛关注。2011 年约瑟夫·奈入选美国《外交政策》杂志"全球百大思想者"，是当前美国最有影响力的对外政策学者。《软力量：世界政坛成功之道》以伊拉克战争为引子，以软力量为线，抨击以军事、武力、暴力等硬力量建构世界新格局，主张只有通过文明、文化、价值观念、生活方式等软力量的桥梁，才能在国际政治舞台不断取得成功。

案例讨论

案例 1

习近平的青年志：中国梦属于青年一代

党的十八大以来，习近平在多个场合、用多种形式表达了对青年的高度重视和热切关心。越来越多的中国青年正以勤学、修德、明辨、笃实的努力，诠释着"少年智则国智，少年进步则国进步"的内涵。

勤学：不但专攻博览，更要心怀世界

1970 年，夜里 12 点，延安梁家河村的窑洞里，墨水瓶做的煤油灯下，有一个看书的知青。别的知青带衣服带吃的，这个知青不一样，他带了满满一箱书。晚上和午休间隙，他都会在窑洞里看书，一看就忘了时间。

这个年轻的知青就是习近平。在这些书中，"大道之行也，天下为公""天行健，君子以自强不息"等思想和理念逐渐构筑着他的精神世界。在 2015 年 7 月 24 日中华全国青年联合会第十二届委员会全体会议上，习近平将自己对"勤学"的思考与青年们分享："德才并重，情理兼修""前进要奋力，干事要努力"。无独有偶，2014 年同北京大学师生座谈时，他嘱咐同学们："要勤于学习、敏于求知，注重把所学知识内化于心，形成自己的见解，既要专攻博览，又要关心国家、关心人民、关心世界，学会担当社会责任。"

"勤学"，不但专攻博览，更要心怀世界。殷殷嘱托，带给青年一代的不仅有实践检验的学习方法，更有砥砺前进的学习精神。"读万卷书，行万里路。"今天的中国青年已把学习的眼光投向全世界，地球村的各个角落都能见到"勤学"的中国青年。伦敦帝国理工学院机械工程系博士在读的邵祝涛说："每次路过校园的图书馆，深夜仍在挑灯学习的很多是华人，中国留学生勤奋学习的认真态度和务实习惯都给外国人留下了很深刻印象。"留学在外，更多的中国青年用"勤学"的行动告慰祖国，不悔青春。

"勤学"，不仅从书本上学，更从实践中学。正如习近平谈到的青年要树立"事业靠本领成就"的观念，如今，越来越多在"勤学"中探索出的专利技术正诠释着"中国制造"的崭

新内涵。中国南车株洲所的青年高级工程师尚敬说:"每次有人问起我们的技术是不是抄袭国外的,我们都觉得好委屈啊。我们不是什么技术都比国外好,但是我们比国外好的技术越来越多。"而他提供的一组排名更令人自豪:"中国南车多项专利技术世界第一。高铁实际运营速度仍然是中国全球第一。"

修德:养大德者方可成大业

1982年,在正定县委大院有一间简陋的办公室,里面住着年轻的县委副书记习近平。他的床铺简单得不能再简单:两条长凳支起一块木板,铺上一条打满补丁的旧褥子。自己住得简单,却不能让孩子们住得简单。习近平在学校危房普查中发现200多所村小学共有3590平方米危险校舍,他心急如焚。实地调研,他发现北贾村小学校舍陈旧,就自己捐出200元钱帮助改善办学条件。奔走两年,正定终于筹措资金对1020间近15000平方米危房进行了维修。

"立志报效祖国,服务人民,这是大德,养大德者方可成大业。"在习近平的眼中,"修德"的本质还是服务祖国和人民。于是,有这样一批青年选择了回到家乡投身教育事业。2014年教师节前夕,习近平到北京师范大学慰问和看望广大师生,当时历史学院的大四学生古丽加汗·艾买提就告诉总书记,自己将回老家乌鲁木齐的中学实习。如今古丽加汗·艾买提已如愿被乌鲁木齐市第二十三中学聘为高中历史老师,她说:"我是免费师范生,也很喜欢当老师,家乡需要我这样的人才,我一定要回家乡做贡献。"

在2015年的新年贺词中,习近平曾给全国人民点赞,其实并非要求每个人有惊天动地、轰轰烈烈的壮举,只要在平凡岗位上尽心尽责,就能有一分热,发一分光,用点滴行动服务人民。如果每个人都能自觉把人生理想和家庭幸福融入"中国梦"之中,何愁"中国梦"没有康庄大道?

明辨:是非明,方向清,路子正

1973年入党后,习近平被村民推选为梁家河村的村支书。村民巩振福回忆:"他直,不管你是谁,不讲脸面,不留情。对就是对,错就是错,不怕得罪人。"村民石治山说,习近平为人正派。"村里有人劳动表现好,他就看重。不好的,就批评教育。拍马屁绝对行不通,他反感得厉害。"

"是非明,方向清,路子正",不仅是习近平对青年时代的自己提出的要求,也是他对今天的青年们提出的要求。做到这些的前提是"树立正确的世界观、人生观、价值观",习近平认为,这样才能稳重自持,从容自信。一脉相承,2015年1月12日,习近平同200余名中央党校第一期县委书记研修班学员畅谈交流"县委书记经"时谈到,"那个时候我年轻想办好事,差不多一个月大病一场。要先把自己的心态摆顺了,内在有激情,外在还是要从容不迫。"这激情就来自正确的方向,所以他也说过,人生的第一粒扣子就要扣好。

笃实:只要坚持,梦想总是可以实现的

正定有县委书记在机关食堂和大家一起"吃大锅饭"的传统,这个传统是从习近平在任时留下的。长篇通讯《习近平同志在正定》曾这样写道:习近平在正定工作期间,不仅靠他过人的胆识、务实的作风和忘我的工作打动了干部群众,更以坦诚朴实、谦虚谨慎、实事求是、亲切和蔼的为人,给大家留下了深刻印象。

一个"实"字,是老百姓对习近平最真诚的评价。在 2016 年新年贺词中,习近平勉励大家,"只要坚持,梦想总是可以实现的。"2015 年 10 月 26 日,习近平在联合国教科文组织第九届青年论坛开幕式上的贺词中提到,"中国支持青年发展自身、贡献社会、造福人民,在实现中国梦的历史进程中放飞青春梦想。"实实在在地坚持梦想,实实在在地贡献社会,这叮嘱引领着新一代中国青年扎根基层,更吸引着年轻一代的海外游子越来越多地归国投身祖国建设。据统计,改革开放以来,已有 74.48%的留学人员学成后选择回国发展。

……

勤学、修德、明辨、笃实,今天的中国青年正在心怀"中国梦",踌躇满志,厚积薄发。转眼间,"中国梦"已经在辽阔的中华大地上抽丝发芽、蓬勃生长,满眼又将是饱满新绿!

(来源:中国青年网,2016 年 1 月 4 日)

案例点评:

青年者,人生之王,人生之春,人生之华也。毋庸置疑,青年时代是一个人一生中最美好、精力最充沛、最有希望的时期。本案例通过展示习近平总书记青年时期工作学习的片段,鼓励当代大学生要珍惜美好时光,勤学、修德、明辨、笃实,为实现伟大的中国梦而付出努力。习近平总书记青年时期的成长历程,为当代大学生的成长成才树立了典范,提供了宝贵的人生经验。大学生要从小处、细处、实处着手,将社会主义核心价值观转化为自己的人生准则,勤学以增智,修身以立德,明辨以正心,笃实以为功。

思考与讨论:

1. 怎样理解习近平总书记所说的"人生的扣子从一开始就要扣好"?
2. 谈谈大学生应该如何做到"勤学、修德、明辨、笃实"?

案例 2

黄大发:绝壁凿"天渠" 壮志凌山河

一个当时年仅 20 多岁的农村大队长,带着数百个村民,钢钎凿、风钻敲,前后历经 30 余年,在峭壁悬崖间挖出一条 10 公里的"天渠"。

潺潺渠水,润泽了当地 1200 多人,使曾经闭塞的贫困村面貌一新。

当地人管它叫"大发渠"。村民们以最朴实而又最隆重的口头命名方式,感谢他们的带头人——贵州省遵义市播州区平正仡佬族乡团结村老支书黄大发。

"一定要想法通上水,让大家吃上米饭"

黔北深处,多为喀斯特地质。黄大发居住的地方以前叫草王坝,海拔 1250 米,山高岩陡,雨水落地,就顺着空洞和石头缝流走,根本留不下来。20 世纪 90 年代以前,村里人去最近的水源地挑水,必须来回走两个小时,争水打架的事情时有发生,连"牛脚窝水"村民都要收集起来。因为缺水,当地只能种一些耐旱的苞谷。把玉米粒炒熟去皮再磨成粉,蒸熟后就成了当地人餐桌上的主食。这种"苞沙饭"难以下咽,在喉咙上直打转转。没有水,别说发展产业,村民连温饱问题都不能解决,一些家庭吃盐都需要赊账。

对于贫穷，黄大发比别人有着更深刻的体会。几岁时，母亲就去世；父亲抽大烟，败光了家中房屋和田地后撒手人寰。13岁，黄大发便成了孤儿，滚草窝，吃百家饭长大。对于摆脱贫困，他有着比别人更强的决心。

"穷就穷在水上，一定要想法通上水，让大家吃上米饭。"1958年当选草王坝大队大队长那年，黄大发下了决心。

"这一次，拼了命也要干"

草王坝村几面大山的背后是螺丝水河。20世纪60年代开始，由当地公社牵头，草王坝大队、健康大队、胜利大队共同开建"红旗大沟"，想引来这稳定的水源。黄大发任指挥长。

当时，修这条水渠，中间必须打通一条长116米的隧道，公社认为技术难度太大，黄大发就带着群众自己干。

黄大发先用农村土办法确定水平线：竖起竹竿测量，人眼两边"校瞄"。洞口越打越深的时候，黄大发用耳朵贴着山听，指挥群众往声音一致的方向打，耳朵都磨起了老茧。最终，隧道打通了。

但是，由于缺乏资金、技术和劳动力，用黄泥巴敷成的渠壁难经风雨，水渠修修补补十几年，没法再用，在20世纪70年代被废弃。

但是，黄大发没有放弃。1976年，遵义县水电局干部黄著文来到草王坝，住在黄大发家里。"小个子、有干劲，满手的茧握手扎着疼。"这是黄大发给黄著文的最初印象。彻夜长谈中，黄大发再次表明了修渠的决心。

再次见到黄大发，是1990年腊月，那天下着大雪，已经成为遵义县水电局副局长的黄著文晚上回家，看到了来访的黄大发。"10多年了，但一眼还是认出了他。他穿着破解放鞋，没有袜子，脚趾露在外，一身单衣冻得发抖。"

黄大发的挎包里，装着一份沉甸甸的修渠申请。

"我走了两天到县里，就是要找你。我要修螺丝河工程，想请你帮助立项。""我是村支书，有责任修通水渠，解决村里人畜饮水，不然贫困老是改变不了。""我要实现通水愿望，这一次，拼了命也要干。"

"修不通，我拿命来换"

水渠工程立项了，摆在黄大发面前的第一道难关就是凑钱。按照当时的政策，修建这样的工程，国家补助材料、匹配一定资金，村民要投工投劳，须自筹部分资金。算下来，全村900多人，要凑1.3万元。当年，村民的年人均纯收入仅为80元。黄大发召开村民大会，提出了每家每户凑钱的要求。作为村支书，他率先拿出了100元。

修建水渠的热情被再次点燃。当晚，有的村民就外出借钱了。第二天一大早，出村小路上满是赶着牲口，背着鸡蛋、黄豆、蜂蜜的村民，他们要到附近集市卖了换钱。

村民杨春友说："盼水盼了几十年，有机会修水渠，家里生活再苦都要支持。"

也有村民反对。以前那条半途而废的水渠是村民心头的伤疤，有的村民说："修得通，我手掌心煮饭吃。"黄大发回答："修不通，我拿命来换。"

妻子徐开美劝他，晚几年，等大家经济条件好点再修。黄大发说："修水渠这事等不得，再难也要上。水不通，大家经济怎么好得了？"

第三天，1.3万元凑齐。遵义县水电局领导感动地说：这不是工程款，是草王坝群众的心！

1992年正月初三，大雪天，开工了。黄大发扛着钢钎，带着几百人的队伍往山上进发。"干部干，群众看。"黄大发说。从材料运输到实地施工，年近六旬的黄大发总是冲在最前面。放炮需要的炸药，是他来回步行36公里到乡镇背回来的。筑渠需要的水泥，也是他亲自到县城"押运"回来的。有一次运水泥车行至半路突遇暴雨陷入泥潭，黄大发担心水泥被偷，硬是在水泥包上睡了一夜。

"党员带起头，大家一起干"

修建水渠要经过3座大山、大小9个悬崖、10多处峻岭，大土湾岩、擦耳岩和灰洞岩最为险要，要从悬崖峭壁上打出半幅隧道才能通过。

在修擦耳岩段时，一处倒悬的崖壁无法测量，专业施工人员都不敢下去。黄大发二话不说，把麻绳系在自己身上，让人拉着吊下悬崖，像半空中飘飞的鹰。

吊到悬崖背后，大家看不到他了，吓得大气都不敢出。这时候，黄大发在下面大喊了几声，证明自己没事，大家这才放了心。

当时在现场的村民沈秀贵说："没有黄大发带头，这个工程修不起来。"从开工修建主渠，到所有支渠完成，总共花了约3年时间。黄大发说，这么长时间的持续施工、拧成一股绳的关键是"党员带起头，大家一起干"。

如今，参与修渠的村民回忆当年的场景仍激动不已。72岁的徐开诚说，每天6点刚过，200多名村民背着钢钎、二锤，带着苞谷干粮出发，下午6点放工回家。水泥和沙都要靠人背马驮。冬天，是农闲挖渠的好时节，大家刨开积雪，一寸一寸凿，一尺一尺敲。中午，大家围在一起，找几把干柴点燃取暖，烤土豆当午饭。为了早一天通水，有些群众甚至晚上就睡在渠上。

修渠期间，黄大发的女儿和孙子相继因病去世。有一年年关将近，黄大发把家里的猪卖掉得了100多元钱，徐开美以为是给女儿买药的钱，结果黄大发拿去垫钱买了修渠炸药。"埋怨有什么办法，家里扯他后腿，他怎么干得了工作？"徐开美说。

"这水渠是工程奇迹"

1994年，水渠的主渠贯通。清清粼粼的水，第一次满满当当地流进了草王坝村，流进了亘古干旱的坡地。村里孩子们跟着水流跑，村民们捧着清澈的渠水大口大口地喝："真甜啊，真甜！……"

从来没见过黄大发流泪的村民发现，老支书躲在一个角落里，哭了。这眼泪中的滋味，只有他自己心里知道。

1995年，一条跨3个村、10余个村民组，主渠长7200米、支渠长2200米的水渠终于完工。群众以黄大发的名字命名这条渠，叫它"大发渠"。

"即使用现在的眼光看，这水渠仍是工程奇迹。"黄著文说。

通水后，黄大发又马不停蹄地带领群众"坡改梯"。夜晚，平时寂静漆黑的山村被点燃，山坡上、土地里灯光闪耀，人头攒动、热闹非凡；村民们在黄牛头上、自己脑门上套上灯，彻夜挖土、筑田、放水……

"坡改梯"后，村里的稻田从240亩增加到720亩，每年收稻谷80万斤，村民从此吃饭不愁。还有村民种上了高粱，收获后卖给附近茅台酒厂，带来了更多收入。

接下来，黄大发要实现他修学校、通路、通电的梦想。

村民徐国棋记得，水渠修通后，黄大发把大家喊来开院坝会，商量集资修建学校的事。"如果有文化，渠早就修成功了。我们村文化低，出去都直不起腰杆，娃儿不读书哪来出息？"全村群众又一次咬紧牙关，全力投工投劳建学校。而今，20 年过去，草王坝走出了 20 来个大学生。

1995 年春节刚过，黄大发只身前往遵义县，向有关部门申请修建通村公路。政府补助的资金用于购买炸药等，村民在黄大发带领下投工投劳。修渠的情景再现山村。每天 100 多名村民上工，大家齐心协力，4 公里的通村公路很快铺通。

1996 年，村里通电工程启动。黄大发带头拿出 100 元，村民再次凑钱 1 万元。为节约电杆钱，每 2 户村民"承包"一根电杆，上山砍树；一圈上百斤重的电线，村民挽在肩头往前拉……草王坝村，终于亮起了电灯。

"我终于可以交上答卷了"

带领群众奋斗 50 多年，黄大发走遍了村庄周边的山山水水，但最远只到过 80 公里外的遵义市。不抽烟、不喝酒；不吃鸡鸭鱼，不管家中事。这位 82 岁的老支书把一辈子的时间都交给了村里工作，把所有的心力和精神都放在"领着大伙儿干"上，将乡亲们带上致富路。

脱贫的热情涌动在草王坝的家家户户。新扩并的团结村还有许多贫困家庭，去年，老支书黄大发参加政府的脱贫攻坚考察，认定了辣椒和柚子产业。经过论证，当地政府决定将之作为扶贫攻坚重点产业进行推广。黄大发到村民家里做动员工作，让两大产业顺利落地。"他有这样的号召力，我们相信他。"村民黄兵旺说。

2015 年，遵义有关领导了解到，这位 80 岁的老支书有个心愿，就是有生之年能去省城看一看，于是决定满足他这个心愿。

时任平正乡办公室主任的徐飞回忆，那天，他们来到村里，发现黄大发和老伴已经穿戴整齐在村口等着了。到了贵阳，老支书既没有提出到风景名胜去逛逛，也没有要求去商场转转，而是提出去贵州省委看看。

站在省委大门口，黄大发注视着飘扬的五星红旗，看着"为人民服务"五个大字的石碑，一言不发地站立着……默默站立了 10 多分钟，黄大发回身对陪同人员说：心愿了了，可以回家了。

陪同人员问：到别处看看吧？黄大发摇头一摇："党组织信任我，把草王坝村交给了我，现在，渠通了、电通了、路也通了，我交上答卷了。"

（摘编自《绝壁凿"天渠"壮志凌山河》，新华网，2017 年 4 月 18 日，记者胡星、姜琳、李惊亚、齐健）

案例点评：

老支书黄大发的感人事迹生动诠释了什么是敬业，什么是奉献，诠释了一名党的最基层干部的精神境界。敬业就要热爱本职工作，忠于职守，持之以恒。他带领草王坝村群众奋斗 50 多年，从修渠到修学校、通路、通电，彻底改变了贫穷落后的面貌。敬业就要有强烈的事业心，尽职尽责，全心全意为人民服务。过去的草王坝村因为缺水，别说发展农业，村民就连吃饭都成问题。他带领村民凭借着"修不通，我拿命来换"的坚定信念，克服了难以想象的困难，在悬崖绝壁之上，修成了长 9400 米的生命渠，村民从此解决了吃饭问题。敬业就要有旺盛的进取意识，不断创新，精益求精。"大发渠"修成不久，他又带领大家实现了修学校、通路、通电的梦想，生命不息，奋斗不止。敬业就要有无私奉献的精神，几十年来他一心领着乡亲脱贫，公而忘私，忘我工作，舍小家、顾大家。2017年4月25日，中共中央宣传部授予黄大发"时代楷模"荣誉称号；他还获得"2017年全国脱贫攻坚奋进奖""第六届全国道德模范""最美奋斗者""感动中国2017年度人物"等荣誉称号。2021年6月29日，中共中央授予黄大发"七一勋章"。

思考与讨论：

1. 作为一名基层党员干部，黄大发是怎样践行社会主义核心价值观的？
2. 黄大发的事迹对于大学生将社会主义核心价值观"内化于心、外见于行"有何启示？

案例 3

高某考试作弊，学校不授予学位，法院支持谁？

高某系上海某大学本科生，因在考试中作弊，被学校给予行政记过处分，该门课程成绩无效。学校学位评定委员会因此决定对高某不授予学士学位。高某不服，向人民法院提起行政诉讼。人民法院经审理认为，高某因考试作弊被取消课程成绩，不符合授予学士学位的规定，被告学校学位评定委员会不授予高某学位，符合国家法律法规和学校的规定，遂判决驳回高某的诉讼请求。

法律指引：

《中华人民共和国刑法》第二百八十四条：在法律规定的国家考试中，组织作弊的，处三年以下有期徒刑或者拘役，并处或单处罚金；情节严重的，处三年以上七年以下有期徒刑，并处罚金。为他人实施前款犯罪提供作弊器材或者其他帮助的，依照前款的规定处罚。为实施考试作弊行为，向他人非法出售或者提供第一款规定的考试的试题、答案的，依照第一款的规定处罚。代替他人或者让他人代替自己参加第一款规定的考试的，处拘役或者管制，并处或者单处罚金。

《中华人民共和国学位条例》第八条：学士学位，由国务院授权的高等学校授予；硕士学位、博士学位，由国务院授权的高等学校和科学研究机构授予。授予学位的高等学校和科学研究机构及其可以授予学位的学科名单，由国务院学位委员会提出，经国务院批准公布。

《普通高等学校学生管理规定》第十六条：学生严重违反考核纪律或者作弊的，该课程考核成绩记为无效，并由学校视其违纪或者作弊情节，给予批评教育和相应的纪律处分。给予留校察看及以下处分的，经教育表现较好，在毕业前对该课程可以给予补考或者重修机会。

（摘编自：《最高人民法院公布10起弘扬社会主义核心价值观典型案例》，《人民法院报》，2016年3月10日第3版）

案例点评：

诚实信用，是社会主义核心价值观的重要内容，也是中华民族的优秀道德传统。对每一个人而言，诚信乃立身之本。就高校而言，诚实应考，是对学生最起码的品德要求，也是维持教学秩序的基本要求。本案原告高某作为在校大学生，在考试中作弊，不仅违背诚信原则,更违反了国家法律法规和学校的规定,学校对其作出不授予学位的处理,人民法院依法予以支持,这充分体现了我国法律对于社会主义核心价值观和社会主义道德的维护。

思考与讨论:

1. 如何从核心价值的层面上理解诚信的意义?
2. 大学生怎样做一个诚信的人?

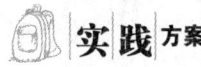

方案1　弘扬社会主义核心价值观主题演讲比赛

活动目的:以学习、弘扬社会主义核心价值观为主题开展班级演讲。通过活动促进同学们认真思考社会主义核心价值观的基本内容,加深对社会主义核心价值观的科学理解,宣传身边践行社会主义核心价值观的榜样人物的事迹。通过活动促使同学们从现在做起、从自己做起,使社会主义核心价值观成为自己的基本遵循,并身体力行大力将其推广到全社会去。

活动方式:班级活动。

活动步骤:

1. 参赛同学可以自愿报名,也可小组推荐。
2. 拟定演讲比赛的时间、地点、流程、评比办法,组织评委和工作人员。
3. 在查阅相关资料的基础上,参赛者撰写以弘扬社会主义核心价值观为主题的演讲稿。
4. 按照程序举行正式比赛;评委对同学们的表现进行点评;对优秀者可给予适当奖励。

方案2　先进模范人物访谈

活动目的:在现实生活中,已涌现出许多弘扬和践行社会主义核心价值观的先进模范人物,通过对这些模范人物进行访谈,同学们能够更深切地了解他们的事迹,从而以他们为榜样,更自觉、更坚定地做社会主义核心价值观的积极践行者。

活动方式:小组活动。

活动步骤:

1. 查找被授予"当代雷锋""时代楷模""道德模范""最美人物""中国好人"等荣誉称号的先进人物,联系访谈对象,约定访谈时间、地点等。
2. 在教师指导下,拟定访谈提纲。
3. 按计划进行访谈,做好访谈记录。
4. 撰写访谈报告和心得体会。

方案3　"社会主义核心价值观我践行"微视频大赛

活动目的:鼓励同学们选择积极向上的展示主题、运用生动活泼的青年话语、采用独特精美的艺术表达来展现大家对社会主义核心价值观的所思、所见、所感;并以微视频大赛为契机，在以后的学习和生活中将社会主义核心价值观落到实处、贯彻到底。

活动方式：小组活动。

活动步骤：

1. 比赛主题为"社会主义核心价值观我践行"。各位同学可以针对社会主义核心价值观整体或部分关键词进行阐释，可以展现自己的所思、所见、所感。

2. 提交作品形式应为8~10分钟的微视频。视频内容可以包括但不限于自己拍摄的情景剧、采访、动画、演讲、表演等，鼓励同学们充分发挥创意，创新具体视频内容。

3. 各课堂统一时间进行视频展示并推选出课堂内第一名进入全校复赛；再由《思想道德与法治》课程组教师统一评出一、二、三等奖及优秀奖。

4. 举办入围作品展播暨颁奖晚会。

第五章　遵守道德规范　锤炼道德品格

重点 难点 问题解析

一、如何正确认识道德的起源和本质？

道德是人类社会所特有的一种社会意识形态，属于上层建筑范畴。道德是以善恶评价的方式，依靠社会舆论、传统习俗和内心信念来发挥作用的行为准则和规范的总和。

（一）关于道德的起源

道德是人类社会发展到一定阶段的必然产物。道德起源指的是道德在人类历史上发生和形成的过程。关于道德起源的探索，伦理思想史上主要有几种观点：

神启论。认为道德起源于"天"的意旨或"上帝"的启示。孔子认为道德来源于天，是上天把道德交给圣人，由圣人制定出规定，教导人们去遵守，西汉的董仲舒从这一观点出发，把封建道德纲常神圣化、宗教化，认为触犯封建道德就是违反天意。西方中世纪占统治地位的宗教伦理学认为道德根源于"上帝"的启示。基督教教义《旧约》上讲的摩西十诫便是"上帝"耶和华对摩西的启示。"摩西十诫"在西方伦理史上被称为"黄金定律"，奠定了基督教道德的基础。

天赋论。认为道德起源于人类的天性或自然本性，即人先天就有道德意识。孟子认为人性本善，因而"仁义礼智，非由外铄我也，我固有之"。康德认为具有普遍道德价值的东西来自人的理性本身的善良意志，善良意志是人与生俱来的受理性支配不以环境为转移的内在机能，道德就是这种善良意志所发出的绝对命令。

情感欲望论。认为道德起源于人所固有的情感之中或感性与理性的结合之中。法国哲学家爱尔维修认为，人是有感觉的动物，人的本性就是趋乐避苦，就是自利、自爱，也就是追求个人的利益和幸福，这是一切道德的根源。卢梭认为，道德源于人心中的社会情感和利他之心，源于对公共利益的追求。18世纪英国经济学家、伦理学家亚当·斯密认为，道德是对同胞的同情心发展的必然结果。法国实证主义者孔德认为，本能、情感和理性三者的统一便产生了人类的道德。我国先秦时代的商鞅、韩非子都认为，法律和礼义的产生就是为了规范和制约人的趋乐避苦的本性。

动物本能论。认为道德起源于动物的社会性本能。区别于生物本能，动物之间有一种互助的关系，群居性动物相互之间也有分工合作。以达尔文为代表，进化论伦理学认为人类道德起源于动物的社会性本能，"道德观念，原本发生于社会本能"。

以上种种道德起源说，有的陷入唯心主义或客观唯心主义，将道德的产生归因为人的先天的、主观的因素；有的则从形而上学出发，将道德视为抽象的东西；还有的将人类道德与动物的本能混为一谈。这些都没能正确揭示人类道德的起源。

科学的道德起源论。马克思主义伦理学以唯物主义历史观为理论基础和方法论，从人类的现实生活中科学地揭示了道德的起源，认为道德产生于人类的历史发展和人们的社会实践中。马克思主义认为，道德作为人类社会特有的现象，不是神的意志，也不是人主观自发的，而是人类社会发展的需要，以往的一切道德归根到底都是当时社会经济状况的产物。

首先，劳动是道德起源的历史前提。劳动创造了道德主体（人本身），劳动创造道德需要（社会关系），提供了道德产生和发展的动力。社会分工的出现和发展是道德从萌芽到形成的关键。分工使个体在生产过程中的作用得到提高，个人意识增强，劳动者之间的联系与协作也随之加强，出现了个人与个人，个人与整体间的矛盾，于是便产生了调节这些矛盾的自觉要求，逐步形成维护整体的道德义务观念，最终形成了道德意识和道德规范。

其次，社会关系是道德形成的客观条件。人类的道德生活本质上是对人们社会关系的认识和反映，道德的产生必须以人类社会关系的形成为前提。马克思认为，任何一个确定的现实的人，都处于一定的社会关系中，而且个人的主观意识无法摆脱他所处的各种社会关系。人们的道德观念便是这种社会关系的反映。在各种错综复杂的社会关系中，最基本的并且决定其他社会关系的是经济关系。人们总是自觉或不自觉地从自己所处的经济关系中吸取自己的道德观念。由于利益是人们所处的社会经济关系的首要表现形态，所以也可以理解为利益是道德的基础。道德主体就是要通过其规范的制定来维护一定的经济关系，协调一定经济关系之下的利益冲突，进而维护社会秩序。

最后，人类自我意识的形成和发展是道德起源的主观条件。道德不是由任何外在的力量强加于人的规则或戒律，而是自律的行为准则和精神境界的追求。自我意识的产生，是人把自身与动物区别开来的重要标志。当人开始意识到自己作为社会成员与动物的根本区别，意识到自己与他人或集体的关系以及如何去调节这种关系时，作为自觉意识和人类精神自律的道德才能得以产生，也只有在主体自觉自律的情况下才产生作用。

（二）道德的本质

本质指的是某事物最根本的属性、事物的内部联系，是一事物区别于其他事物的特殊的质的规定。马克思主义道德理论认为道德的本质体现为：

第一，道德是社会经济关系的产物和反映，是由社会经济基础决定的，并为一定社会的经济基础服务。首先，社会经济关系的性质决定着各种道德体系的历史类型和性质。社会经济关系所表现出来的利益决定着各种道德的基本原则和主要规范。其次，在阶级社会中，社会经济关系主要表现为阶级关系，因此，道德也必然带有阶级属性。再次，社会经济关系的变化和发展必然引起道德的相应变化与发展。如：封建社会的经济基础决定和产生封建社会的道德，资本主义社会的经济制度产生资本主义社会的道德。最后，道德一经产生便具有相对独立性。道德自身具有历史继承性，旧的道德不会立即随着社会经济基础的变更而消失，尤其是人类的传统美德因其维护社会秩序、教化风尚的作用而被世代传承。同时，道德的相对独立性还表现在道德对于社会经济关系和其他上层建筑的能动作用上。进步的道德促进经济社会的发展，落后的道德制约、阻碍经济社会的发展。道德除了受经济基础决定外，还受到其他社会因素的制约和影响，如科学技术、政治、法律、教育、艺术、宗教等其他上层建筑等。同时，道德也会以自己的方式对这些意识形态产生作用。

第二，道德是社会利益关系的特殊调节方式。首先，道德规范是人们在共同生活、长期实践中约定俗成的。道德是一种非强制性的，依赖于主体自觉、自律的行为规范。其次，道德的规范约束功能，不同于法律和其他行为规范的制裁功能。道德的规范约束是通过社会舆论、传统习俗和内心信念等手段，以唤起人们的良知和羞耻感、内疚感，从而实现自我控制和社会控制的理性目标。社会舆论作为一种现实伦理力量，具有无孔不入的渗透性，它形成的某种道德氛围无形中影响、制约着每个社会成员的言行。人们在长期共同生活中积淀而成的传统习俗也因其承载的价值共识和巨大的惯性力量，控制和影响着人们的心理和行为。社会舆论和传统习俗是非制度化的外在的约束力量，而内心信念则是道德主体将外在要求转化为内心命令的结果。人们只有内心形成了稳定的善恶观念和情感并坚信不疑，才会在行动中自觉遵从社会道德，尽到对他人和社会的责任和义务。

第三，道德是一种实践精神，在本质上是知行合一的。道德的特殊性还在于，它是以实践-精神的方式来把握世界的，它不仅是一种社会意识和一套行为规范，而且是一种精神化了的行为实践。作为社会意识形态，道德的作用不是被动地反映世界，而是基于人的需要，基于一定的价值观来改造世界。当人们以某种善恶是非标准来指导自己的行为，或者评价他人的行为及社会现象时，就进入了道德领域，成为道德责任的承担者，道德准则的践行者。在道德实践中，人们又深化道德认知、激发道德理想，通过"应然"与"实然"的不断转化、升华，提升个人道德境界、推动社会道德进步。

二、怎样理解为人民服务是社会主义道德的核心？

为什么人服务的问题是道德的核心问题，决定并体现着道德的根本性质和发展方向，规定并制约着道德领域中的所有道德现象。为人民服务是中国共产党人把马克思主义基本原理与中国革命、建设、改革的具体实践相结合的伟大创造。为人民服务，不仅是坚持历史唯物主义的必然要求，是中国共产党践行的根本宗旨，也是社会主义道德观的集中体现，是全体中国人民共同遵循的道德要求。以为人民服务作为社会主义道德的核心，也是社会主义道德区别和优越于其他社会形态道德的显著标志。

第一，为人民服务是社会主义经济基础和人际关系的客观要求。首先，社会主义的经济基础是以公有制为主体的多种所有制经济共同发展的经济制度，以按劳分配为主体、多种分配方式并存的分配制度，人民是国家的主人。这些不仅对道德以为人民服务为核心提出了客观要求，而且也使它有了坚实的社会经济基础。社会主义道德建设作为社会主义经济的客观要求，无论任何时候都不能忽视最广大人民群众的最大利益。所以，为人民服务既是我国社会主义经济制度的要求，也同我国社会主义民主政治的发展相一致。其次，在社会主义社会，每个劳动者和建设者都在为社会、为他人同时也是为自己而劳动和工作。各行各业的劳动者和建设者，只是社会分工不同，没有高低贵贱之分。权利和义务不再分属于两个对立的阶级，而是统一于人民自己身上，每个人都是服务对象，又都为他人服务，全体人民通过社会分工和相互服务来实现共同利益。在我国，以公有制为主体和以按劳分配为主体，是为人民服务的根本制度保证，在此基础上逐步形成的团结互助、平等友爱、共同进步的人际关系，是为人民服务的基础。

第二，为人民服务是社会主义市场经济健康发展的要求。在市场经济条件下，市场主体必须通过为社会和他人提供一定数量和质量的产品，建立满足社会和他人需求的良好信誉，来获取自身的利益。换句话说，市场经济不仅不排斥为社会和他人服务，而且需要通过服务甚至优质服务，才能实现市场主体自己的利益。这一点说明，为人民服务与市场经济并不是必然对立的。但笼统地讲市场经济要求为人民服务是不正确的。市场经济主体的趋利性导致的为他人和社会服务的行为，并不是一种自觉的道德选择。作为社会主义道德核心的为人民服务，不仅要求人们在一切经济活动中正确处理个人与社会、竞争与协作、效率与公平、先富与共富、经济效益与社会效益等关系，形成健康有序的经济和社会生活规范，更强调社会主义市场经济的主体应自觉地把自身的特殊利益同国家和人民的共同利益结合起来，在服务社会、服务人民大众的同时，获得自身的发展。

第三，为人民服务是先进性要求和广泛性要求的统一。为人民服务，既伟大又平凡，既高尚又普通，它并非高不可攀、远不可及，而是可以通过不同层次、不同形式表现出来。在今天，为人民服务可以体现为毫不利己、专门利人、无私奉献的高尚品德；也可以体现在顾全大局、先公后私、爱岗敬业、办事公道的敬业精神之中；还体现在人与人之间互相关心、互相爱护、互相帮助，以及热心公益、助人为乐、见义勇为、扶贫帮困、扶残助残等善举之中；做一个遵纪守法的公民，做一名诚实守信的劳动者，也是在践行为人民服务。这就是列宁所提出的"我为人人，人人为我"，每个人都可以用自己的道德行为服务他人、贡献社会。

三、怎样理解集体主义是社会主义道德的原则？

集体主义是社会主义道德的原则。在我国，国家利益、社会整体利益和个人利益根本上的一致性，使得集体主义应当而且能够在全社会范围内贯彻实施。长期以来，集体主义已经成为调节国家利益、社会整体利益和个人利益关系的基本原则。

第一，集体主义强调国家利益、社会整体利益和个人利益的辩证统一。在社会中，集体和个人是不能分割的。人的社会属性决定了个人不能脱离集体而存在；而集体不是抽象的，是由个体集合而成的。在社会主义社会中，国家利益、社会整体利益和个人利益也是不能分割的。国家利益、社会整体利益中体现着个人根本的、长远的利益，是全体社会成员共同利益的统一。同时，每个人的正当利益，又都是国家利益、社会整体利益不可分割的组成部分。国家社会的兴衰与个人利益得失息息相关。在现实生活中，国家利益、社会整体利益和个人利益是相辅相成的，不是必然对立的，不能靠损害一方来发展另一方，而是要力求做到共同发展、相互增益、相得益彰。这是以集体主义作为社会主义道德原则的根本目的所在。

第二，集体主义强调国家利益、社会整体利益高于个人利益。在实际生活中，个人利益和国家利益、社会整体利益难免会发生矛盾。集体主义强调，在个人利益与国家利益、社会整体利益发生矛盾冲突，尤其是发生激烈冲突的时候，必须坚持国家利益、社会整体利益高于个人利益的原则，即个人应当以大局为重，使个人利益服从国家利益、社会整体利益，在必要时牺牲自我的暂时利益、部分利益以维护长远的、根本的利益。集体主义要求个人为国家、社会作出牺牲并不是任意的，只有在不牺牲个人利益就不能保全国家利益、社会整体利益的情况下，才要求个人为国家利益、社会整体利益作出牺牲。社会主义集体主义之所以强调个人利益要服从国家利益、社会整体利益，归根到底，既是为了维护国家、社会的共同利益，最终也是为了维护个人的根本利益和长远利益。

第三，集体主义重视和保障个人的正当利益。集体主义促进和保障个人正当利益的实现，使个人的才能、价值得到充分的发挥，这不但与集体主义不矛盾，而且正是集体主义思想的应有之义。马克思说："只有在集体中个人才能获得全面发展，才可能有个人自由。"那种把集体主义看作是对个人的压制、是对个性的束缚的思想，是对集体主义的曲解。事实上，真实的集体能为培养个人的健全人格、鲜明个性和创新精神提供舞台和保障。只有个人的价值、尊严得到实现，个人的正当利益得到保证，集体才能有更强大的生命力和凝聚力。集体主义重视个人利益的实现，这是毫无疑义的，但这并不等于说，任何个人不分场合不分时间的利益需求，都应该无条件得到满足。社会主义集体主义所重视和保障的是个人的正当利益，而不是任何性质的个人利益，对于损人利己、损公肥私的行为，集体主义不但不保护，而且强烈反对和禁止。

四、如何推动中华传统美德的创造性转化与创新性发展？

中华传统美德，是指中华五千年历史流传下来的，具有深远影响的，在当代仍有价值，可以世代传承下去的优秀道德遗产。中华传统美德是中华文化的精髓，蕴含着十分丰富的思想道德资源。习近平指出："中华民族在长期实践中培育和形成了独特的思想理念和道德规范，有崇仁爱、重民本、守诚信、讲辩证、尚和合、求大同等思想，有自强不息、敬业乐群、扶正扬善、扶危济困、见义勇为、孝老爱亲等传统美德。中华优秀传统文化中很多思想理念和道德规范，不论过去还是现在，都有其永不褪色的价值。"2014年4月5日，习近平在主持十八届中央政治局第十二次集体学习时首次提出了要"努力实现中华传统美德的创造性转化、创新性发展"的思想。"创造性转化"和"创新性发展"既是认识论又是方法论，既有要求又有举措，是对待传统文化的"古为今用""有扬弃的继承"方针的最新表述和发展。

由于历史的局限性，中国传统道德具有鲜明的两重性。既具有属于精华的部分即传统美德，也有属于糟粕的部分。中华传统道德的"创造性转化"与"创新性发展"，是指以辩证唯物主义和历史唯物主义为方法论原则，以中华传统美德为资源，以创造与创新为手段，以转化发展为动力，使中华传统美德的优秀基因与时代相结合，不断赋予新的时代内涵和现代表达形式，使中华传统美德与社会主义道德建设相适应、与现代社会发展相协调，实现中华传统美德的现代转型与提升超越，实现中华传统美德的现代化。

推动和实现中华传统美德创造性转化与创新性发展，必须落实到具体的行动中。

首先，要加强对中华传统美德的挖掘和阐发。中华传统道德资源十分丰富和复杂，精华与糟粕相互交织，它们都是历史的产物，不可避免受到当时人们的认识水平、时代条件、社会制度的局限性的制约影响。要实现创造性转化，就必须运用历史唯物主义和唯物辩证法对其进行科学分析与鉴别，正确取舍，剔除其中陈旧落后、保守消极的内容，发掘其中积极进步的部分。要以社会主义核心价值观为指导，对传统道德的内容、观点进行新的诠释和激活，赋予其时代内涵，使传统美德焕发出新的生命力。

其次，用中华传统美德滋养社会主义道德建设。所谓创新性发展，就是要从新时代中国特色社会主义建设事业的要求出发，将传统美德蕴含的积极的伦理思想和丰富道德资源融入社会主义道德建设之中，推陈出新、古为今用，赋予社会主义道德以鲜明的民族特色。要充分发挥传统美德根植深厚、源远流长、深入人心的优势，借用人民大众熟悉的传播、教化方式和有效载体，将传统美德的化育功能与现实生活结合起来，推进社会主义道德原则、规范和要求的宣传、教育和践行，为中国特色社会主义事业提供精神支撑和思想保障。

在对待传统道德问题上，存在"复古论"和"虚无论"两种错误倾向，这两种错误观点形式看似不同，但实质上都是将道德的历史与发展对立起来。我们既要反对刻意拔高传统、墨守成规的文化复古主义，也要反对全盘否定传统的历史虚无主义，坚持马克思主义唯物史观和辩证法的立场和原则，坚持有鉴别的对待、有扬弃的继承。

五、如何认识中国革命道德的当代价值？

中国革命道德是指中国共产党人、人民军队、一切先进知识分子和人民群众在中国革命、建设和改革中所形成的优秀道德。它是马克思主义与中国革命、建设、改革的伟大实践相结合的产物，是对中华传统美德的继承和发展，是中华民族极其宝贵的精神财富。

中国革命道德萌发于五四运动前后、中国共产党成立后的工人运动和农民运动，经过土地革命战争、抗日战争、解放战争时期及社会主义革命建设时期的发展，逐渐形成并不断发扬光大。改革开放以来，在建设中国特色社会主义的新时期，中国革命道德在社会主义精神文明建设中发挥了特别重要的作用。

中国革命道德是一种崭新的道德，具有丰富而独特的内涵。主要内容有：第一，为实现共产主义理想而奋斗的道德理想和道德信念。第二，全心全意为人民服务，这是中国共产党的宗旨，也是贯穿革命道德的一根红线，是革命道德的核心。第三，始终把革命利益放在首位。在个人利益与革命利益发生矛盾时，要求始终把革命利益放在首位，"以人民利益为第一生命，以个人利益服从革命利益"。第四，破除封建旧道德，树立社会新风，建立新型人际关系。第五，革命道德高度重视个人道德修养，要求党员、干部和每一位革命者自觉加强自身道德修养，保持革命气节，不断陶冶情操，以高尚的人格力量为群众做出表率。

中国革命道德在今天依然有着重要的意义和价值：

第一，弘扬中国革命道德，有利于加强和巩固社会主义和共产主义的理想和信念。共产主义既是无数革命者追求的社会理想，也是他们终身追求的道德境界。没有这种理想信念，中国革命不会成功，社会主义建设和改革事业不可能取得举世瞩目的成就。实现中华民族伟大复兴的中国梦，需要大力弘扬革命道德，使全国人民坚定共同理想，树立远大理想，朝着共同的目标努力奋斗。

第二，弘扬中国革命道德，有利于培育和践行社会主义核心价值观。正确的道德观和价值观对社会精神文明都起着重要作用。中国革命道德是社会主义核心价值观的重要思想来源。革命道德中的以人民利益为出发点，全心全意为人民服务，追求平等尊重、团结互助、诚信友善的新型人际关系，强调自我修养等，为社会主义核心价值观的形成奠定了道德价值基础。继承和弘扬革命道德，有助于人们深刻理解社会主义核心价值观的内涵和历史底蕴。

第三，弘扬中国革命道德，能够引导人们树立正确的道德观。随着"四个全面"的深入推进，改革进入深水区，人们将面临更多利益冲突和复杂的社会矛盾，发扬光大革命道德，有助于人们正确认识和对待个人利益与国家、社会利益的关系，有助于人们正确认识物质文明和精神文明的关系，有助于把握改革的正确方向，有助于社会的和谐稳定。

第四，弘扬中国革命道德，有利于形成良好的社会道德风尚。加强对党员、干部的中国革命道德教育，可以全面筑起拒腐防变的理性长城，使他们时刻牢记全心全意为人民服务的宗旨，发扬艰苦创业、无私奉献的精神，抵制形形色色的诱惑和各种腐朽落后思想的侵蚀。加强对社会成员的革命道德教育，有助于人们正确认识社会现实中存在的道德问题，树立正确的道德观，分清善恶是非。加强对青少年的中国革命道德教育，能够使他们从革命前辈和先进人物的道德榜样中汲取精神营养，成为良好社会风尚的促进者、引领者。

六、当代公共生活有哪些特征？公共生活为什么需要公共秩序？

公共生活是指人们在公共领域里的活动，一般来说，公共生活具有开放性、透明性和与他人的联系性等特点。由于经济的发展、科学技术的进步为人们参与社会公共生活提供了各种有利条件，使得当今公共生活的领域更为广阔，公共生活的重要性更加凸显。公共生活具有以下四个方面的特征：

一是活动范围的广泛性。公共生活的场所和领域不断扩展、空间不断扩大，特别是网络使公共生活进一步扩展到虚拟世界。二是活动内容的开放性。公共生活是在社会成员共同参与、共同创造的公共空间中进行的，它涉及的活动内容是开放的。三是交往对象的复杂性。随着科学技术的迅猛发展，人们在公共生活中的交往对象不再局限于熟识的人，而是进入公共场所的任何人，这就增加了人际交往信息的不对称性和行为后果的不可预期性。四是活动方式的多样性。当代社会的发展使人们的生活方式发生了新的变化，人们可以根据自身的需要及年龄、兴趣、职业、经济条件等因素，选择和变换参与公共生活的具体方式。

公共生活需要公共秩序。秩序是由社会生活中的规范来制约和保障的，公共秩序是由一定规范维系的人们公共生活的一种有序化状态，如工作秩序、教学秩序、交通秩序、娱乐秩序、网络秩序等。公共生活领域越扩大，对公共秩序的要求就越高。有序的公共生活是社会生产活动的重要基础，是提高社会成员生活质量的基本保障，更是社会文明的重要标志。

七、大学生应当树立怎样的择业观和创业观？

就业是每个大学生都要面临的现实问题。树立正确的择业观和创业观，对于大学生顺利走进职业生活具有重要的现实意义。

第一，树立崇高的职业理想。职业活动是个体谋生的方式和手段，但职业对于人来说并非只有工具的意义，它还具有更丰富、更深刻的人生内涵，它是个人奉献社会、完善自身的必要条件。因此，不应单纯地把职业看成是谋生的手段，更应该把职业视为一生所追求的事业。树立崇高的职业理想，不仅是为了拓展职业的价值领域，更是为了提升人生价值的境界。

第二，服从社会发展的需要。择业和创业固然要考虑个人的兴趣和意愿，同时也要充分考虑现实的可能性和社会的需要，把自己对职业的期望与社会的需要、现实的可能结合起来。大学生应该积极响应国家号召，适应社会发展需求，面向基层、面向国家建设第一线去选择自己未来的职业，在国家最需要的地方建功立业，为经济社会发展贡献智慧和力量。

第三，做好充分的择业准备。素质是立身之基，技能是立业之本。大学生有了真才实学，才能在未来适应多种岗位。择业意味着双向选择，因此，在大学学习期间，要努力学习科学文化知识，练就过硬本领，不断提高自身素质和能力，才能在未来激烈的就业竞争中获得优势。大学生还应通过专业学习培养敬业精神、工匠精神，无论将来从事何种职业，在何种岗位上劳动，只要兢兢业业、精益求精，就一定能够造就闪光的人生。

第四，培养创业的勇气和能力。创业是通过发挥自己的主动性和创造性，开辟新的工作岗位、拓展职业活动范围、创造新业绩的实践过程。择业是起点，创业是追求，在就业压力增大的情况下，有强烈的创业意识和充分准备的人，能获得更多发展机会。因此，大学生要有积极创业的思想准备，积极关注经济社会发展的趋势，了解国家鼓励大学生自主创业的有关政策，为未来自主创业奠定坚实的基础。创业艰苦磨难多，要有敢于创业、迎接挑战的勇气，破除依赖心理和胆怯心理，在实践中增长才干、成就事业、贡献社会，这是当代大学生应有的精神品质和时代风貌。

八、爱情的本质是什么？大学生应树立怎样的恋爱观？

爱情是男女双方基于一定的社会基础和共同的生活理想，在各自内心形成的相互倾慕并渴望对方成为自己终身伴侣的一种强烈、纯真、专一的感情。爱情是人的自然属性与社会属性相统一的产物，而社会属性是人类爱情的本质属性。爱情关系是一种社会关系，必然受到社会各种因素如道德、文化、法律、经济、政治等的影响制约。

恋爱是指男女双方培养爱情的过程或在爱情基础上进行的相互交往活动。恋爱是建立幸福婚姻家庭的前奏，处理好恋爱中的各种关系，是对爱情的祝福，也是对自己的祝福，更是对未来人生幸福的祝福。

第一，不能误把友谊当爱情。在与异性的交往中，学会准确区分友谊与爱情两种性质不同的感情体验，理智地把握好友谊与爱情的界限。

第二，不能错置爱情的地位。人生是丰富多彩的，在每个阶段都有不同的发展任务。有的人把爱情视为人生最高的甚至唯一的追求，奉行爱情至上主义。这样的恋爱观，是对人生目标的误解，这对需要将主要精力用于学习上的大学生来说危害尤大。鲁迅先生曾经忠告青年：不能"只为了爱——盲目的爱，而将别的人生要义全盘疏忽了"。

第三，不能片面或功利化地对待恋爱。爱情是人类最美好的情感，真正的爱情是建立在双方志同道合、拥有共同的人生理想和追求的思想基础之上，蕴含着平等、尊重、责任等道德要求。脱离现实的幻想，一味追求外在形象，只看重对方的经济条件，或者试图借恋爱摆脱孤独寂寞，等等，诸如此类的恋爱动机和方式，都无法产生真挚的感情，也得不到真正的爱情。

第四，不能只重过程不顾后果。有学者认为，性爱、理想和责任是构成爱情的三个基本要素。其中，责任是爱情得以长久的重要保障，是坚贞爱情的试金石。自愿担当的责任，丰富了爱情的内涵，提升了爱情的境界。承担责任一方面表现为，无论对方处在顺境还是逆境，是富裕还是贫困，是健康还是伤病，都要信守承诺，不离不弃。另一方面，对待爱情严肃认真，为自己的选择负责，勇于担当，无怨无悔。承担需要行动的自觉性，责任体现在日常生活的点点滴滴中。若把爱情当成游戏，既会伤害对方，也会伤及自己。

第五，不能因失恋而迷失人生方向。恋爱过程是恋爱双方互相沟通、熟悉和情感协调的过程，恋爱成功与失败都是正常现象。大学生应该正确对待失恋，做到失恋不失志，失恋不失德，不影响学业和生活，不丧失对爱的憧憬和追求。

树立正确的恋爱观，还要处理好这样几种关系：一是恋爱与学习的关系。学习是大学生的主要任务，大学生应把爱情作为奋发学习的动力，同时还应把是否有利于促进学习作为衡量爱情价值的一个重要而特殊的标准。二是恋爱与关心集体的关系。恋爱中的双方不应把自己禁锢在两个人的世界中。脱离集体，疏远同学，会妨碍自身的全面发展与进步。三是恋爱与关爱他人和社会的关系。爱的情感丰富博大，只专注于对恋人的爱而忽视对他人和社会的爱，这样的爱情就会显得自私和庸俗；相反，对他人和社会具有爱心则会使爱情变得高尚和稳固。

九、大学生如何通过参与道德实践引领社会风尚？

"纸上得来终觉浅,绝知此事要躬行。"高尚道德品格的形成重在实践,贵在坚持。大学生投身崇德向善的道德实践,就要自觉加强道德修养,向道德模范学习,培养志愿服务精神,大力弘扬时代新风。

第一,掌握道德修养的正确方法。道德修养作为人类道德实践活动的重要形式之一,是指个体自觉地将一定社会的道德规范、准则及要求内化为内在的道德品质,以促进人格的自我陶冶、自我培育和自我完善的实践过程。加强道德修养、提升个人品德,应借鉴历史上思想家们所提出的学思并重、省察克治、慎独自律、知行合一、积善成德等各种积极有效的方法,并结合当今社会发展的需要身体力行,不断提高自己的道德素质和精神境界。

第二,向道德模范学习。道德模范主要是指思想和行为能够激励人们不断向善且为人们所崇敬、模仿的先进人物。道德模范既包括在一定社会道德实践中涌现的符合特定道德理想类型的人物,又包括人们日常生活中能够近距离感受的具有积极道德影响的普通人。学习道德模范的高尚品格和先进事迹,有利于提升全体社会成员的道德素质和社会整体道德水平。大学生应自觉向道德模范学习,见贤思齐、崇德向善,争做崇高道德的践行者、文明风尚的维护者、美好生活的创造者。

第三,参与志愿服务活动。志愿服务是指志愿贡献个人的时间及精力,在不求任何物质报酬的情况下,为改善社会、促进社会进步而提供的服务。志愿服务的精神是奉献、友爱、互助、进步。其中,奉献精神是精髓。参与志愿服务活动,一方面帮助了他人、服务了社会,推动了社会道德水平的提高;另一方面,也把为社会和他人的服务看作是自己应尽的义务和光荣的职责,从服务社会和帮助他人中获得成就感和幸福感。在我国,大学生已经成为志愿服务的生力军,志愿服务成为大学生参与社会实践、成长成才的重要舞台,成为大学生关爱他人、传播青春正能量的重要途径。

第四,积极引领社会风尚。良好的社会风尚是在社会成员共同倡导和实践中形成的。大学生投身崇德向善的道德实践,要弘扬真善美、贬斥假恶丑,做社会主义道德的示范者和引领者,促成知荣辱、讲正气、作奉献、促和谐的社会风尚。

党的二十大报告(节选)

……

中华优秀传统文化源远流长、博大精深,是中华文明的智慧结晶,其中蕴含的天下为公、民为邦本、为政以德、革故鼎新、任人唯贤、天人合一、自强不息、厚德载物、讲信修睦、亲仁善邻等,是中国人民在长期生产生活中积累的宇宙观、天下观、社会观、道德观的重要体现,同科学社会主义价值观主张具有高度契合性。

……

实施公民道德建设工程,弘扬中华传统美德,加强家庭家教家风建设,加强和改进未成年人思想道德建设,推动明大德、守公德、严私德,提高人民道德水准和文明素养。统筹推动文明培育、文明实践、文明创建，推进城乡精神文明建设融合发展，在全社会弘扬劳动精神、奋斗精神、奉献精神、创造精神、勤俭节约精神，培育时代新风新貌。加强国家科普能力建设，深化全民阅读活动。完善志愿服务制度和工作体系。弘扬诚信文化，健全诚信建设长效机制。发挥党和国家功勋荣誉表彰的精神引领、典型示范作用，推动全社会见贤思齐、崇尚英雄、争做先锋。

新时代公民道德建设实施纲要（节选）

中共中央 国务院

一、总体要求

要以习近平新时代中国特色社会主义思想为指导，紧紧围绕进行伟大斗争、建设伟大工程、推进伟大事业、实现伟大梦想，着眼构筑中国精神、中国价值、中国力量，促进全体人民在理想信念、价值理念、道德观念上紧密团结在一起，在全民族牢固树立中国特色社会主义共同理想，在全社会大力弘扬社会主义核心价值观，积极倡导富强民主文明和谐、自由平等公正法治、爱国敬业诚信友善，全面推进社会公德、职业道德、家庭美德、个人品德建设，持续强化教育引导、实践养成、制度保障，不断提升公民道德素质，促进人的全面发展，培养和造就担当民族复兴大任的时代新人。

——坚持马克思主义道德观、社会主义道德观，倡导共产主义道德，以为人民服务为核心，以集体主义为原则，以爱祖国、爱人民、爱劳动、爱科学、爱社会主义为基本要求，始终保持公民道德建设的社会主义方向。

——坚持以社会主义核心价值观为引领，将国家、社会、个人层面的价值要求贯穿到道德建设各方面，以主流价值建构道德规范、强化道德认同、指引道德实践，引导人们明大德、守公德、严私德。

——坚持在继承传统中创新发展，自觉传承中华传统美德，继承我们党领导人民在长期实践中形成的优良传统和革命道德，适应新时代改革开放和社会主义市场经济发展要求，积极推动创造性转化、创新性发展，不断增强道德建设的时代性实效性。

——坚持提升道德认知与推动道德实践相结合，尊重人民群众的主体地位，激发人们形成善良的道德意愿、道德情感，培育正确的道德判断和道德责任，提高道德实践能力尤其是自觉实践能力，引导人们向往和追求讲道德、尊道德、守道德的生活。

——坚持发挥社会主义法治的促进和保障作用，以法治承载道德理念、鲜明道德导向、弘扬美德义行，把社会主义道德要求体现到立法、执法、司法、守法之中，以法治的力量引导人们向上向善。

——坚持积极倡导与有效治理并举，遵循道德建设规律，把先进性要求与广泛性要求结合起来，坚持重在建设、立破并举，发挥榜样示范引领作用，加大突出问题整治力度，树立新风正气、祛除歪风邪气。

要把社会公德、职业道德、家庭美德、个人品德建设作为着力点。推动践行以文明礼貌、助人为乐、爱护公物、保护环境、遵纪守法为主要内容的社会公德，鼓励人们在社会上做一个好公民；推动践行以爱岗敬业、诚实守信、办事公道、热情服务、奉献社会为主要内容的职业道德，鼓励人们在工作中做一个好建设者；推动践行以尊老爱幼、男女平等、夫妻和睦、勤俭持家、邻里互助为主要内容的家庭美德，鼓励人们在家庭里做一个好成员；推动践行以爱国奉献、明礼遵规、勤劳善良、宽厚正直、自强自律为主要内容的个人品德，鼓励人们在日常生活中养成好品行。

二、重点任务

1. 筑牢理想信念之基。人民有信仰，国家有力量，民族有希望。信仰信念指引人生方向，引领道德追求。要坚持不懈用习近平新时代中国特色社会主义思想武装全党、教育人民，引导人们把握丰富内涵、精神实质、实践要求，打牢信仰信念的思想理论根基。在全社会广泛开展理想信念教育，深化社会主义和共产主义宣传教育，深化中国特色社会主义和中国梦宣传教育，引导人们不断增强道路自信、理论自信、制度自信、文化自信，把共产主义远大理想与中国特色社会主义共同理想统一起来，把实现个人理想融入实现国家富强、民族振兴、人民幸福的伟大梦想之中。

2. 培育和践行社会主义核心价值观。社会主义核心价值观是当代中国精神的集中体现，是凝聚中国力量的思想道德基础。要持续深化社会主义核心价值观宣传教育，增进认知认同、树立鲜明导向、强化示范带动，引导人们把社会主义核心价值观作为明德修身、立德树人的根本遵循。坚持贯穿结合融入、落细落小落实，把社会主义核心价值观要求融入日常生活，使之成为人们日用而不觉的道德规范和行为准则。坚持德法兼治，以道德滋养法治精神，以法治体现道德理念，全面贯彻实施宪法，推动社会主义核心价值观融入法治建设，将社会主义核心价值观要求全面体现到中国特色社会主义法律体系中，体现到法律法规立改废释、公共政策制定修订、社会治理改进完善中，为弘扬主流价值提供良好社会环境和制度保障。

3. 传承中华传统美德。中华传统美德是中华文化精髓，是道德建设的不竭源泉。要以礼敬自豪的态度对待中华优秀传统文化，充分发掘文化经典、历史遗存、文物古迹承载的丰厚道德资源，弘扬古圣先贤、民族英雄、志士仁人的嘉言懿行，让中华文化基因更好植根于人们的思想意识和道德观念。深入阐发中华优秀传统文化蕴含的讲仁爱、重民本、守诚信、崇正义、尚和合、求大同等思想理念，深入挖掘自强不息、敬业乐群、扶正扬善、扶危济困、见义勇为、孝老爱亲等传统美德，并结合新的时代条件和实践要求继承创新，充分彰显其时代价值和永恒魅力，使之与现代文化、现实生活相融相通，成为全体人民精神生活、道德实践的鲜明标识。

4. 弘扬民族精神和时代精神。以爱国主义为核心的民族精神和以改革创新为核心的时代精神，是中华民族生生不息、发展壮大的坚实精神支撑和强大道德力量。要深化改革开放史、新中国历史、中国共产党历史、中华民族近代史、中华文明史教育，弘扬中国人民伟大创造精神、伟大奋斗精神、伟大团结精神、伟大梦想精神，倡导一切有利于团结统一、爱好和平、勤劳勇敢、自强不息的思想和观念，构筑中华民族共有精神家园。要继承和发扬党领导人民创造的优良传统，传承红色基因，赓续精神谱系。要紧紧围绕全面深化改革开放、深入推进社会主义现代化建设，大力倡导解放思想、实事求是、与时俱进、求真务实的理念，倡导"幸福源自奋斗""成功在于奉献""平凡孕育伟大"的理念，弘扬改革开放精神、劳动精神、劳模精神、工匠精神、优秀企业家精神、科学家精神，使全体人民保持昂扬向上、奋发有为的精神状态。

……………

（来源：新华社，新华网，2019年10月27日）

 学者论坛

弘扬传统美德　创建美好生活

张红霞

党的二十大报告指出,"实施公民道德建设工程,弘扬中华传统美德"。中华传统美德是中华优秀传统文化的核心内容,蕴含丰富的道德哲思与实践智慧,它既关注道德理念形塑,教导人们崇德向善;又注重道德行为践履,要求人们进行道德实践。弘扬中华传统美德,提高人民道德水准和文明素养,有助于在大众心里播下崇尚真善美的思想火种,指引、规约和激励人们积极创建美好生活,为实现物质文明和精神文明相协调、人与自然和谐共生的现代化贡献智慧。

凝聚创建美好生活的价值共识

美好生活是道德主体在深入洞悉、深刻感受社会生活后进行的道德选择,这背后离不开系统化的道德理论支撑。人不仅要生活,而且要追求好生活,这种"好"也体现在道德意义上的"好"。道德是人们完善社会生活不可或缺的精神力量,是评判社会生活是否美好的价值尺度和重要标准。可见,美好生活也是人类生活的伦理性追求,是经过充分理性反思、合乎道德要求的理想生活范式,是与人的伦理追求和价值实现息息相关的生活选择。因此,道德成为人们创建美好生活的核心确证要素,美好生活建设需要道德的支撑。

中华传统美德中蕴含丰富的"德性"思想,其崇德理念贯穿个人、社会、国家等层面,成为中华民族重要的共同价值信仰,不断助益人们凝聚创建美好生活的价值共识。在个人层面,中华传统美德讲究由"内圣"而"外王",把完善内在人格看作成就事功的先决条件,有助于提升建设美好生活的"内功"。如《左传》在论证何谓"不朽"时,将"立德"置于首位,谓"太上有立德,其次有立功,其次有立言,虽久不废,此之谓不朽"。在社会层面,传统美德推崇"乐群""贵和"等公德,这有助于把个体凝聚成"好"的社会共同体,在"好"的社会共同体下培养出更具德性的公民,从而在相互促进中实现更好的道德治理局面。个体自由而全面的发展,实现德福一致,既是美德伦理的初衷,也是美好生活建设的终极目标。中华优秀传统文化倡导德主刑辅的治国理念,这有助于凝聚共识、增强民族向心力。孔子有言,"为政以德,譬如北辰,居其所而众星共之""故远人不服,则修文德以来之"。创建美好生活需要一个共性的价值理念作为精神引领,才能构筑出"心连心、同呼吸、共命运"的共同体意识。我国是一个多民族国家,传统美德的"德性"价值理念如一条无形的纽带将个人、社会、国家和民族串联起来,并成为中华民族鲜明的价值标识。这种美德价值的共识与共享不仅是对社会规范伦理和良好政治理念的诉求,还是对几千年中华文化与文明的回响,更是对美好生活的向往和追求。

增强创建美好生活的内生动力

美好生活建设并非"纸上谈兵",而是要在人们的现实生活中谋划、建设。中华传统美德具有强烈的现实观照意识,能够更好满足美好生活建设的实践指导需要。中华传统美德生

发于人们的日常生活中，它是针对一时一事何者当为、惯为的具体性和日常性规范。这种规范能指导人们的具体实践、在主体间产生"将心比心""推己及人"的共感与共识，从而得到人们广泛而深刻的认同。同时，中华传统美德强调"知行合一"，认为人并非生而成人，而是经过实际生活中的伦理日用而生成的，即人的成长和完善主要在日常生活中得以实现。因此，中华传统美德在某种程度上说是一种"生活美德"。无论是形而上的美德哲学思考，还是形而下的美德行为规范，都体现出传统美德鲜明的现实指向性，这让传统美德充满着生活与实践气息，能够为美好生活建设提供更多切实可行的实践指导意见。

创建美好生活离不开广大人民群众的实践和奋斗。中华传统美德蕴含的进取精神，能够激发人们创建美好生活的实践斗志，"发愤忘食，乐以忘忧，不知老之将至云尔""天行健，君子以自强不息"体现奋发图强的意志，"苟日新，日日新，又日新"内蕴追求进步与创新的思维，"学而不思则罔，思而不学则殆"重视勤学善思的习惯等，都强调人的主体性，指明人能用自我意志约束言行，并用自己的实际行动逐梦和圆梦。"赖其力者生，不赖其力者不生。"中华民族历来提倡通过"思考创造"的脑力和"耕稼纺织"的体力来创造美好生活。习近平总书记指出，"人世间的美好梦想，只有通过诚实劳动才能实现；发展中的各种难题，只有通过诚实劳动才能破解；生命里的一切辉煌，只有通过诚实劳动才能铸就"。弘扬中华传统美德，要坚持把美好生活的创建与人民群众的劳动创造紧密相连，帮助人们树立劳动最光荣、最崇高、最伟大、最美丽的观念，进一步激发人们的劳动热情和创造潜能，激发全体社会成员的奋斗精神，使每个人都成为推进共同富裕的建设者、奋斗者和受益者，进而使人人勇于开拓进取，向着共同富裕的目标更加积极主动作为，用勤劳的双手创造更丰富的物质财富和精神财富，共同创造美好生活和光明未来。

培育创建美好生活的良好社会心态

美好生活的创建需要良好的社会心理状态作为支撑。人民美好生活创建不仅受地理环境、行业特色、历史条件等客观因素的制约，而且受人们的价值理念、道德水平、心理状态等主观因素的影响，一些负面心理和情绪的蔓延会严重干扰决策推行、公共管理和人们的社会交往与日常生活，不利于创建美好生活。中华传统美德具有鲜明的向善底色，其中蕴含的深厚善念能够启发人们以善意的眼光和心态去对待他人和看待社会。例如，在善念启蒙方面，传统美德以"仁义礼智，非由外铄我也，我固有之也"的"性善论"为起点，强调"大学之道，在明明德，在亲民，在止于至善"，不断唤醒人们内心深处善的基因；在善念教导方面，传统美德提倡"道之以德，齐之以礼，有耻且格"，以德、礼从心底感化人，不断引导民众成为有道德的人，达到"至真、至善、至美"的境界，形成良好的社会道德风尚，让人们在善意的氛围中以更加理性、积极的心态看待社会中不美好的现象，对创建美好生活充满信心。

同时，中华传统美德中"以和为贵"的价值旨归有助于形塑包容、开放、平和的社会心态。"和"追求的是事物内部诸要素之间的平衡与协调，以及不同事物间和合共生，体现了个性与共性相统一的原则，正如《中庸》所言，"万物并育而不相害，道并行而不相悖"。可见，中华传统美德提倡一种崇尚"和合"的生活状态，追求人与自然"天人合一"的理想境界、人与人"和而不同""爱人若爱己"的相处模式、人与自身相互和解的良好心境、各民族"协和万邦"的美好愿景。这种理念，有助于塑造心胸宽广、爱好和平、尚中贵和的意识，形成自尊自信、理性平和、积极向上的心境，以包容和谐的精神积极化解个人和社会的消极心理和负面情绪，促使人们和睦相处，为创建美好生活培育良好心态。

《光明日报》（2023年3月24日第6版）

接好新时代公民道德建设的"地气"

叶小文

《新时代公民道德建设实施纲要》强调，要"适应新时代改革开放和社会主义市场经济发展要求，积极推动创造性转化、创新性发展，不断增强道德建设的时代性实效性"。

"接地气"：让道德的土壤厚起来

《新时代公民道德建设实施纲要》指出，当前从总体上看，我国"人民思想觉悟、道德水准、文明素养不断提高，道德领域呈现积极健康向上的良好态势"；同时也要看到，"一些地方、一些领域不同程度存在道德失范现象，拜金主义、享乐主义、极端个人主义仍然比较突出；一些社会成员道德观念模糊甚至缺失，是非、善恶、美丑不分，见利忘义、唯利是图，损人利己、损公肥私；造假欺诈、不讲信用的现象久治不绝，突破公序良俗底线、妨害人民幸福生活、伤害国家尊严和民族感情的事件时有发生。"

今天，我国社会进入了市场经济这样一个充满活力、推动发展却也充满矛盾的历史阶段。物质富有起来了，为什么道德领域的这些问题反而突出起来了？

市场经济不断给我们带来"财气"，也形成无所不在的"地气"。新时代公民道德建设，不能不接好这个"地气"。一个以利益关系为基础的社会价值体系和作为其反映的价值观念和道德规范体系，必须回应全社会的利益关切。搞社会主义市场经济，不是要搞"市场社会"。使市场在资源配置中起决定性作用，不是要使市场在社会生活中也起决定性作用。国无德不兴，人无德不立。我们要使有德的人多起来，道德的土壤厚起来，"地势坤，君子以厚德载物"。中国特色社会主义之所以能席地而来，浩浩荡荡，其特色之一，就是能以"厚德"载市场经济。

手持利益这把"双刃剑"，身处社会这个共同体，需要坚守底线、明晰边界，有所为、有所不为。经过了个人利益的觉醒、市场经济的洗礼，如何把经济冲动与道德追求、把物质富有与精神高尚成功结合起来，检验着新时代公民道德建设的落实程度，检验着我们社会的文明程度，也关乎社会主义市场经济的成功程度。

诺贝尔经济学奖得主诺斯说，一个有效率的市场制度，除了需要一个有效的产权和法律制度相配合之外，还需要在诚实、正直、合作、公平、正义等方面有良好道德的人去操作这个市场。因此，在"市场在资源配置中起决定性作用"的后面，还有"良好道德的人"对市场的决定性作用。

亚当·斯密在《道德情操论》中，基于人性本善的假设，把源于人的同情的利他主义情操视为人类道德行为的普遍基础和动机；在《国富论》中，又把人性本恶作为经济学的前提假设，把个人利己主义的利益追求当作人类经济行为的基本动机。他提出了问题，却未能解决问题，给出的是一个"斯密悖论"。

其实蕴含在中国传统文化中的中华民族的"民族本性"，有着巨大的能量，关键是如何在社会主义市场经济新的历史条件下，在新时代公民的道德建设中，唤回它、激活它、放大它，使它成为强大的正能量。今天，诊治近利远亲、见利忘义、唯利是图、损人利己的道德失范现象，不妨从民族优秀的文化基因中，去找回和强化道德约束和慎终追远的定力，去增强我们民族在现代化浪潮中强身壮体的抗体，增强人们在各种物质诱惑面前的免疫机能，促使人们做到见利思义、义利并举、先义后利。

"接地气"：增强道德建设的时效性

《新时代公民道德建设实施纲要》强调，要"适应新时代改革开放和社会主义市场经济发展要求，积极推动创造性转化、创新性发展，不断增强道德建设的时代性实效性"。

新时代公民道德建设，要落实到成功建立现代市场经济发展所需要的"市场伦理"，把"资本"的冲动与"诚信"的建构成功结合，形成一个与现代市场体系配套的，勤勉做事平实做人、守信光荣失信可耻的社会氛围，构建和遵循适应社会主义市场经济的道德和行为规范。

确立经济发展目标和发展规划，出台经济社会政策和重大改革措施，开展各项生产经营活动，要遵循社会主义核心价值观要求，做到讲社会责任、讲社会效益，讲守法经营、讲公平竞争、讲诚信守约，形成有利于弘扬社会主义核心价值观的良好政策导向、利益机制和社会环境。与人们生产生活和现实利益密切相关的具体政策措施，要注重经济行为和价值导向有机统一，经济效益和社会效益有机统一，实现市场经济和道德建设良性互动。建立完善相应的政策评估和纠偏机制，防止出现具体政策措施与社会主义核心价值观相背离的现象。要继承发扬中华民族重信守诺的传统美德，弘扬与社会主义市场经济相适应的诚信理念、诚信文化、契约精神，推动各行业各领域制定诚信公约，加快个人诚信、政务诚信、商务诚信、社会诚信和司法公信建设，构建覆盖全社会的征信体系，健全守信联合激励和失信联合惩戒机制，开展诚信缺失突出问题专项治理，提高全社会诚信水平。

新时代公民道德建设，要在推进市场经济中实现法治与德治并举。习近平总书记指出，"法律是准绳，任何时候都必须遵循；道德是基石，任何时候都不可忽视。"法治和德治不可分离、不可偏废，坚持依法治国和以德治国相结合，是关系中国特色社会主义事业长远发展的根本大计。

新时代公民道德建设，要在推进市场经济中确保坚守共产党人的道德高地。党的十九大报告指出，"要深刻认识党面临的执政考验、改革开放考验、市场经济考验、外部环境考验的长期性和复杂性。"我们党从夺取政权到长期执政，是一场历史考验。从领导和驾驭计划经济到领导和驾驭市场经济，也是一场历史考验。各级党员干部从以清贫为本色与人民群众同患难，到以致富为追求带领人民群众奔小康，更是一场历史考验。

当市场在资源配置中起决定性作用时，执政党在领导和调配全国资源中起什么作用？党的工作要以经济建设为中心，无论从宏观调控到各项经济活动的组织、推进和监督，党的各级组织、广大党员要全面参与市场经济，同时又要防止市场经济负面的诱惑和腐蚀。党的各级干部必须念好权力约束的"紧箍咒"，以坚定的理想信念坚守初心，以真挚的人民情怀滋养初心，以牢固的公仆意识践行初心，人民群众对共产党才能"譬如北辰，众星拱之"。

（摘编自：《中国青年报》，2019年11月25日第2版；作者为全国政协文化文史和学习委员会副主任）

让世界看到自信从容的中国——从北京冬奥会看文化自信

  北京冬奥会如火如荼，赛场内外中国元素引人瞩目。这场冰雪盛会展现出运动员精彩卓越的竞技水平，更以别样的中华文化魅力收获来自世界的掌声。当中国气质与奥林匹克交相辉映，当五环旗下聚集五洲宾朋，北京冬奥会折射出更加坚实的文化自信，诠释着新时代中国的从容姿态，传递出中华儿女与世界人民"一起向未来"的共同心声。

"中国风"托起"冬奥范"

  以冰雪为媒介，北京冬奥会自开幕那刻起，便深深镌刻下独特的中国印记。2月4日，立春日，冬奥开幕夜，四季始轮回。开幕式上，二十四节气倒计时将中华文化的瑰丽与智慧展现得淋漓尽致，饱含冬去春来、欣欣向荣的诗意，投射出中国人的生命观、价值观和宇宙观，刚一亮相就瞬间刷屏。火炬"飞扬"取自"道法自然，天人合一"的哲学理念，"黄河之水"倾泻而下极具浪漫色彩，五环"破冰而出"彰显心系天下的博大胸怀……充满新意的开幕式以直抵心灵的人文情怀，让世界领略着中华文化和奥林匹克的和合共生，感受着新时代中国自信开放的大国气象。

  赛场上，向世界讲述中国故事、展现文化魅力，成为冬奥舞台一道道亮丽的风景——比赛当中，花样滑冰选手彭程、金杨在《夜宴》悠扬的配乐中完成首秀，中国电影与体育比赛实现梦幻联动；置身现场，当冬奥会与传统佳节"撞个满怀"，"冰立方"等场馆在互动环节，结合民俗现场玩起游戏，观众欢笑不断，洋溢喜庆氛围；颁奖时刻，穿戴"瑞雪祥云""鸿运山水""唐花飞雪"服饰的礼仪人员托起宛如同心圆玉璧的冬奥奖牌，古老文明与奥林匹克于方寸间交相辉映。从服饰到配乐，从竞技到颁奖，文化之美与运动之美在冬奥赛场竞相绽放。全世界观众在观看冰雪赛事的同时，共同欣赏着中华文化的灵动与厚重。

  赛场下，来自世界各地的运动员齐聚冬奥村，近距离感受着中华文化的风采。春节期间，走进北京冬奥村，"福"字当头、灯笼高挂，"中国红"与"冰雪白"交织，浓浓年味扑面而来。各国和地区运动员入乡随俗纷纷贴春联、贴福字，而中国博大精深的饮食文化更令其赞不绝口："冬奥会以来，我已吃了 200 个饺子。"此前接受采访时，特莎·莫德的队友、美国女选手茱莉亚·马里诺成功被饺子"圈粉"。饺子有"粉丝"，豆包也有代言。马耳他运动员珍妮丝·斯皮泰里三餐必有豆包，甚至在比赛完等待分数的间隙，也没忘吃上一口。以"中国风"托起"冬奥范"，是文化自信的生动表达。

"新"的背后，折射深层自信

  融合之新、理念之新、心态之新，北京冬奥会上，一个个"新"的背后，传递出更深层次的文化自信。当传统与现代完美融合，中华文化在创造性转化、创新性发展中迸发时代活力。"冰墩墩"火了，网上网下"一墩难求"的冬奥"顶流"，在全球引起追捧和热议。将大熊猫形象与冰晶外壳相结合，呈现出颇具时尚感和未来感的形象，"冰墩墩"融合中国文化与现代科技，丰富的产品开发和互联网角色塑造，更是赋予了吉祥物更加持久的生命力，成为"国潮"崛起的又一个生动样本。活泼敦厚的"冰墩墩"，诠释出中国创造非凡、探索未来的自信，展示以和为贵、热情好客的民族品格，引起了全球范围的情感共鸣。"一墩难求"背后，是传统与现代交融的中国，愈发赢得世界的青睐与认可。冬奥赛场上，依山而建的"雪游龙"采用新技术，使1.9公里的赛道一次性喷射浇筑而成；取自敦煌壁画形象的"雪飞天"，可实现不同比赛的赛道剖面转化；盈盈欲舞的"冰丝带"采用二氧化碳跨临界直冷制冰技术，为运动员展现速度力量提供了绝佳舞台……中华意蕴融合现代科技，审美价值与实用价值有机结合，充满"文化味"的场馆彰显出更加深厚的人文色彩和时代内涵。

北京冬奥会上，我们以理念创新展示出更有气度的当代中国。华灯初上，国家体育场璀璨夺目，宛若身披霓裳，在浩瀚夜空下熠熠生辉。"鸟巢"外，"大雪花"火炬上微火静静燃烧。以一缕"火苗"取代"熊熊大火"，相比过往，可谓是颠覆性的理念创新。其背后蕴含的，是"以小见大""一叶知秋"的中国思想，展现出绿色环保的中国方案。这份举重若轻、意尽则止的潇洒，这份敢为人先、大胆革新的气魄，正是源于文化自信——如今的中国，不再需要搬出所有家底、凭借宏伟场面来博得赞誉，大道至简的理念尽显大国姿态与非凡气度。一个细节可见一斑：1990年北京亚运会，吉祥物熊猫"盼盼"手持金牌做奔跑状的身影，折射出我们对金牌的向往。而今，北京冬奥会吉祥物仍是"熊猫"，手掌中却是一颗予人温暖的爱心。这是国人心态的变迁，更是文化自信的注脚。

文明互鉴携手向未来

"我们都需要爱，大家把手都牵起来，Together for a shared future，一起来，一起向未来。"朗朗上口的歌词、欢快动听的旋律，伴随着北京冬奥会赛事持续深入，这首《一起向未来》早已唱遍大江南北、传至世界各地。面对百年变局和世纪疫情交织的复杂形势，北京冬奥会奏响了团结、友谊、进步的乐章，在"一起向未来"的愿景中，中国以坚定的文化自信，架起同世界各国文明交流互鉴的桥梁。

中华文化闪耀冬奥舞台，中国也以海纳百川的胸襟兼容并蓄，充分吸收外来优秀文化，讲述着与世界的"美美与共"。音乐超越国界，联通心灵。冬奥会开幕式上，当来自世界各地的代表团入场，背景音乐中19首世界名曲响彻"鸟巢"、震撼人心，在属于全人类的奥运殿堂奏响属于全人类的经典之声。"这些曲子，全世界观众都熟悉，用来搭配运动员入场，真是太妙了！"开幕式现场，古典音乐爱好者、参加过十届冬奥会报道的意大利记者费迪南多听到一首首熟悉的乐曲，热泪盈眶。这一刻，不同的文明记忆、文明图景，在华夏大地上聚集。正如国际奥委会主席巴赫所言："奥运会总是搭建沟通的桥梁，绝不会筑起一道道高墙。奥运会让我们保留多样性的同时，把我们团结在一起。"

团结合作、命运与共，这是奥林匹克精神的体现，也是构建人类命运共同体的美好初衷。以冬奥会为契机，中国与奥林匹克偕行，为创造一个更加美好的世界注入澎湃动力。

（摘编自：新华网，2022年2月18日，记者王子铭 黄垚 岳冉冉）

撷英荟萃

人只有为自己同时代人的完善，为他们的幸福而工作，他才能达到自身的完善。

——马克思

实际上，每一个阶级，甚至每一个行业，都有各自的道德。

——恩格斯

修德，既要立意高远，又要立足平实。要立志报效祖国、服务人民，这是大德，养大德者方可成大业。同时，还得从做好小事、管好小节开始起步，"见善则迁，有过则改"，踏踏实实修好公德、私德，学会劳动、学会勤俭，学会感恩、学会助人，学会谦让、学会宽容，学会自省、学会自律。

——习近平

尊老爱幼、妻贤夫安，母慈子孝、兄友弟恭，耕读传家、勤俭持家，知书达礼、遵纪守法，家和万事兴等中华民族传统家庭美德，铭记在中国人的心灵中，融入中国人的血脉中，是支撑中华民族生生不息、薪火相传的重要精神力量，是家庭文明建设的宝贵精神财富。

——习近平

其身正，不令而行；其身不正，虽令不从。

——《论语》

君子欲讷于言，而敏于行。

——《论语》

仁义兴则道德昌，道德昌则政化明，政化明而万姓宁。

——《后汉书》

小恶习不容于乡，大恶习不容于国。

——苏轼

教养是有教养的人的第二个太阳。

——赫拉克利特

遵照道德准则生活就是幸福的生活。

——亚里士多德

道德常常能填补智慧的缺陷，而智慧却永远填补不了道德的缺陷。

——但丁

道德的种子是很难生长的，必须要有长时间的准备，才能使它生根。

——卢梭

做一个圣人，那是特殊情形；做一个正直的人，那却是为人的常轨。

——雨果

一切人类的价值的基础是道德。

——爱因斯坦

品格是一种内在的力量，它的存在能直接发挥作用，而无须借助任何手段。

——爱默生

货奇不自居，物稀不卖贵；忠厚不折本，刻薄不赚钱。

——民间格言

正是劳动本身构成了你追求的幸福的主要因素，任何不是靠辛勤劳动而获得的享受，很快就会变得枯燥无聊，索然无味。

——休谟

真正的爱情能够鼓舞人，唤醒他内心沉睡着的力量和潜藏着的才能。

——薄伽丘

爱情不是花荫下的甜言，不是桃花源中的蜜语，不是轻绵的眼泪，更不是死硬的强迫，爱情是建立在共同语言的基础上的。

——莎士比亚

爱一个人意味着什么呢？这意味着为他的幸福而高兴，为使他能够更幸福而去做需要做的一切，并从这当中得到快乐。

——车尔尼雪夫斯基

两性相爱，是人生最重要的部分。应该保持他的自由、神圣、崇高，不可强制、侮辱他、污蔑他、屈抑他，使他在人间社会丧失了优美的价值。

——李大钊

婚姻的结合要求夫妻双方都要忠实，忠实是一切权利中最神圣的权利。

——卢梭

如果我们生活的全部目的仅在于个人的幸福，个人的幸福又仅仅在于一个爱情，那么，生活就会变成一片遍布荒茔枯冢和破碎心灵的阴暗的荒原。

——（俄）别林斯基

扩展阅读

1. 王永彬著《围炉夜话：中国传统文化精华》，西安：陕西旅游出版社，2006年

《围炉夜话》被称为中国古人立身处世三大必备书（《小窗幽记》《围炉夜话》《菜根谭》）之一，由清人王永彬所著。

此书不以逻辑严密的专论见长，而以短小精辟、富于哲理的格言取胜。其以处事做人为中心，分别从"修身、处世、谋略"三个方面，阐释"立德、立功、立言、立业"的要义，揭示人生价值的深刻内涵。书中隽语涉及社会生活的各个层面，将修身、齐家、治国、平天下的理想与日常生活紧密相连，使先哲智慧带上浓厚的生活气息与人情味，让您在轻松愉快中领略其蕴含的深刻道理。

2. 傅敏编《傅雷家书》，天津：天津社会科学院出版社，2006年

《傅雷家书》收录了1954年至1966年间傅雷夫妇与儿子傅聪、傅敏的多封家信。傅雷夫妇堪为中国父母的典范，一生苦心孤诣、呕心沥血培养两个孩子，傅聪成为世界著名的钢琴家，傅敏成为英语特级教师。在培养他们的过程中，体现出傅雷夫妇"先做人后成家"、超越小我、独立思考、因材施教的教育思想。这些家信中，父母的谆谆教诲，孩子与父母的真诚交流，字里行间溢满亲情。这些信件写作的时间虽然离今天已过去半个多世纪，但读来仍能使人感动、感悟，对于我们今天的家庭美德和家风建设依然有着借鉴的意义。

3. 亚当·斯密著《道德情操论》，蒋自强、钦北愚等译，北京：商务印书馆，1997年

18世纪英国著名的经济学家和伦理学家亚当·斯密一生奉献了两部传世经典：《道德情操论》（1759年）和《国富论》（1776年）。前者为伦理学著作，它的出版使斯密享誉学术界；后者为经济学著作，它的出版标志着经济学作为一门独立学科的诞生，也成就了亚当·斯密作为"经济学之父"的不朽名声。

《道德情操论》共分七部分，修订过六次。在书中，斯密用同情的基本原理来阐释正义、仁慈、克己等一切道德情操产生的根源,说明道德评价的性质、原则以及各种美德的特征,并对各种道德哲学学说进行了介绍和评价,进而揭示出人类社会赖以维系、和谐发展的基础,以及人的行为应遵循的一般道德准则。相比《国富论》,《道德情操论》给西方世界带来的影响更为深远。

4. 中共中央文献研究室:《习近平关于社会主义文化建设论述摘编》,中央文献出版社2017年

该书收入361段论述,摘自习近平同志2012年11月15日至2017年7月26日期间的讲话、报告、演讲、指示、批示、贺信等70多篇重要文献。共分8个专题:坚定文化自信,建设社会主义文化强国;坚持以马克思主义为指导,牢牢掌握意识形态工作领导权、管理权、话语权;高度重视理论建设,加快构建中国特色哲学社会科学;培育和践行社会主义核心价值观;提高全民族思想道德水平;坚持以人民为中心的创作导向;推动文化事业全面繁荣和文化产业快速发展;提高国家文化软实力,讲好中国故事。

习近平关于社会主义文化建设重要论述,通过合乎社会主义文化发展规律的言说形式,在时空关系的变化中揭示了文化发展的动力机制,从社会主义文化发展的深层结构,探索了马克思主义文化思想与中国特色社会主义文化思想的兼容性问题,在逻辑性与政治性的结合中表达了马克思主义文化理论在中国社会的实践条件。

案例1

抗疫一线医务人员英雄群体:大医精诚写大义

在湖北武汉解放大道上,有一座特别的天桥:这里镌刻着抗疫中支援湖北医疗队的名称和人数,把人们的记忆拉回到2020年那段同心抗疫、共克时艰的日子。

阻击疫情,抢救生命!满怀对人民的赤诚和对生命的敬佑,广大医务人员挺身而出,舍生忘死,用血肉之躯筑起阻击病毒的钢铁长城。

白衣为甲,逆行出征,他们缺席家庭团圆不负生命重托

2020年,号角吹响。从临危受命到整装待发,仅有短短4个小时,军队支援湖北医疗队队员宋彩萍来不及吃一口摆上桌的年夜饭,紧急出发,目的地——武汉。

疫情暴发,让本该喜庆团圆的新春佳节成为防控压力巨大的至暗时刻。在国家和人民的需要面前,医务工作者义无反顾。毛青、张西京、李文放、宋立强……一个个知名专家的名字,都在第一批出征的名单上。

人民军队医务人员召必至,直抵核心战场;54万名湖北省和武汉市医务人员同病毒短兵相接;346支国家医疗队、4万多名医务人员毅然赶赴前线。

武汉,雷神山医院,2月9日,辽宁队报到;2月15日,上海队报到;2月18日,广东队报到……

"我们在60小时内完成病区验收及开科准备,开科不到3小时,48张床位全部收满。"广东医疗队领队、广东中医院重症医学科主任邹旭说。

冲在第一线，挺在最前沿。北京医院、北京协和医院、中日友好医院、北京大学第一医院、北京大学人民医院、北京大学第三医院6家医院立即出战，也迅速组建国家援鄂抗疫医疗队紧急驰援。

抗疫命令下达后，写着"危险岗位就是我们的战位"的请战书，像雪片一样飞往党组织，中部战区总医院2200余名精锐医护人员组成"党员突击队"，全力投入疫情防控阻击战。"我是党员，我有抗击非典经验，让我去。"53岁的护士长刘孟丽当仁不让地说。

医者仁心，以生命赴使命，他们争分夺秒挽救垂危的生命

武汉集中收治重症患者最多的定点医院——华中科技大学附属同济医院，组建插管、护心、中医药、康复等多支专业小分队，哪里有危险就往哪里冲，被称为重症患者救治的"尖刀连"。

"尖刀连"里不少是"90后""00后"，几个月的战斗，没有一个退缩。有的在早期工作中感染了新冠肺炎，愈后又立马投入战斗，大家的目标只有救人。

一次为抢救患者紧急实施插管的经历，让四川大学华西医院援鄂重症救治医疗队队员倪忠仍记忆犹新。他回忆说："当时条件有限，不能完全达到应具备的防护标准。为了减少暴露风险，同事就紧急找了一个大塑料袋，在我的防护面屏下缠了一圈当成'围脖'，就这样给病人插了管。"

只要有百分之一的可能，就付出百分之百的努力。一线医务人员把工作强度增到极限，把个人需求降到最低。一张张压痕清晰的脸上，总有抹不去的疲倦，但一束束坚毅的目光，更给患者无穷的温暖和力量。从出生仅30多个小时的婴儿到100多岁的老人，每一个生命都得到全力护佑。

在武汉市第一医院的重症监护病区，江苏省人民医院援武汉重症医疗队队员守在一个个重症患者旁，奔忙在一张张病床前，争分夺秒抢救生命。"在这里，1分钟都停不下来。我们没有退路，必须竭尽全力与死神掰手腕。"医疗队医疗组组长齐栩说。

为尽快摸索出有效的救治办法，北京协和医院内科重症医学科主任杜斌在武汉没日没夜地"泡"在ICU（重症监护室）：最多的时候，他一天要巡查5家医院的ICU；最长的一次，他穿着防护服在ICU忙碌了10个小时。

"吾辈在此，卫武汉，卫中国！"在疫情"风暴眼"武汉市金银潭医院，中国中医科学院国家援鄂抗疫中医医疗队，以"岐黄之术"与西医相互协作，死死守住轻症滑向重症的大门。

科学防治，并肩战"疫"，他们为疫情防控合力攻关

起病隐匿、潜伏期较长、存在无症状感染者……面对狡猾的病毒，天津市对口支援恩施州疾控工作队的李子朋化身"病毒侦探"，经常与同事整理数据至深夜。梳理病例关系的图纸画了一张又一张，只为给疫情防控提供精准的决策依据，阻止疫情扩散。

另一条与病毒赛跑的战线上，由中国工程院院士、军事科学院军事医学研究院研究员陈薇领衔的军事医学专家组，在武汉连续奋战113天。团队成员每天基本是从睁开眼一直忙到凌晨三四点，第二天一早又投身紧张的工作，为研发疫苗、构建免疫屏障竭尽全力。

"除了胜利，别无选择！"陈薇话语铿锵。短短3个多月，她不仅人瘦了一大圈，头发也变白了。

大疫，大医，大义。他们把人民装在心里，人民把他们刻入丰碑。

（摘编自：新华社客户端，2021年6月19日；记者侯文坤）

案例点评：

经历了疫情考验的武汉人民用一种特殊的方式感恩那些曾帮助过他们的医护人员。没有生而英勇，只是选择无畏。面对突如其来的新冠肺炎疫情，医护人员心怀"决不负生命之托"的医者仁心，义无反顾、挺身而出，坚守岗位、奋战到底。他们竭尽全力救死扶伤，用实际行动诠释了敬佑生命、服务人民、奉献社会的职业精神。正是他们白衣为甲、逆行出征，才换来了今天城市车流如织、校园书声琅琅、工厂机器轰鸣的安定与活力。他们值得受到这样的礼遇，他们的事迹值得被永远铭记。

思考与讨论：

1. 结合案例，谈谈你所理解的职业精神。
2. 大学生应怎样培养自己的职业精神与职业道德？

案例 2

"高光"下的"守常"人生

6月29日，"高光"再次打在李宏塔身上：这位72岁的老人站在人民大会堂金色大厅，接受习近平总书记颁授的"七一勋章"。祖父是李大钊，父亲李葆华曾任安徽省委第一书记、中国人民银行行长……出生在这样一个"高光"家庭，李宏塔始终艰苦朴素、清正廉洁、以严治家，秉持了"革命传统代代传"的宝贵本色，成为党员领导干部忠诚干净担当的典范。

"守常"是李大钊的字，亦是李宏塔一辈子的执着追求。

活在老百姓中间

20多年前，安徽省合肥市长江路上，常有一位身材高大的中年男子蹬着自行车穿过熙来攘往的街头，沿路交警和摊贩都认得他——骑车上班的"李厅长"。

他便是时任安徽省民政厅厅长的李宏塔。当过军人、做过工人，而后又在共青团、民政、政协等部门工作，一步步走上领导干部岗位。一个习惯伴随李宏塔的职业生涯：除了极少数因为重要公务赶时间，李宏塔坚持天天骑自行车上下班。随着年龄增大，2003年他将自行车换成了电动车，还笑称这是"与时俱进"。

李宏塔一生节俭，对吃、穿、住都不讲究，一家子曾"蜗居"在一套冬冷夏热的两居室里，一住就是16年。即便如此，家里却没有多少存款。每年单位组织"送温暖""献爱心"，李宏塔捐赠的数额都排在最前面。他把老百姓当成自家亲戚，低保户过年的饺子皮没着落、前来求助的下岗工人没带伞，这些微不足道的小事他都看在眼里，无论如何都去帮一把。

一根红线连着三代人

在祖父牺牲22年后，李宏塔出生了，他是听着祖父的故事长大的。"黄卷青灯，茹苦食淡，冬一絮衣，夏一布衫"，是李大钊清贫一生的真实写照，他的收入大多用于党组织的活动经费和资助青年学生。

父亲李葆华多次教育儿子"不能吃苦,就不能成人",其家中的简朴也让人难以置信:老旧的三合板家具、人造革蒙皮的椅子,沙发坐下就是一个坑。2000年中央有关部门要为他调房,他说:"我住惯了,年纪也大了,不用调了。"

"最好的家风就是父辈的言传身教。"李宏塔告诉记者,他和父亲长期两地生活,偶尔借着开会进京探望,父亲总是埋怨其耽误时间,应该把更多精力放在工作上。"父亲身体力行,严格要求自己,久而久之,我也知道了该如何做人、如何做事。"

"共产党人就是要和人民在一起"

38岁,李宏塔走进安徽省民政厅。"给老百姓多办实事、好事最合我意。"李宏塔说。

在民政厅工作期间,李宏塔每年至少有一半的时间用在下基层。很多同志都知道他的"反向工作法":下乡时不向有关市县打招呼,经常让司机"把车子开到进不去的地方",然后步行进村入户。

从群众家里出来,他再依次到各个部门座谈。"必须离开公路,直接去问老百姓。沿着公路、隔着玻璃看,不如自己的脚步踏实。"李宏塔说。

2003年夏天,淮河、滁河流域发生水灾。为了摸清灾情,李宏塔连续20多天奔走在灾区,"反向工作法"起了关键作用:他从安置点灾民盛救济米的米袋里掏出米粒,揣进公文包回去找相关部门化验,检查救济米质量;他走进受灾群众居住的帐篷,发现酷热难忍,赶紧测量气温,并带着温度计来到县委书记办公室,几天后,当地党政机关腾出办公场所,安置了3万多名住在帐篷里的受灾群众。

曾与李宏塔共事过的同志回忆:他从基层调研回来,常常穿着军绿色的球鞋、卷着裤脚,鞋上满是泥土,到了办公室,立即叫相关处室同志就调研中遇到的问题协商解决办法。

"民政部门做的事就两句话:为党和政府分忧,为困难群众解愁。"李宏塔说。

"服务困难群众,是一件幸事"

担任安徽省政协副主席后,李宏塔的工作依旧与困难群众有关——分管机关扶贫工作。他带队的调研,是公认的行程满、节奏快,还喜欢四处"寻丑""揭短",专挑条件差的地方去。

农村的寄宿学校,城里的养老院、老旧小区,一直是他关注的重点。在长期深入调研的基础上,李宏塔围绕"推进城乡一体化综合配套改革""完善精准扶贫的制度化保障""应对人口老龄化""关爱农村留守儿童"等主题向全国政协提交过多份提案。

即便年逾古稀,李宏塔还担任过中华慈善总会副会长,依旧为慈善事业尽心竭力。在中华慈善总会"幸福家园"村社互助工程的推广中,他深入全国多地基层调研。在一些地方,他"习惯性"地自掏腰包,慰问困难群众。"慈善就是直接为最困难的群众服务,这是晚年的一件幸事。"他说。

"我们只有一个权力,那就是为人民服务"

一位同志向记者透露,给李宏塔送礼物是件难堪的事。一年春节,这位同志和爱人给李宏塔送去几样小吃,李宏塔却回送了价值数倍的物品让他带回家。

他的父亲当年亦是如此。家中收到几包葡萄干,李葆华让家人把葡萄干退回,少年李宏塔吃掉的那一包折价一同退款。父亲告诉李宏塔:"我们只有一个权力,那就是为人民服务,因为做了一点工作就收礼物,这不是共产党人应该干的事。"

2008年,李宏塔的儿子结婚,婚礼布置简单,单位同事前来祝贺并包了红包。为了不破坏婚礼气氛,李宏塔照单全收,但第二天便将所有的礼钱如数奉还。"没那个必要也没那个习惯,这都是家里的传统。"

看似不近人情,面对群众却最重"人情":每当到农村看到有的村民房子漏雨、到福利院看到老人被子太薄时,李宏塔比谁都着急,想尽办法帮助解决。身为一位"老民政",他将日常工作归纳为三句话:"视孤寡老人为父母,视孤残儿童为子女,视民政对象为亲人,这是新时代的'铁肩担道义'。"

继续向前永不停步

受邀登上天安门城楼,李宏塔感慨:"爷爷百年前的梦想,今天已经实现!"

在李宏塔看来,这样的"高光"时刻属于革命先辈。"回望我们党100年波澜壮阔的历程,多少前辈付出了自己的汗水、心血,甚至牺牲了生命。跟他们比起来,我仅仅是做了党员干部该做的事情。"他说。

"我会把勋章送到李大钊纪念馆,告慰李大钊同志。"李宏塔告诉记者,未来将是一段继续向前永不停步的旅程。"尽管我已退休,但今后依然要把党的好传统、好作风不断传承弘扬下去,尽自己所能,做好我应该做的工作。"

(来源:新华网,2021年7月12日;记者陈诺、白斌)

案例点评:

"积善之家,必有余庆;积不善之家,必有余殃。"良好的家风,对家庭成员的个人修养产生着重要的作用,也对整个社会道德风尚的形成产生着重要的影响。

家世"显赫"的李宏塔传承"红色家风",数十年坚守初心、本色做人,是党员领导干部忠诚干净担当的典范。在民政系统工作18年间,他视孤寡老人为父母、视孤残儿童为子女、视民政对象为亲人,每年至少一半时间在基层度过。作为共产党人革命传统、优良家风的传承人,他始终艰苦朴素、清正廉洁、以严治家,秉持了"革命传统代代传,坚持宗旨为人民"的不变信念。

(摘编自:新华网、《人民日报》－人民网、新浪四川相关报道、百度百科资料)

案例讨论:

1. 本案例中,主人公的"守常","守"的是什么?
2. 为什么说良好的家庭、家教、家风对人生甚至是国家、民族有至关重要的作用?

案例3

镜头内造"人设",镜头外丢公德

在"网红"直播的镜头里初识老君山美景,确实让人惊叹。尤其是大雪过后,银装素裹的山岭点缀着金碧辉煌的楼阁,绝美景色恍如天宫。然而,一句胡编滥造的口水话"远赴人间惊鸿宴,老君山顶吃泡面",竟然引来众多"网红"奔赴老君山顶直播吃泡面,终使这人间仙境垃圾满地，难以清理。

直播完吃泡面，将泡面盒随手一扔，"网红"当然知道这是错的。何以见得？因为在他们的镜头里，永远只有妆容精致、风度翩翩的个人形象，永远只展示热气腾腾吃泡面的场景，却屏蔽了自己随手扔泡面盒的动作，也把满地垃圾屏蔽于镜头之外。

人们在镜头内外呈现出不同的面目，这一点并不难理解，同一个人在扮演不同的社会角色时，都会表现出不同的行为模式。社会学家戈夫曼就把社会生活分为"前台"和"后台"。当人们在正式场合扮演正式角色，他们的行为模式就类似于舞台上的"表演"。当人们退居幕后，回到非正式、私人的"后台"场合，他们就会卸下面具，把在"前台"小心克制的情感和行为释放出来。

然而，随着社交媒体的广泛普及，尤其是进入"全民直播"之后，正常的社会角色扮演，在一些人身上异化为表演性的人生和生活，呈现出一个迥异于自身的虚拟自我。在社交媒体的围观者面前，他们按照这个"人设"的要求和内在逻辑，时时刻刻处于一种表演状态。真实的自我可以没有观众，一个人就可以静默地独处。但表演必须有观众，虚拟自我的主要功能就是用于展示，主要目的就是"被看见"。在名胜古迹、旅游景点，处处可以看到手持直播设备的"网红"在打卡。甚至在大街小巷的日常化场景里，喝杯咖啡、吃块蛋糕、买件衣服，"网红"也通过镜头和文字，把生活点滴，事无巨细地时刻展示在围观者面前。

社会毕竟不是一个舞台，人生也不能全靠演技。法律规范、公序良俗、社会公德，都对真实的个体提出了规范要求。既然事发公共场所、事涉公共利益，那么"直播吃泡面"时候，镜头就不该仅仅展示"网红"的精致妆容和翩翩风度，不该仅仅展示他们精心剪辑之后的热气腾腾和喜气洋洋，而让他们随手乱扔泡面盒的动作，以及满地垃圾成为镜头之外的"隐秘的角落"。

表演的生活毕竟不是生活本身，虚拟的"人设"也不是真实的自己。正如"凡尔赛文学家"写完一掷千金的"凡尔赛文学"之后，转头就得面对令人头痛的房租和水电账单，镜头前永远光鲜亮丽的"网红"，也有必要凝视一下自己的品德和素质。毕竟，喜气洋洋吃泡面，这只是镜头前的表演；随手扔下满地垃圾，这才是品德素质的真实写照。在表演的镜头里，固然可以把真实一面屏蔽于"隐秘的角落"，但是，品德素质审视这个"镜头"，却永远凝视人们最真实的一面。

（来源：《光明日报》，2020年12月22日第2版；作者封寿炎）

案例点评：

随着网络直播的快速发展，与之相伴而生的是一些违背公序良俗的现象。部分直播平台被流量绑架，只顾"吸眼球"赚流量，不顾质量和责任，扭曲了价值观，冲击着法律与道德底线。网络生活中的道德要求是社会公德在网络空间的运用和扩展，直播平台不是法外之地，更不是道德洼地。大学生在使用网络时，应当分清善恶美丑，自觉遵守网络生活中的道德要求，抵制违背道德和法律的行为，成为营造清朗网络空间的正能量。

思考与讨论：

1. 结合案例，谈谈如何看待"网红"背后的网络道德问题。
2. 如何提高公民的网络道德素养？

 实践方案

方案1　辩论赛

活动目的：以"法律更能促进良好的社会秩序/道德更能促进良好的社会秩序"为辩题在班级进行一场辩论赛。

活动方式：班级组织，以小组为单位参加活动。

活动步骤：

1. 由班干部负责组织辩论赛活动；拟定活动方案，包括活动举行的时间、地点、评比方法和程序，评委组成，奖励方法等。

2. 抽签决定辩论赛的正方、反方；各方收集资料，进行准备，参赛组员做好任务分工。

3. 按计划进行活动；辩论赛结束后，进行点评、总结。

方案2　社会公德现状调查

活动目的：对社会中的公共道德现状做一次调查，通过调查研究加深对当前社会公德状况的认识，对社会公德建设方面存在的问题进行分析，尝试提出解决的方法，以增强大学生的公德意识和道德责任感。

活动方式：以小组活动为主要方式；成果形式可以为调查报告或微视频、PPT报告等。

活动步骤：

1. 小组成员共同协商，确定具体选题和活动计划，对任务进行分工等。

2. 编制调查问卷，着手进行数据资料收集或拍摄等；摄影、摄像时注意不得侵犯他人合法权益。

3. 整理、分析数据和资料，撰写调查报告，或编辑制作成微视频、PPT报告。

方案3　大学生恋爱观调查

活动目的：通过调查，了解大学生在恋爱观方面的基本情况，发现存在的问题，引导学生树立正确的婚恋观；同时学习调查问卷的设计及调查报告的写作。

活动方式：小组活动；撰写调查报告。

活动步骤：

1. 到图书馆或上网查阅相关资料；在此基础上，小组讨论活动计划，包括人员分工、时间进度、数据抽样方法等。

2. 根据调查内容，设计、印制调查问卷；也可使用现有的其他学者编制的问卷；进行随机抽样调查。

3. 对调查问卷进行统计、分析，写出调查报告。

方案 4　自主创业大学毕业生访谈

活动目的：通过访谈，了解大学毕业生创业的酸甜苦辣，思考创业成功的关键所在；听取创业者对大学生就业问题的建议，为同学们合理规划自己的职业生涯提供经验借鉴。

活动方式：小组活动。

活动步骤：

1. 联系访谈对象，确定访谈时间、地点，拟定访谈提纲。
2. 按计划开展访谈，做好访谈记录。
3. 整理访谈记录，写出访谈报告。

第六章 学习法治思想 提升法治素养

重点 难点 问题解析

一、如何理解法和法律？

在古代汉语中，"法"和"律"二字最初是分开使用的，含义也不同。"法"的古体字是"灋"。据东汉许慎著《说文解字》："灋，刑也。平之如水，从水；廌，所以触不直者去之，从去。"廌，是传说中的古代神兽，似牛、似羊、似鹿，头有独角，性直恶曲，古者决讼，令其触不直者。这是古代司法官员凭借神明来进行司法裁判的文化烙印。虽然这种方法在今天看来并不科学，但作为一种简便并且令人信服的裁判方法却能够较快地处理疑难案件。由于廌的这种洞察人间罪恶的神性，因此一直被视作司法正义的化身，以至于在古代司法官员的官服上也会绣上这种神兽的图案，以象征司法公正。

"律，均布也"（《说文解字》）。"均布"是古代调整音律的工具，用以正六音，木制，长七尺。把"律"解释为均布，说明"律"有规范人们行为的作用，是普遍的、人人必须遵守的规范、格式、准则。

据《尔雅·释诂》记载，秦汉时"法"与"律"二字已同义："法，常也；律，常也。"在中国古代最早把"法""律"二字联在一起使用的是春秋时代的管仲，他说："法律政令者，吏民规矩绳墨也。"西汉时期的晁错也说："今法律贱商人，商人已富贵矣；尊农夫，农夫已贫贱矣。"但这里的"法律"仍然含有法和律的含义，并非独立的意义。现代意义上的"法律"一词却是在清末民初，在清末法制变革的过程中由日文汉字传译输入我国的。

在现代汉语中，"法律"一词有广义和狭义两种用法。广义的法律指法律的整体。就我国现在的法律而论，它包括作为根本法的宪法、全国人大及其常委会所制定的法律、国务院制定的行政法规、某些地方国家机关制定的地方性法规等。狭义的法律则指国家最高权力机关（含其常设机构）所制定的法律文件，即全国人大及人大常委会所制定的法律。上述广义和狭义的法律，属于规范意义上的含义，即从文辞意义和法律意义两个角度的定义。

在西文中，除英语中的"Law"同汉语中的"法律"对应外，欧洲大陆的各民族语言都用两个词把"法"和"法律"分别加以表达。比如拉丁文的 Jus 和 Lex，法文中的 droit 和 loi，德文中的 recht 和 gesetz，意大利语中的 diritto 和 legge，西班牙语中的 derecho 和 ley，等等。英文中的 law 同汉语"法律"的习惯用法一致，既可作广义解，又可作狭义解。可以认为，西方的"法律"指由国家机关制定和颁布的具体的法律规则，而"法"则与永恒的、普遍有效的正义原则和道德公理、权利相联系，法律只是法的一种外在的表现形式。

从以上的分析可以看出，中西方文化对法、法律词义的理解有共同性，如：法的范围较广，法律的范围较窄；法、法律都含平等、正义的属性；法和法律都意味着某种程度的强制性、规范性，等等。

目前我国法学界对法律的一般定义是：法律是由国家制定或认可并以国家强制力保证实施的，反映由特定社会物质生活条件所决定的统治阶级意志的规范体系。

马克思主义认为法律的本质表现为：法律是统治阶级意志的体现；法律体现的不是统治阶级意志的全部，而是通过国家立法的形式上升为国家意志的统治阶级意志；法律是由特定社会的物质生活条件所决定的。现阶段，我国社会主义法律是党的主张和广大人民共同意志的统一，具有鲜明的阶级性，又具有广泛的人民性，体现了阶级性与人民性的统一；社会主义法律反映了自然规律和社会历史发展规律，具有科学性与先进性。

二、我国社会主义法律的本质特征是什么？

我国社会主义法律是中国特色社会主义制度的重要组成部分，是党领导人民当家作主的制度保障。

从法律所体现的意志来看，我国社会主义法律是党的主张和广大人民意志的统一。我国的社会主义法律是由国家立法机关制订或认可，并为国家强制力保证实施的行为规范的总和，是阶级性和人民性的有机统一。首先，我国法律的本质同我国的阶级本质相一致。根据宪法的规定，我国是工人阶级领导的、以工农联盟为基础的人民民主专政的社会主义国家。我国的国体性质也就决定了我国社会主义法律的本质，即国家的法律首先反映的是作为领导阶级的工人阶级的利益和意志。其次，我国法律本质中阶级性又和人民性相统一。由于工人阶级和广大劳动人民的利益相一致，社会主义的工人、农民、知识分子以及其他拥护社会主义的爱国者都是国家的主人，所以它又是广大人民群众意志的体现。这就决定了我国的社会主义法律，既有鲜明的阶级性，又有广泛的人民性，体现了阶级性和人民性的统一。

从法律的实质内容来看，我国社会主义法律是自然规律和社会历史发展规律的反映，具有鲜明的科学性和先进性。法律的科学性是指法律正确的反映自然规律的本质，使法律在理念、原则、规则和具体的内容上都能顺应自然世界发展规律的要求，以减少立法对自然界的非理性干预，使二者成为良性的互动关系。法律的先进性是指法律的理念、原则和具体内容能契合社会历史发展的需求、顺应社会历史发展的潮流，契合实际又具有一定的前瞻性，使法律成为推动社会历史发展的有益的外部因素。由于工人阶级和它所领导的广大人民的共同意志同自然和人类社会历史发展的客观要求是一致的，因此从根本上讲，社会主义法律是最能够反映自然和社会历史客观规律要求的法律。

我国社会主义法律的科学性、先进性具体表现为：第一，坚持以马克思主义的世界观和方法论指导法律实践；第二，借鉴吸收了前人和他人在法律实践中的成功经验；第三，在改革创新中不断提高立法质量和水平。

三、怎样理解习近平法治思想是全面依法治国的根本遵循？

习近平新时代中国特色社会主义思想是当代中国马克思主义、21世纪马克思主义。习近平法治思想是习近平新时代中国特色社会主义思想的重要组成部分，是全面依法治国的根本遵循和行动指南，深刻回答了为什么要全面依法治国、怎样全面依法治国这个重大时代课题。

习近平法治思想是在推进伟大斗争、伟大工程、伟大事业、伟大梦想的实践之中完善形成的,也还会随着实践的发展而进一步丰富。习近平法治思想凝聚着中国共产党人在法治建设长期探索中形成的经验积累和智慧结晶,标志着我们党对共产党执政规律、社会主义建设规律、人类社会发展规律的认识达到了新高度,开辟了21世纪马克思主义法治理论和实践的新境界。

在坚持和发展中国特色社会主义法治道路上,习近平法治思想深刻阐明了若干重大关系,廓清了相关思想困惑,为我们提供了科学的方法论指导。它为我们正确认识处理政治和法治的关系、正确认识处理党的政策和国家法律的关系正确认识处理改革和法治的关系、正确认识处理德治和法治的关系、正确认识处理依规治党和依法治国的关系、正确认识处理全面依法治国和其他"三个全面"的关系、正确认识处理法治化和现代化的关系提供了科学的思想武器,是全面依法治国的根本遵循。

四、怎样理解党的领导和依法治国的关系?

党的领导和依法治国的关系是法治建设的核心问题。习近平指出:"党和法的关系是一个根本问题,处理得好,则法治兴、党兴、国家兴;处理得不好,则法治衰、党衰、国家衰。"法是党的主张和人民意愿的有机统一,因此党的领导与依法治国是有机统一的。

一方面,社会主义法治必须坚持党的领导。1997年党的十五大把依法治国确立为党领导人民治理国家的基本方略,2014年党的十八届四中全会又作出全面推进依法治国的重大决定。提出依法治国的是我们党,把依法治国上升为基本方略的是我们党,带领广大人民在实践中不断推进依法治国的也是我们党,党的领导是践行社会主义法治最根本的保证,厉行法治必须坚持党的领导。十九大以来,党和国家分别以党内最高法规和国家根本大法的形式确定,党的领导是中国特色社会主义最本质的特征。二十大报告中,首次将法治单独列为一个部分,在报告的第七部分,以"坚持全面依法治国,推进法治中国建设"为题,专门论述法治建设和法治工作。因此全面依法治国,建设法治中国,方向要正确,不能把党的领导和依法治国二者对立起来。

另一方面,法治是人类文明进步的重要标志,是治国理政的基本方式,党的领导必须依靠社会主义法治,并最终落实到我们党领导立法、保证执法、支持司法和带头守法上。党的二十大指出,全面依法治国是国家治理的一场深刻革命,关系党执政兴国,关系人民幸福安康,关系党和国家长治久安。必须更好发挥法治固根本、稳预期、利长远的保障作用,在法治轨道上全面建设社会主义现代化国家。习近平指出"我们讲依宪治国、依宪执政,不是要否定和放弃党的领导,而是强调党领导人民制定宪法法律,党领导人民执行宪法法律,党自身必须在宪法和法律范围内活动。"有人提出"党大还是法大"的问题,这是一个政治陷阱。因为在我国,党和法是相互依存的,在党的领导下依法治国,不能说是"党比法大";党在宪法法律范围内活动,也不能说是"法比党大","党大还是法大"是一个伪命题。但是,对各级党政组织、各级领导干部来说,必须正确认识正当使用权力和全面遵守法律的关系。正如习近平指出的"我们说不存在党大还是法大的问题,是把党作为一个执政整体而言的,是指党的执政地位和领导地位而言的。具体到每个党政组织、每个领导干部,就必须服从和遵守宪法法律,就不能以党自居,就不能把党的领导作为个人以言代法、以权压法、徇私枉法的挡箭牌。"

五、怎样理解我国宪法的基本原则？

宪法是国家的根本大法，而宪法的基本原则又是统领根本法的准则，集中反映了规范权力运行、保障公民权利的基本精神，是宪法精神得以彰显的核心元素。学习和领会我国宪法的精神和内容，首先应当了解我国宪法的基本原则。

第一，党的领导原则。中国共产党是中国特色社会主义建设事业的领导核心，党的领导是人民当家作主的根本保证。党对国家的领导主要是政治领导、组织领导和思想领导。我国宪法确认了中国共产党的领导地位和执政地位，不仅在历史上，而且在今后，中国人民将继续在中国共产党领导下，努力完成国家的根本任务。党的领导的原则既是对党领导人民进行革命、建设和改革的历史经验的总结和对胜利结果的确认，也是对我国国体和社会主义制度的确认，集中体现了党的主张和人民意志的高度统一。

第二，人民主权原则。人民当家作主是社会主义民主政治的本质和核心。人民主权原则就是指国家主权这一最高权力来源于人民，同时永远属于人民，人民有权参与国家事务的管理。我国《宪法》第2条规定："中华人民共和国的一切权力属于人民。人民行使国家权力的机关是全国人民代表大会和地方各级人民代表大会。人民依照法律规定，通过各种途径和形式，管理国家事务，管理经济和文化事业，管理社会事务。"

第三，尊重和保障人权原则。所谓人权就是作为一个自然人所应该享有的权利。以宪法和法律保障公民基本权利，是社会主义民主和法治发展的重要标志。我国《宪法》第二章"公民的基本权利和义务"专章规定和列举了公民的基本权利，不仅包括政治权利和自由、宗教信仰自由、人身自由、人格尊严不受侵犯、住宅不受侵犯、通信自由和通信秘密等，而且还规定了公民的劳动权、休息权和从国家及社会获得物质帮助权等社会经济权利。2004年，我国通过了宪法修正案，把"国家尊重和保障人权"写入宪法，人权保障原则在我国宪法当中得以正式确立。

第四，社会主义法治原则。法治原则是我国社会主义政治制度、经济制度以及公民基本权利得以实现的保障。其基本含义是指法律是国家和公民的最高活动准则，任何国家机关、政党和团体、公民包括国家领导人都必须遵守法律，在法律的范围内活动；国家任何权力都必须有法律的依据，而对公民权利的任何限制也都必须源于法律，法律面前人人平等。1999年九届全国人大第二次会议修改宪法，在《宪法》第5条中增加一款："中华人民共和国实行依法治国，建设社会主义法治国家。"这就在宪法中正式确立了法治原则。

第五，民主集中制原则。民主集中制是国家机构组织管理和活动的基本原则。我国《宪法》第3条规定："中华人民共和国的国家机构实行民主集中制原则。全国人民代表大会和地方各级人民代表大会都由民主选举产生，对人民负责，受人民监督。国家行政机关、审判机关、检察机关都由人民代表大会产生，对它负责，受它监督。中央和地方的国家机关职权的划分，遵循在中央的统一领导下，充分发挥地方的主动性、积极性的原则。"民主集中制是民主基础上的集中和集中指导下的民主相结合的制度。民主是集中的前提和基础，没有民主，就不会有正确的集中；在民主的基础上又必须实行必要的集中，离开必要的集中，民主就会失去正确方向和目标，人民当家作主就成了一句空话。只讲民主，不讲集中，就会出现极端民主化和无政府状态；反之，如果只讲集中，不讲民主，就必然出现个人独断专行，官僚主义滋长。正确认识和坚持民主集中制原则，对于坚持党的领导，提高执政能力，切实保证人民当家作主和加强社会主义民主政治建设关系重大。

六、怎样理解法治思维的内涵？

法治思维是以法治价值和法治精神为导向，以法律原则和法律规则为依据，运用法律手段和法律方法思考和处理问题的一种思维模式。法治思维的内涵丰富，外延宽广，但其核心内涵和基本内容是相对稳定的。一般来讲，法治思维主要包括法律至上、权力制约、公平正义、权利保障和正当程序等内容。

法律至上是指在现代国家的诸多规范形式中，法律的效力最高，其他规范形式均不得与法律规范相抵触。法律至上具体表现为法律的普遍适用性、优先适用性和不可违抗性。法律一旦生效，只能以法定的程序修改或废除，在此之前必须无条件遵守或执行。如果遇到法与理、法与情的冲突，遇到合理不合法或合情不合法的情况时，仍能遵守有关的法律。但是，在某一特定情境中，往往需要通过字义、体系、立法意旨、客观目的等手段对法律进行解释，才能判断在该情境中法律的具体要求究竟是什么。法律的至上性，往往需要按照一定的程序才能得到实现。但是，对正常程序的追求，并不仅仅是因为程序具有外在价值，同时也是因为程序本身具有内在价值，一个好的程序本身就是令人满意的。正当程序具体表现在程序的合法性、中立性、参与性、公开性、时限性等方面。值得注意的是，正当程序并不仅仅是一个告诉人们先做什么、后做什么的过程，而是强调这一过程的每个要素、环节都必须满足正当性的要求。比如，在法律程序中受到公平的对待、理性的对话、及时的回馈、阳光下实现的公正等。

公平正义是人类社会一个亘古不移的主题。但是，在不同的历史阶段，在不同的文化背景下，人们对公平正义往往有不同的理解。在古希腊，亚里士多德强调正义是每个人得到他应得的。而在当代，又有学者将正义与权利联系起来。比如，罗尔斯在《正义论》中提出，正义的首要主题是社会主要制度分配基本权利和义务，决定由社会合作产生的利益之划分方式。在我国，公平正义是中国特色社会主义的内在要求，一般指社会的各种利益在全体社会成员之间合理的分配和占有，具体包括权利公平、机会公平、规则公平和救济公平。但是，社会主义社会对公平正义的追求，是与解放和发展生产力相互联系、相互促进的，是一个统一整体。

对待权力和权利的不同态度，是法治思维区别于人治思维的重要体现。在现代法治国家，对待权力的基本态度是制约，而对待权利的基本态度是保障。权力是不顾别人反对贯彻自己意志的可能性，这是现代社会构建规则和秩序所必须。但权力也可能被滥用，因此需要制约。所谓权力制约，是指国家机关的权力必须受到法律的规制和约束，具体包括权力由法定、有权必有责、用权受监督、违法受追究四项要求。法治强调的不是意志的自由性，而是先前的规则至上，强调通过将权力置于规则的约束之下，实现对公民权利的法律保障。权利保障的具体方式包括宪法保障、立法保障、行政保护和司法保障。其中，宪法保障是前提和基础。我国《宪法》第33条第3款规定，"国家尊重和保障人权。"这里所谓的"尊重"，是指国家对人权的不干涉义务，如果这种干涉的合法性得不到证明。所谓的"保障"，是指国家有义务采取必要的立法、行政、司法和实践措施保证相关人权的核心在最大可能的限度上得到实施，并采取积极行动防止人权被侵犯。

七、怎样理解法律权利和法律义务的概念？

现代汉语中"权利"一词最初是从西方法律或法学中引进的，这个词在中外文中都有较多且不规则的释义。

英语中的 right（权利）与 power（权力）一般是分开的，而且含义也比较明确：人民享有权利，政府行使权力。但是，在一些英美法学家的著作中，这两个词往往是通用的，比如美国法学家霍菲尔德认为，仅就权利一词而论，它包括以下四种含义：①狭义的权利，指人们可以要求他人这样行为或不行为；②特权（privilege），指人们能不受他人干涉而行为或不行为；③权力（power），指人们通过一定行为或不行为而改变某种法律关系的能力；④豁免（immunity），指人们有不因其他人行为或不行为而改变特定法律关系的自由。霍菲尔德的上述分析在英美法学界虽然不断受到批评和修正，但也长期被重视。

在当代中国法律、法规以至法学中，法律意义上的权利一词，一般是指对公民和作为民事关系主体的法人所享有的，但多数法理学教材中所讲的权利和义务往往又包括了国家机关在执行公务时所使用的职权、权限、权力和职责。权力一词或者是指"国家权力"，或者是职权、权限的同义词。一般而言，权利一词与个体利益相联系，而权力一词则只能代表公共利益，并与国家强制力密切联系。我国现行《宪法》对中央国家机关使用了"职权"一词，对地方国家机关使用了"权限"一词，对公民则使用了"权利"一词。特权一词或者是指受法律保护的外交特权，或者是法律上不容许的超越法律之上的现象。中国法律中所讲的"豁免"，一般是指受法律保护的外交豁免。当然，中国也有些适用于本国公职人员的、与外国所讲的豁免相类似的现象，但在法律上称为"不受法律追究"。总之，"权利"一词无论在国外还是中国，往往有不同意义，我们在研究法律或法学时应当注意这一词词义的复杂性。（参见沈宗灵《权利、义务、权力》，《法学研究》1998 年第 3 期）

当权利被侵害时，如何进行保护？Calabresi 和 Melamed 在 1972 年提出了三种基本的保护方式：财产规则、责任规则与不可让与规则。在财产规则下，除非权利人自愿转让，非权利人不能取得该权利；对于非权利人未经同意的侵害，权利人可以请求返还财产。在责任规则下，非权利人可以未经权利人同意对其权利进行使用，但必须向原权利人支付法院判决的赔偿。而在不可让与规则下，即使权利人同意，也不得转让或者出售该权利，典型的如人格权。从保护强度上，不可让与规则最为严格，其次是可以对抗不特定人任何人的财产规则，而责任规则是一种比较弱的保护方式。Calabresi 和 Melalned 认为：当交易成本很低时，应采取财产规则来保护产权，而当交易成本很高时，责任规则是更为有效的保护方式。三种产权保护规则的概念和逻辑构成了产权保护理论的核心内容。由于交易成本的广泛存在，产权保护理论的基本趋势是倾向于优先使用责任规则，这一结论主要着眼于效率，没有充分考虑到受害人利益受保护的程度这一因素。

与法律权利相对，法律上的义务是由国家规定或承认，法律关系主体应这样行为或不这样行为的一种限制或约束。法律或者积极地规定或承认人们必须这样行为，或者消极地规定或承认人们不这样行为。对承担义务者来说，前一种情况是行为的义务，后一情况是不行为的义务。在法律上，义务是权利的关联词或对应词。在理解法律上的义务时，应当注意法律义务与非法律义务之间的区别。一定行为可能既违反法律，也违反道德、习惯等，此时既要承担法律责任，也要承担违反道德、习惯的后果。但一定行为也可能仅违反法律（例如不合法律程序），但并不一定违反道德或习惯，或者仅违反道德或习惯，但并不违法，此时仅须承担一个方面的责任。法律上的义务虽然由法律规定，但作为法律的内在道德，法律在设定义务时也不能强人所难，"没有人有义务做不可能之事"。

八、怎样理解"依法行使法律权利"？

权利和权力不同。权力涉及公共利益，因而其不仅指法律关系的主体具有从事一定的行为的资格或能力，同时也意味着拥有权力的主体必须从事这一行为，否则将构成违法；而权利通常与公民、法人或者其他组织的个体利益相联系，因而法律在承认并保护法律关系主体具体从事一定行为或者不行为的资格或者能力时，并不要求他必须这样行为。也就是说，权利人可以自主决定是否行使法律所规定的权利。

但是，权利人法律上可以自主决定是否行使权利，并不意味着权利人的这一决定在道德上总是完全自主的。由于人在权利中才具备精神的生存条件，在特定条件下，主张并行使权利将是权利人精神上的自我保护义务；在人格权领域，这种义务甚至也会上升为法律义务。此外，法律之所以承认公民、法人或者其他组织的某项利益为权利，并进一步将其作为一种权利来保护，是基于该种安排体现了共同体的伦理秩序，而在特定条件下，公民、法人或者其他组织不行使权利，将导致这种共同体伦理秩序无法得到保障，此时，权利人也有行使权利的道德义务。

权利人可以行使权利，但必须依法进行。这意味着，行使权利时，必须遵守宪法和法律的规定，不得超越法律许可的范围；同时，不得损害他人的合法权益，"你挥舞拳头的自由止于我的鼻尖"。此外，权利的形式不得超越权利的、社会的、经济的目的或者社会所不容许的界限。在判断权利的形式是否构成滥用时，通常要考虑权利行使的时间是否适当、方式是否适当、对象是否适当、程度是否适当、场合是否适当等。比如，邻居每晚看电视至深夜，本是其权利，但如果声响极大，超过了社会观念上可以忍受的程度，致使他人无法入睡，就构成了权利的滥用。

（参见汪渊智《论禁止权利滥用原则》，载《法学研究》1995 年第 5 期）

坚持走中国特色社会主义法治道路
更好推进中国特色社会主义法治体系建设（节选）
——在十九届中央政治局第三十五次集体学习时的讲话
（2021 年 12 月 6 日）

习近平

今天，中央政治局进行第三十五次集体学习，内容是建设中国特色社会主义法治体系。安排这次学习，目的是总结中国特色社会主义法治体系建设成效，分析存在的问题和不足，坚持走中国特色社会主义法治道路，更好推进中国特色社会主义法治体系建设。

"法度者，正之至也。"我们党自成立之日起就高度重视法治建设。新民主主义革命时期,我们党制定了《中华苏维埃共和国宪法大纲》和大量法律法令,创造了"马锡五审判方式",为建立新型法律制度积累了实践经验。社会主义革命和建设时期,我们党领导人民制定了宪法和国家机构组织法、选举法、婚姻法等一系列重要法律法规,建立起社会主义法制框架体系,确立了社会主义司法制度。改革开放和社会主义现代化建设时期,我们党提出"有法可依、有法必依、执法必严、违法必究"的方针,确立依法治国基本方略,把建设社会主义法治国家确定为社会主义现代化的重要目标,逐步形成以宪法为核心的中国特色社会主义法律体系。

党的十八大以来,党中央把全面依法治国纳入"四个全面"战略布局予以有力推进,对全面依法治国作出一系列重大决策部署,组建中央全面依法治国委员会,完善党领导立法、保证执法、支持司法、带头守法制度,基本形成全面依法治国总体格局。党的十八届四中全会明确提出全面推进依法治国的总目标是建设中国特色社会主义法治体系、建设社会主义法治国家。我们抓住法治体系建设这个总抓手,坚持党的领导、人民当家作主、依法治国有机统一,坚持依法治国、依法执政、依法行政共同推进,坚持法治国家、法治政府、法治社会一体建设,全面深化法治领域改革,统筹推进法律规范体系、法治实施体系、法治监督体系、法治保障体系和党内法规体系建设,推动中国特色社会主义法治体系建设取得历史性成就。

同时,我们也要看到,我国法治体系还存在一些短板和不足,主要是:法律规范体系不够完备,重点领域、新兴领域相关法律制度存在薄弱点和空白区;法治实施体系不够高效,执法司法职权运行机制不够科学;法治监督体系不够严密,各方面监督没有真正形成合力;法治保障体系不够有力,法治专门队伍建设有待加强;涉外法治短板比较明显,等等。这些问题,必须抓紧研究解决。

我多次强调,法治兴则民族兴,法治强则国家强。当前,我国正处在实现中华民族伟大复兴的关键时期,世界百年未有之大变局加速演进,改革发展稳定任务艰巨繁重,对外开放深入推进,需要更好发挥法治固根本、稳预期、利长远的作用。

从国内看,我们已经踏上了全面建设社会主义现代化国家、向第二个百年奋斗目标进军的新征程,立足新发展阶段,贯彻新发展理念,构建新发展格局,推动高质量发展,满足人民对民主、法治、公平、正义、安全、环境等方面日益增长的要求,提高人民生活品质,促进共同富裕,都对法治建设提出了新的更高要求。我们必须提高全面依法治国能力和水平,为全面建设社会主义现代化国家、实现第二个百年奋斗目标提供有力法治保障。

从国际看,世界进入动荡变革期,国际竞争越来越体现为制度、规则、法律之争。我们必须加强涉外法律法规体系建设,提升涉外执法司法效能,坚决维护国家主权、安全、发展利益。

建设中国特色社会主义法治体系,要顺应事业发展需要,坚持系统观念,全面加以推进。当前和今后一个时期,要着力抓好以下几方面工作。

第一,坚持法治体系建设正确方向。我讲过,全面推进依法治国这件大事能不能办好,最关键的是方向是不是正确、政治保证是不是坚强有力,具体讲就是要坚持党的领导,坚持中国特色社会主义制度,贯彻中国特色社会主义法治理论。中国特色社会主义法治体系是中国特色社会主义制度的重要组成部分,必须牢牢把握中国特色社会主义这个定性,坚定不移走中国特色社会主义法治道路,正确处理政治和法治、改革和法治、依法治国和以德治国、依法治国和依规治党的关系,在坚持党的全面领导、保证人民当家作主等重大问题上做到头脑特别清晰、立场特别坚定。要始终坚持以人民为中心，坚持法治为了人民、依靠人民、造福人民、保护人民，把体现人民利益、反映人民愿望、维护人民权益、增进人民福祉落实到法治体系建设全过程。我们要建设的中国特色社会主义法治体系，必须是扎根中国文化、立足中国国情、解决中国问题的法治体系，不能被西方错误思潮所误导。

第二，加快重点领域立法。古人讲："立善法于天下，则天下治；立善法于一国，则一国治。"要加强国家安全、科技创新、公共卫生、生物安全、生态文明、防范风险等重要领域立法，加快数字经济、互联网金融、人工智能、大数据、云计算等领域立法步伐，努力健全国家治理急需、满足人民日益增长的美好生活需要必备的法律制度。要发挥依规治党对党和国家事业发展的政治保障作用，形成国家法律和党内法规相辅相成的格局。要聚焦人民群众急盼，加强民生领域立法。对人民群众反映强烈的电信网络诈骗、新型毒品犯罪和"邪教式"追星、"饭圈"乱象、"阴阳合同"等娱乐圈突出问题，要从完善法律入手进行规制，补齐监管漏洞和短板，决不能放任不管。这些年来，资本无序扩张问题比较突出，一些平台经济、数字经济野蛮生长、缺乏监管，带来了很多问题。要加快推进反垄断法、反不正当竞争法等修订工作，加快完善相关法律制度。

毛泽东同志说过："搞宪法是搞科学。"要抓住立法质量这个关键，深入推进科学立法、民主立法、依法立法，统筹立改废释纂，提高立法效率，增强立法系统性、整体性、协同性。维护国家法治统一是严肃的政治问题，各级立法机构和工作部门要遵循立法程序、严守立法权限，切实避免越权立法、重复立法、盲目立法，有效防止部门利益和地方保护主义影响。

"天下之事，不难于立法，而难于法之必行。"推进法治体系建设，重点和难点在于通过严格执法、公正司法、全民守法，推进法律正确实施，把"纸上的法律"变为"行动中的法律"。要健全法律面前人人平等保障机制，维护国家法制统一、尊严、权威，一切违反宪法法律的行为都必须予以追究。各级党组织和领导干部都要旗帜鲜明支持司法机关依法独立行使职权，绝不容许利用职权干预司法、插手案件。

第三，深化法治领域改革。当前，法治领域存在的一些突出矛盾和问题，原因在于改革还没有完全到位。要围绕让人民群众在每一项法律制度、每一个执法决定、每一宗司法案件中都感受到公平正义这个目标，深化司法体制综合配套改革，加快建设公正高效权威的社会主义司法制度。要健全社会公平正义法治保障制度，完善公益诉讼制度，健全执法权、监察权、司法权运行机制，加强权力制约和监督。要加快构建系统完备、规范高效的执法司法制约监督体系，加强对立法权、执法权、监察权、司法权的监督，健全纪检监察机关、公安机关、检察机关、审判机关、司法行政机关各司其职，侦查权、检察权、审判权、执行权相互制约的体制机制，确保执法司法各环节、全过程在有效制约监督下进行。……要深化执法司法人员管理体制改革，加强法治专门队伍管理教育和培养。要深化政法队伍教育整顿，继续依法打击执法司法领域腐败行为，推动扫黑除恶常态化。

需要强调的是，法治领域改革政治性、政策性强，必须把握原则、坚守底线，决不能把改革变成"对标"西方法治体系、"追捧"西方法治实践。

第四，运用法治手段开展国际斗争。党的十八大以来，我们统筹推进国内法治和涉外法治，运用法治方式维护国家和人民利益能力明显提升。要坚持统筹推进国内法治和涉外法治，按照急用先行原则，加强涉外领域立法，进一步完善反制裁、反干涉、反制"长臂管辖"法律法规，推动我国法域外适用的法律体系建设。要把拓展执法司法合作纳入双边多边关系建设的重要议题，延伸保护我国海外利益的安全链。要加强涉外法治人才建设。

第五，加强法治理论研究和宣传。我们总结中国特色社会主义法治实践规律，传承中华法律文化精华，汲取世界法治文明有益成果，形成了全面依法治国新理念新举措。我在中央全面依法治国工作会议上概括为"十一个坚持"。要加强对我国法治的原创性概念、判断、范畴、理论的研究，加强中国特色法学学科体系、学术体系、话语体系建设。要把新时代中国特色社会主义法治思想落实到各法学学科的教材编写和教学工作中，推动进教材、进课堂、进头脑，努力培养造就更多具有坚定理想信念、强烈家国情怀、扎实法学根底的法治人才。……各级领导干部要带头尊法学法守法用法，引导广大群众自觉守法、遇事找法、解决问题靠法。要总结我国法治体系建设和法治实践的经验，阐发我国优秀传统法治文化，讲好中国法治故事，提升我国法治体系和法治理论的国际影响力和话语权。

…………

（来源：《求是》，2022 年 2 月 15 日）

高举中国特色社会主义伟大旗帜
为全面建设社会主义现代化国家而团结奋斗（节选）
——在中国共产党第二十次全国代表大会上的报告
（2022 年 10 月 16 日）

习近平

…………

七、坚持全面依法治国，推进法治中国建设

全面依法治国是国家治理的一场深刻革命，关系党执政兴国，关系人民幸福安康，关系党和国家长治久安。必须更好发挥法治固根本、稳预期、利长远的保障作用，在法治轨道上全面建设社会主义现代化国家。

我们要坚持走中国特色社会主义法治道路，建设中国特色社会主义法治体系、建设社会主义法治国家，围绕保障和促进社会公平正义，坚持依法治国、依法执政、依法行政共同推进，坚持法治国家、法治政府、法治社会一体建设，全面推进科学立法、严格执法、公正司法、全民守法，全面推进国家各方面工作法治化。

（一）完善以宪法为核心的中国特色社会主义法律体系。坚持依法治国首先要坚持依宪治国，坚持依法执政首先要坚持依宪执政，坚持宪法确定的中国共产党领导地位不动摇，坚持宪法确定的人民民主专政的国体和人民代表大会制度的政体不动摇。加强宪法实施和监督，健全保证宪法全面实施的制度体系，更好发挥宪法在治国理政中的重要作用，维护宪法权威。加强重点领域、新兴领域、涉外领域立法，统筹推进国内法治和涉外法治，以良法促进发展、保障善治。推进科学立法、民主立法、依法立法，统筹立改废释纂，增强立法系统性、整体性、协同性、时效性。完善和加强备案审查制度。坚持科学决策、民主决策、依法决策，全面落实重大决策程序制度。

（二）扎实推进依法行政。法治政府建设是全面依法治国的重点任务和主体工程。转变政府职能，优化政府职责体系和组织结构，推进机构、职能、权限、程序、责任法定化，提

高行政效率和公信力。深化事业单位改革。深化行政执法体制改革，全面推进严格规范公正文明执法，加大关系群众切身利益的重点领域执法力度，完善行政执法程序，健全行政裁量基准。强化行政执法监督机制和能力建设，严格落实行政执法责任制和责任追究制度。完善基层综合执法体制机制。

（三）严格公正司法。公正司法是维护社会公平正义的最后一道防线。深化司法体制综合配套改革，全面准确落实司法责任制，加快建设公正高效权威的社会主义司法制度，努力让人民群众在每一个司法案件中感受到公平正义。规范司法权力运行，健全公安机关、检察机关、审判机关、司法行政机关各司其职、相互配合、相互制约的体制机制。强化对司法活动的制约监督，促进司法公正。加强检察机关法律监督工作。完善公益诉讼制度。

（四）加快建设法治社会。法治社会是构筑法治国家的基础。弘扬社会主义法治精神，传承中华优秀传统法律文化，引导全体人民做社会主义法治的忠实崇尚者、自觉遵守者、坚定捍卫者。建设覆盖城乡的现代公共法律服务体系，深入开展法治宣传教育，增强全民法治观念。推进多层次多领域依法治理，提升社会治理法治化水平。发挥领导干部示范带头作用，努力使尊法学法守法用法在全社会蔚然成风。

……………

（来源：求是网（http://www.qstheory.cn/yaowen/2022－10/25/c_1129079926.htm，2023年4月9日访问）

学者论坛

以习近平法治思想为指导推进法治中国建设

王 轶

法治兴则民族兴，法治强则国家强。党的十八大以来，社会主义法治国家建设深入推进，全面依法治国总体格局基本形成，中国特色社会主义法治体系加快建设，司法体制改革取得重大进展，社会公平正义保障更为坚实，法治中国建设开创新局面，为我们胜利完成脱贫攻坚、全面建成小康社会的历史任务，实现第一个百年奋斗目标提供了有力保障。全面依法治国是国家治理的一场深刻革命，关系党执政兴国，关系人民幸福安康，关系党和国家长治久安。党的二十大报告首次单独专章论述、专门部署法治建设，充分体现了以习近平同志为核心的党中央对全面依法治国的高度重视，进一步宣示了我们党矢志不渝推进法治建设的坚定决心，进一步丰富和发展了习近平法治思想，进一步深化和拓展了新时代党和国家工作布局。新时代新征程，为全面建成社会主义现代化强国、实现第二个百年奋斗目标，以中国式现代化全面推进中华民族伟大复兴，必须更好发挥法治固根本、稳预期、利长远的保障作用。这就要求我们必须坚持全面依法治国，推进法治中国建设。坚持习近平法治思想指导地位，是坚持全面依法治国，推进法治中国建设的必然选择。

一、习近平法治思想开辟了马克思主义法治理论中国化时代化新境界

党的二十大报告指出，马克思主义是我们立党立国、兴党兴国的根本指导思想。坚持和发展马克思主义，必须同中国具体实际相结合，同中华优秀传统文化相结合，立足中华民族

伟大复兴战略全局和世界百年未有之大变局，开辟马克思主义中国化时代化新境界。习近平法治思想就是将马克思主义法治理论同法治中国建设实际相结合、同中华优秀传统法律文化相结合的典范。我国拥有十四亿多人口，地域辽阔，民族众多，国情复杂。全面依法治国的战略布局就铺展于这片沃土之上，这是我们党要保证国家统一、法制统一、政令统一、市场统一，要实现经济发展、政治清明、文化昌盛、社会公正、生态良好，必须作出的选择。习近平法治思想把求真务实的实践理性运用于中国本土的法治建设，不断深化对法治国情和法治规律的认识，科学回答了我们这个时代法治建设所面临的一系列理论、制度和实践难题。习近平法治思想深耕于中华法治文明的土壤，既把中国古典文献中的法理精华作为新时代法治理论的弥足珍贵的文化资源，又将那些经典论语融入现代话语体系之中，使古老的中华法系继续在中国式法治现代化的图谱中发出光亮。习近平法治思想实现了马克思主义法治理论中国化时代化的历史性飞跃、创造性升华，开辟了马克思主义法治理论中国化、时代化的新境界。

习近平法治思想内涵丰富、论述深刻、逻辑严密、系统完备，其核心要义是"十一个坚持"：坚持党对全面依法治国的领导；坚持以人民为中心；坚持中国特色社会主义法治道路；坚持依宪治国、依宪执政；坚持在法治轨道上推进国家治理体系和治理能力现代化；坚持建设中国特色社会主义法治体系；坚持依法治国、依法执政、依法行政共同推进，法治国家、法治政府、法治社会一体建设；坚持全面推进科学立法、严格执法、公正司法、全民守法；坚持统筹推进国内法治和涉外法治；坚持建设德才兼备的高素质法治工作队伍，坚持抓住领导干部这个"关键少数"。习近平法治思想从历史和现实相贯通、国际和国内相关联、理论和实际相结合上，深刻回答了新时代为什么实行全面依法治国、怎样实行全面依法治国等一系列重大问题，包含着新时代全面依法治国，建设法治中国的世界观和方法论，提出了许多立时代之潮头、把时代之脉搏、发时代之先声的法治新范畴新命题新理论，作出了一系列原创性理论贡献。在法治地位论上，习近平法治思想从经世济民、治国安邦等方面，创造性地提出了法治强国、法安天下、法治固根本稳预期利长远等重要命题。在法治道路论上，习近平法治思想把法治道路选择问题置于法治首要地位，深入阐释了中国特色社会主义法治道路的理论精髓、实践精义，构建起了系统完备的法治道路理论。在法治结构论上，习近平法治思想原创性地提出法治体系范畴，并对法治宏观结构作了多重划分，开辟了法治结构论发展新境界。在法治关系论上，习近平法治思想深刻揭示了政与法、党与法、法与民、法与德等重大关系，揭开了法治关系论发展新篇章。在法治与发展论上，习近平法治思想系统阐释了法治与国家治理、经济发展、政治发展、文化发展、社会发展、生态文明发展的关系，形成了当代世界最具原创性的法治和发展理论。在法治方法论上，习近平法治思想系统提出了领导推进法治建设的科学思维、正确策略、有效方法，创造性地构建起了一个全新的法治方法论体系。

马克思指出："哲学家们只是用不同的方式解释世界，问题在于改变世界。"马克思主义不是书斋里的学问，而是实践的理论，是为人类求解放而创立的，指引着人民改造世界的行动，实践性是马克思主义理论区别于其他理论的显著特征。习近平法治思想缘于经验的升华，具有鲜明的实践品格，拓展了中国特色社会主义法治新道路，具有实践的指导力，为建设中国特色社会主义法治体系，建设社会主义法治国家，探索人类法治文明新形态提供了根本遵循和行动指南。

二、以习近平法治思想为指导推进法治中国建设

坚持全面依法治国，推进法治中国建设，必须明确目标。习近平法治思想核心要义"十一个坚持"的第六个坚持强调，坚持建设中国特色社会主义法治体系。党的二十大报告重申，建设中国特色社会主义法治体系，建设社会主义法治国家。这就是坚持全面依法治国，推进法治中国建设的总目标，既明确了性质和方向，又突出了工作重点和总抓手，对坚持全面依法治国，推进法治中国建设具有纲举目张的意义。全面依法治国各项工作都要围绕总目标来部署、来展开，要加快形成完备的法律规范体系、高效的法治实施体系、严密的法治监督体系、有力的法治保障体系，形成完善的党内法规体系。

坚持全面依法治国，推进法治中国建设，必须明确时代使命。习近平法治思想核心要义"十一个坚持"的第五个坚持强调，坚持在法治轨道上推进国家治理体系和治理能力现代化。党的二十大报告重申，在法治轨道上全面建设社会主义现代化国家。这就是全面依法治国，推进法治中国建设的时代使命。确立这一时代使命是深刻总结我国社会主义建设成功经验和深刻教训作出的重大抉择。正反两方面经验表明，社会主义建设只有在法治轨道上推进才能行稳致远，什么时候厉行法治，社会主义建设就能顺利发展，什么时候法治不彰，社会主义建设就会停滞不前。从我国古代看，凡属盛世都是法制相对健全的时期；从世界历史看，国家强盛往往同法治相伴而生。习近平总书记深刻指出，"法律是治国之重器，法治是国家治理体系和治理能力的重要依托"，"法治体系是国家治理体系和治理能力的骨干工程"，"推进国家治理体系和治理能力现代化，当然要高度重视法治问题"。

坚持全面依法治国，推进法治中国建设，需要明确领导力量。习近平法治思想核心要义"十一个坚持"的第一个坚持旗帜鲜明，坚持党对全面依法治国的领导。领导力量问题的核心是党和法的关系。党和法的关系是一个根本问题，处理得好，则法治兴、党兴、国家兴；处理得不好，则法治衰、党衰、国家衰。党和法的关系是政治和法治关系的集中反映。法治当中有政治，没有脱离政治的法治。每一种法治形态背后都有一套政治理论，每一种法治模式当中都有一种政治逻辑，每一条法治道路底下都有一种政治立场。党的领导是中国特色社会主义法治之魂，是推进全面依法治国，建设法治中国的根本保证。我们必须深刻领悟"两个确立"的决定性意义，坚决做到"两个维护"，把党的领导落实到全面依法治国，建设法治中国各领域各方面各环节。

坚持全面依法治国，推进法治中国建设，需要明确根本立场。习近平法治思想核心要义"十一个坚持"的第二个坚持明确宣示，坚持以人民为中心。这是中国特色社会主义的本质要求。全面依法治国，建设法治中国的根本宗旨就是为了人民，依靠力量就是人民。我们必须站稳人民立场、把握人民愿望、尊重人民创造、集中人民智慧。要积极回应人民群众新要求新期待，系统研究谋划和解决法治领域人民群众反映强烈的突出问题，不断增强人民群众获得感、幸福感、安全感，用法治保障人民安居乐业。要把体现人民利益、反映人民意愿、维护人民权益、增进人民福祉落实到法治中国建设各领域全过程。

坚持全面依法治国，推进法治中国建设，需要明确方向道路。如果路走错了，南辕北辙了，那再提什么要求和举措也都没有意义了。习近平法治思想核心要义"十一个坚持"的第三个坚持明确，坚持中国特色社会主义法治道路。这是建设社会主义法治国家的唯一正确道路。中国特色社会主义法治道路本质上是中国特色社会主义道路在法治领域的具体体现，党的领导、中国特色社会主义制度、中国特色社会主义法治理论这三个方面实质上是中国特色社会

土义法治道路的核心要义，规定和确保了中国特色社会主义法治体系的制度属性和前进方向。

坚持全面依法治国，推进法治中国建设，必须明确首要任务。习近平法治思想核心要义"十一个坚持"的第四个坚持明确，坚持依宪治国、依宪执政。这是建设社会主义法治国家的首要任务和基础性工作。宪法是国家的根本法，是治国安邦的总章程，具有最高的法律地位、法律权威、法律效力，具有根本性、全局性、稳定性、长期性。坚持依法治国首先要坚持依宪治国，坚持依法执政首先要坚持依宪执政，坚持宪法确定的中国共产党领导地位不动摇，坚持宪法确定的人民民主专政的国体和人民代表大会制度的政体不动摇。加强宪法实施和监督，健全保证宪法全面实施的制度体系，更好发挥宪法在治国理政中的重要作用，维护宪法权威。

坚持全面依法治国，推进法治中国建设，必须明确工作布局。习近平法治思想核心要义"十一个坚持"的第七个坚持明确，坚持依法治国、依法执政、依法行政共同推进，法治国家、法治政府、法治社会一体建设。这是对全面依法治国，建设法治中国工作布局的回答。其中法治政府建设是全面依法治国的重点任务和主体工程。我们要深化行政执法体制改革，全面推进严格规范公正文明执法，强化行政执法监督机制和能力建设，全面提高法治政府建设水平。法治社会是构筑法治国家的基础。我们要弘扬社会主义法治精神，传承中华优秀传统法律文化，深入开展法治宣传教育，引导全体人民做社会主义法治的忠实崇尚者、自觉遵守者、坚定捍卫者。

坚持全面依法治国，推进法治中国建设，必须明确重要环节。习近平法治思想核心要义"十一个坚持"的第八个坚持明确，坚持全面推进科学立法、严格执法、公正司法、全民守法。这就明确了全面推进依法治国，建设法治中国的重要环节和重点任务。"立善法于天下，则天下治；立善法于一国，则一国治。"实现全面依法治国的目标，要坚持立法先行，坚持立改废释纂并举，加快完善法律、行政法规、地方性法规体系，加快补齐相关法律领域短板弱项。我们要完善以宪法为核心的中国特色社会主义法律体系，加强重点领域、新兴领域、涉外领域的立法工作，推进科学立法、民主立法、依法立法，增强立法系统性、整体性、协同性、时效性，努力以良法促进发展、保障善治。公正司法是维护社会公平正义的最后一道防线。我们要深化司法体制综合配套改革，全面准确落实司法责任制，规范司法权力运行，强化对司法活动的制约监督，加快建设公正高效权威的社会主义司法制度，让人民群众在每一个司法案件中感受到公平正义。

坚持全面依法治国，推进法治中国建设，必须明确迫切任务。习近平法治思想核心要义"十一个坚持"的第九个坚持明确，坚持统筹推进国内法治与涉外法治。法治体系是国家治理体系的骨干工程，法治是国家软实力的核心内容。当前，世界百年未有之大变局加速演变，和平与发展仍然是时代主题，但国际环境不稳定性不确定性明显上升，新冠肺炎疫情大流行影响广泛深远。我国不断发展壮大，日益走近世界舞台中央。要加快涉外法治工作战略布局，协调推进国内治理和国际治理，更好维护国家主权、安全、发展利益。

坚持全面依法治国，推进法治中国建设，必须明确基础性保障。习近平法治思想核心要义"十一个坚持"的第十个坚持就此明确，坚持建设德才兼备的高素质法治工作队伍。全面推进依法治国，建设一支德才兼备的高素质法治队伍至关重要。我国专门的法治队伍主要包括在人大和政府从事立法工作的人员、在行政机关从事执法工作的人员、在司法机关从事司法工作的人员。全面推进依法治国，首先要把这几支队伍建设好。

坚持全面依法治国，推进法治中国建设，必须明确关键所在。习近平法治思想核心要义"十一个坚持"的最后一个坚持就此明确，坚持抓住领导干部这个"关键少数"。领导干部具体行使党的执政权和国家立法权、行政权、监察权、司法权，是全面依法治国的关键。我们要发挥领导干部示范带头作用，推动习近平法治思想深入人心，使尊法学法守法用法在全社会蔚然成风。

（来源：中国人民大学学报，2022年第6期；作者系中国人民大学民商事法律科学研究中心研究员、习近平法治思想研究中心学术委员会主任、法学院教授，中国人民大学副校长）

以中国式法治现代化全面推进法治中国建设（节选）

胡 明

在党的二十大报告中，习近平总书记关于"以中国式现代化全面推进中华民族伟大复兴"的重要论述，为在新时代新征程上坚定推进和拓展中国式法治现代化指明了方向。中国式法治现代化是指在当代中国马克思主义法治理论指导下，坚持人民主体和共同富裕基本原则，沿着中国特色社会主义法治道路，以建设社会主义法治体系和法治国家为目标模式，在实现从法治大国到法治强国的根本转型过程中所形成的法治文明新形态。中国式法治现代化与全面推进依法治国战略一脉相承，与中国式现代化的本质要求息息相关，是建设社会主义现代化强国的重要一环。本文从中国式法治现代化的指导思想、本质要求、逻辑体系、宏伟战略、实践路径等五个方面展开论述，使之呈现严谨的学术表达和清晰的理论框架。

一、中国式法治现代化的指导思想

新中国成立以来，党领导人民在不同历史时期推进法治建设的探索与成就告诉我们，任何法治构想的展开都离不开先进思想的指引，任何法治目标的实现都离不开先进思想的把舵。在推进中国式法治现代化新征程上，习近平法治思想就是指导思想与根本遵循，为我们提供了理论指引、展示了科学方法、描绘了宏伟蓝图。

（一）习近平法治思想为中国式法治现代化提供了理论指引

习近平法治思想是马克思主义法治理论中国化最新成果，是习近平新时代中国特色社会主义思想的重要组成部分，是全面依法治国的根本遵循和行动指南。习近平法治思想贯穿以人民为中心的理念，以维护和促进社会公平正义为核心价值追求，阐发了新时代我国权利保障、权力监督、公平正义等法治价值的基本立场，以其博大精深的科学理论体系为中国式法治现代化建设明确了政治方向、战略地位、工作布局、重点任务、重大关系和重要保障，全面回答了"新时代为什么走和怎么走中国式法治现代化道路"这两个根本性、方向性理论问题。

习近平法治思想把马克思主义基本原理同中国具体实际相结合、同中华优秀传统文化相结合，顺应时代要求、体现时代精神、回答时代之问，以共产党人深刻的历史清醒、历史主动和历史自觉展示了中国式法治现代化的宏伟规划。这种历史清醒、历史主动和历史自觉源于以习近平同志为核心的党中央不断深化对党依法执政规律、社会主义法治建设规律、人类社会法治发展规律的认识，不断拓展全面依法治国伟大方略的理论深度、思维广度和实践力度，不断增强中国特色社会主义道路自信、理论自信、制度自信与文化自信。

高举习近平法治思想伟大旗帜，坚定不移推进中国式法治现代化建设，需要我们在深入学习贯彻落实习近平法治思想过程中，深刻把握其理论精髓与核心要义。一方面，要不断增强学习贯彻落实习近平法治思想的自觉性和坚定性，不断深化对习近平法治思想的理解和把握,通过系统化梳理、学理化阐释、体系化构建,将习近平法治思想的政治意义、理论意义与实践意义融入中国式法治现代化各个维度。另一方面,要不断增强灵活运用习近平法治思想解决实际问题的能力,将习近平法治思想所蕴含的法治思维和法治方式作为解决中国式法治现代化建设进程中攻坚克难的理论武器。

(二)习近平法治思想为中国式法治现代化展示了科学方法

习近平法治思想坚持马克思主义立场、观点和方法,把辩证唯物主义和历史唯物主义娴熟运用于法治领域,实现了方法论、认识论的历史性飞跃。习近平法治思想关于政治和法治、改革和法治、发展和安全、依法治国与以德治国、依法治国和依规治党等重大关系的原理阐释,为在中国式法治现代化建设过程中分析复杂现象、处理复杂问题提供了完备的思维方法——辩证思维、系统思维、战略思维、历史思维、创新思维、法治思维、底线思维,这些思维方法集中体现在习近平法治思想的方法论、认识论当中。

唯物辩证法方法论。习近平法治思想将唯物辩证法运用于法治领域,体现出精准练达的辩证方法和理论思维。习近平总书记指出:"坚持一切从实际出发,既要看到社会主义初级阶段基本国情没有变,也要看到我国经济社会发展每个阶段呈现出来的新特点。"中国式法治现代化正是党立足基本国情、把握新阶段经济社会新特点、体现新时代法治建设新要求所提出的新构想、新战略、新目标。推进中国式法治现代化,需要明晰辩证唯物主义的对立统一规律、量变质变规律和否定之否定规律,需要体察法治建设各个环节是普遍联系而不是片面的,不断发展而不是静止的,曲折前进而不是直线上升的。总之,就是要始终坚持实事求是和问题导向。

历史唯物主义群众史观。历史唯物主义主张人民群众是历史的主体,是历史的创造者,是推动社会发展进步的决定性力量。《管子》有云:"与天下同利者,天下持之;擅天下之利者,天下谋之。"习近平总书记强调,"人民是历史的创造者,是决定党和国家前途命运的根本力量",要"把人民对美好生活的向往作为奋斗目标,依靠人民创造伟业"。习近平法治思想核心要义之一就是坚持以人民为中心。与西方资本主义国家执政党不同,人民立场是中国共产党的根本立场,中国式法治现代化是顺应历史潮流和人民意愿作出的必然选择。要深刻意识到,人民群众是推进中国式法治现代化的主体和力量源泉,保障人民权益、维护公平正义、坚持和完善人民当家做主制度体系是中国式法治现代化的基本任务。

(三)习近平法治思想为中国式法治现代化描绘了宏伟蓝图

党的二十大报告指出中国式现代化的五个特点,人口规模巨大、全体人民共同富裕、物质文明和精神文明相协调、人与自然和谐共生、走和平发展道路。中国式法治现代化是中国式现代化的题中应有之义,是"五个特点"在法治领域的必然体现,更是其本质要求顺利实现的重要保障。习近平法治思想的核心要义集中体现在"十一个坚持",这"十一个坚持"对"走什么样的中国式法治现代化道路"作出了全面回答,为中国式法治现代化的发展路径和未来建构进行了详细谋划。

中国式法治现代化的特征在"中国式",坚持党对全面依法治国的领导和以人民为中心,走中国特色社会主义道路、建设中国特色社会主义法治体系。中国式法治现代化的核心在"现代化",坚持依宪治国、依宪执政,在法治轨道上推进国家治理体系和治理能力现代化,依法治国、依法执政、依法行政共同推进,法治国家、法治政府、法治社会一体建设,全面推进科学立法、严格执法、公正司法、全民守法,统筹推进国内法治和涉外法治,打造高素质法治工作队伍,发挥领导干部"关键少数"作用。

习近平法治思想核心要义的"十一个坚持"描绘出中国式法治现代化的愿景和目标，法律规范科学完备统一，执法司法公正高效权威，权力运行受到有效制约监督，人民合法权益得到充分尊重保障，法治信仰普遍确立，法治国家、法治政府、法治社会全面建成；更好发挥法治固根本、稳预期、利长远的作用，以法治助力经济发展、政治清明、文化昌盛、社会公正、生态良好目标的达成；以"中国之治"为人类政治文明进步贡献中国智慧，为全球治理体系变革提供中国方案，为推动人类法治文明进步展现中国力量。

（摘编自：《政法论坛》2023年1月第41卷第1期，有删节；作者系中国政法大学教授）

法治思维及其养成

汪永清

一般来说，法治思维具有以下五个特点：

1. 法治思维是规则思维。规则思维的逻辑起点是：既定的规则告诉人们哪些可为（权利）、哪些不可为（义务），以及如何行为（程序）；人们的行为后果是可预期的；规则的确定性、可预期是可兑现的。作为规则思维，法治思维有两个基本特性：普遍性优于特殊性，即使适用规则眼前会产生不尽如人意的结果，也不能以需要解决问题的特殊性排斥规则的普遍性，更不能以下不为例为借口突破规则。恪守非人格化权威；法治作为规则之治，是一种非人格化的治理。

2. 法治思维是权利义务思维。权利和义务是法律关系的关键要素，是判断是非对错的标准。法治思维的实质就是从权利和义务角度观察、分析、处理问题，通过权利和义务的运行，实现法的指引、评价、预测、教育、惩罚功能。法治的根本问题是解决权利与权力的关系问题，制约权力、保障权利是法治的主线。

3. 法治思维是程序性思维。程序的基本含义：一是任何人不能做自己的法官。二是同等情况同等对待、同等关注。三是权力在阳光下运行，在监督中行使。四是执法司法者不能从当事人那里牟利，否则会出现偏私。借助程序这个"形式性操作杠杆"，把利益的博弈和价值衡量转化为在法治规程上表达的诉求，人情、关系、偏见、恣意才会被消除，相应纠纷和问题最后都会在法治轨道上得以解决。

4. 法治思维是权衡思维。法治作为定纷止争的实践理性，突出特征在于对各种价值和正当利益的合理平衡，因而法治思维必然体现着权衡利弊、瞻前顾后、兼顾各方的思维特征。它所要求的是，看问题、作决策，要依法处理好当前和长远、局部和全局、个别和一般的关系，尽可能把事情考虑得更周全，把方案设计得更缜密，努力把负面影响消化掉，不能为了解决一个问题，不管会不会引发新问题；为了出台一个政策，不管会不会引起负面效应。

5. 法治思维是建设性思维。建设性思维以建设社会、修复被损害的社会关系为目的。根据法治思维在不同领域、不同问题上的运用，可分为三个层次：一是认知判断层次，即运用法治原理和法律规定对社会问题进行观察、认识，自行得出初步判断。这是普通社会成员应具备的法治思维。二是逻辑推理层次，即运用法治原理和法律规定，对社会问题进行分析判断、综合推理，得出相应结论或者拿出解决办法。这是法律职业人员应具备的法治思维。三是综合决策和制度建构层次，即在上述两个层次基础上，结合经济、政治、文化、社会等因素进行综合衡量，作出符合法治要求的决策或者建构法律制度，对更宏观的问题提出长远的解决方案。这是领导干部应具备的法治思维。

养成法治思维，既需要国家和社会由外而内地推动，更需要我们由内而外地自觉培养。

1. 深化对法治的认识。法治是迄今为止人类能够认识到的最佳治国理政方式，是国家治理体系和治理能力现代化的重要标志。法治既是工具，更是价值，是工具和价值的结合、手段和目标的统一。只有把法治作为价值来追求，才能提高法治思维的层次和水平。

2. 树立对法治的信仰。法治之所以能够被信仰，是因为法律是人民意志的体现，是社会全体成员的行为准则；是非人格化权威，超脱于特定的人和利益，能够激起社会成员信仰层面的尊崇；是一种实践理性，凝结着民族精神，承载着规律和真理。

3. 提高法治素养。不仅要学法治原则、原理、精神，还要加强法律逻辑训练和法治实践锻炼，提高从法治层面研究解决问题的能力。

4. 坚守法治底线。对法治的坚守，不能停留在对誓词的背诵上，而是在一次次对法治有益而对自己可能有不利后果的选择中养成厉行法治的决心和意志。要坚决同破坏法治的行为作斗争，自觉做社会主义法治的守护者。

（摘编自：《法治思维及其养成》，原载《求是》2014年第12期，有删节；作者时任中央政法委员会秘书长，现任全国政协副主席）

撷英荟萃

权利永远不能超出社会的经济结构以及由经济结构所制约的社会的文化发展。

——马克思

法官是法律世界的国王，除了法律就没有别的上司。

——马克思

必须使民主制度化、法律化，使这种制度和法律不因领导人的改变而改变，不因领导人的看法和注意力的改变而改变。

——邓小平

党的领导是推进全面依法治国的根本保证。

——习近平

全过程人民民主是社会主义民主政治的本质属性，是最广泛、最真实、最管用的民主。必须坚定不移走中国特色社会主义政治发展道路，坚持党的领导、人民当家作主、依法治国有机统一。

——习近平

王者之政莫急于盗贼。

——李悝

吏不良，则有法而莫守；法不善，则有财而莫理。

——王安石

法者，公天下持平之器。

——完颜雍（金世宗）

有法而行私，谓之不法。

——慎到

法律是一切人类智慧聪明的结晶，包括一切社会思想和道德。

——柏拉图

法律就是秩序，有好的法律才有好的秩序。

——亚里士多德

The law is to be understood by all. 法律应当被一切人所理解。

——法谚

法律的制订是为了惩罚人类的凶恶悖谬，所以法律本身必须最为纯洁无垢。

——孟德斯鸠

法律不能使人人平等，但是在法律面前人人是平等的。

——波洛克

法律应该是稳定的，但不能停止不前。

——庞德

没有哪个社会可以制订一部永远适用的宪法，甚至一条永远适用的法律。

——杰斐逊

法者，天下之公器也。变者，天下之公理也。

——梁启超

与其责骂罪恶，不如伸张正义。

——丁尼生

正义从来不会缺席，只会迟到。

——休尼特

我不同意你说的话，但是我愿意誓死捍卫你说话的权利。

——伏尔泰

人是生而自由的，但却无所不在枷锁之中。自以为是其他一切的主人的人，反而比其他一切更是奴隶。

——卢梭

扩展阅读

1. 阿伦·德肖维茨著《你的权利从哪里来？》，黄煜文译，北京：北京大学出版社，2014年

每个人的权利从哪里来，这是一个艰深的法理学问题。美国著名律师、哈佛大学法学院著名教授阿伦·德肖维茨从法哲学的角度探讨了权利的来源，为我们提供了一个全新的答案。作者从反面入手，得出人类的权利源自人类的恶行，产生于人类对非正义的经验。即：人类的权利是在与非正义做斗争的漫长过程中一步一步积累而成的，是人类为了抵御各种各样的非正义行为而建立起来的。相对于捉摸不定的正义概念，非正义更容易被直觉的感知，并且具有更加广泛的共识，本书为我们提供了一个全新的研究视角和思维方式。此外，作者还运用其经验权利理论分析了生命权等当前关注度极高的社会议题。

2. 史蒂芬·霍尔姆斯，凯斯·R·桑斯坦著《权利的成本——为什么自由依赖于税》，毕竞悦译，北京：北京大学出版社，2011 年

史蒂芬·霍尔姆斯是普林斯顿大学政治科学教授，凯斯·R·桑斯坦是芝加哥大学法学院教授。

传统的自由主义认为，要保护权利，政府管得越少越好。而本书通过考察保护权利的必要条件，强有力地证明了权利要想真正成为法律意义上的权利，需要政府积极地创设和实施，而不是管得越少越好。而政府要积极的创设和实施权利，进而发挥预期的制度功能，首先必须能够从社会中动员和汲取其行使职权所必需的资源，在这个意义上，自由依赖于税，贫困的政府不能有效的保护权利。自由依赖于税，意味着实施权利的过程同时也是一个分配资源的过程，因而权利不可能是绝对的。本书以生动的事例展现了权利运作的逻辑和规则，深刻地改变了现代国家关于权利的讨论。

3. 鲁道夫·冯·耶林著《为权利而斗争》，郑永流译，北京：法律出版社，2012 年

鲁道夫·冯·耶林（1818—1892）是 19 世纪最伟大的法学家之一，其思想不仅对欧洲，而且对全世界都产生了巨大的影响，主要代表著作有《法律的目的》《罗马法精神》《为权利而斗争》等。《为权利而斗争》是耶林 1872 年 3 月 11 日在维也纳法学会上发表的演讲。在演讲中，耶林提醒听众们，没有什么权利是与生俱来的。只有靠斗争去争取权利，去呼唤法律，才能真正实现权利。本书出版后引起了极大的反响，两年内即印到了十二版，迄今已有五十多个译本。

本书篇幅不长，但内容丰富，共分为六章："法的起源""斗争是法的生命""为权利而斗争是对自己的义务""主张权利是对社会的义务""为国民生活权利而斗争的重要性""现代罗马法与为权利而斗争"。耶林的论点富于激情，论证却雄辩而有力，令人振奋，其见解对于今天中国的法治建设仍然具有启发和借鉴意义。

4. 本杰明·内森·卡多佐著《司法过程的性质》，张守东译，北京：商务印书馆，1998 年

本书作者本杰明·卡多佐是美国历伟大的法官之一，也是社会法学派的代表人物，曾担任美国法院大法官。本书是卡多佐对自己多年担任法官的经验的一个总结，同时也是对美国自霍姆斯以来形成的实用主义司法哲学的一个系统的理论化阐述。作者认为，法官应不满足于通过某种传统的法律推理方法获得一个结论，也不应试图为由某种冲动导致的甚或是某种社会哲学所指定的结论寻求正当性或予以理性化，指出司法过程的实质就是法官在遵循先例的前提下创造法律的过程。本书对美国二十世纪的法律发展产生了重要影响。

案例讨论

案例 1

"自甘风险"案

2020 年 4 月 20 日，当时 70 岁的宋某与其他球友在北京某公园内进行羽毛球三对三比赛，激烈较量当中，周某杀球进攻、大力暴扣，宋某伸手举拍，防守未果，当场被羽毛球击中了右眼。事发后，宋某三次去医院就诊，诊断结果为右眼外伤性人工晶状体脱位，右眼最佳矫正视力为 0.05，接近失明，并支出医疗费 7170.73 元。对此，宋某认为周某明知道他年龄大、反应慢，眼睛曾受过伤，但仍然选择大力扣球，虽不存在故意，但存在重大过失，于是将周某诉至法院，要求赔偿。

2021 年 1 月 4 日，北京市朝阳区人民法院公开审理了此案。法院经审理认为，宋某自愿参加具有一定风险的对抗性竞技比赛，根据 2021 年 1 月 1 日正式实施的《中华人民共和国民法典》第一千一百七十六条第一款规定："自愿参加具有一定风险的文体活动，因其他参加者的行为受到损害的，受害人不得请求其他参加者承担侵权责任。"应认定为"自甘风险"的行为，当庭判决，驳回了原告宋某的全部诉讼请求。

（总台央视记者 吴闯 杨阳 熊冰 奚丹霓 国鹏 石云松 武兵 张岗 张赛 陈昱 叶奂 王丹 https://legal.gmw.cn/2022-01/24/content_35468577.htm，2023 年 4 月 8 日访问）

案例点评：

民事权利应当被保护。但是权利的保护也应在法律的框架内进行。法律在保护权利上，通过合理的设置义务、责任来保护权利。所谓的"自甘风险"是指已经知道有风险，而自己自愿去冒风险，那么，当风险出现的时候，就应当自己来承担责任、承担损害的后果的原则。这种制度比较集中地体现了民事法律"自己意志""自己行为""自己责任"的基本精神，即民事主体是平等独立的主体，他们有权依照自己的意志独立决定自己的民事事务，有权在法律规定的范围内，从事民事行为，当然在此情形下，自己的行为所带来的后果也应该有自己承担。法律不是"老好人"。

思考与讨论：

1. 如何在参与各种活动时认识和了解其可能的风险？
2. 如何理解"自甘风险"的法律设计的价值与意义？

案例 2

骚扰女同事被开除向公司索赔案

肖某（男）、贺某（女）为同公司员工，平时只有正常的同事交流。然而，肖某多次于深夜或凌晨向贺某发送暧昧信息，并持续拨打语音电话、视频电话，甚至有时会在酒后到贺某居住的宿舍门口敲门、踢门，言语骚扰。

贺某多次明确表示拒绝，并称自己不会跟肖某有其他关系。肖某不但没有任何收敛，反而变本加厉。后贺某选择报警，民警对肖某进行了法治教育。公司得知情况后，认为肖某违反了公司相关规章制度，遂解除了与肖某的劳动关系。肖某不服，诉至法院要求公司支付违法解除劳动合同的赔偿金 4.5 万元。

肖某认为，自己的行为并没有公司宣称的那么恶劣，自己是正常的追求爱情，公司系故意夸大事实，刻意渲染自己的错误，对自己进行打压，以此来达到解除劳动关系的目的，属于违法解除。公司辩称，肖某的行为系对女同事的性骚扰，严重违反公司规章制度及治安条例等相关规定，劳动合同系依法解除。

法院审理认为，肖某发送的信息内容明显超过正常同事交往界限，且多次对女同事进行骚扰，造成女同事心理严重不适，在女同事多次严词拒绝后仍拒不改正。肖某的行为不仅违反了公序良俗，且严重违反了公司规章制度，亦违反了相关法律法规中禁止对妇女实施性骚扰的规定。公司为履行预防和制止女员工遭遇不法骚扰之责，依据公司规章制度解除与肖某之间劳动合同，正当合法，无需支付经济赔偿。

一审判决后，肖某不服提起上诉。二审判决驳回上诉，维持原判。

（来源：最高人民法院新闻局、重庆市高级人民法院、重庆市渝北区人民法院。本文转引最高人民法院公众号，2024－06－17，https://mp.weixin.qq.com/s/cPQXxeR－p4c1Mlsgbd6HUw。2024年6月17日访问）

案例点评：

性骚扰一直都是广受社会关注的敏感话题。尤其是在特定场所、特定人群、特定关系人之间，利用职权、从属关系等的性骚扰时有发生，也引发社会热议。性骚扰是指以身体、语言、动作、文字或者图像等方式，违背他人意愿而对他人实施的以性为取向的有辱其尊严的性暗示、性挑逗以及性暴力等行为。根据《中华人民共和国民法典》第一千零一十条的规定，违背他人意愿，以言语、文字、图像、肢体行为等方式对他人实施性骚扰的，受害人有权依法请求行为人承担民事责任。机关、企业、学校等单位应当采取合理的预防、受理投诉、调查处置等措施，防止和制止利用职权、从属关系等实施性骚扰。本条确定了受害人要求行为人承担责任法律权利，同时也规定了机关、企业、学校等单位采取合理预防、受理投诉、调查处置的法律义务。本案就是一起民法典生效后，人民法院审理的职场性骚扰引发的劳动合同解除争议案件。

思考与讨论：

1. 从本案出发讨论性骚扰会侵害受害人哪些权利，除职场性骚扰外，你还知道哪些性骚扰的形式？
2. 继续讨论如何保护自身权利，避免、防止、制止性骚扰？

案例3

女大学毕业生参与电信诈骗向被害人预警案

2019年6月至10月，赵某、杨某等人组成诈骗团伙实施诈骗，招募多人，采用微信好友聊天骗得被害人信任，向被害人发送二维码链接，让被害人下载虚假投资软件并投资后，使用后台控制数据让被害人"投资亏损"的方式实施电信诈骗，共计涉案金额692337.9元。

2019年8月初，王某大学毕业，找工作期间经杨某介绍进入该诈骗团伙，实施电信网络诈骗犯罪，共涉及两名被害人，涉案金额共计23万余元。

2019年9月5日，王某在得知被害人赵某某拟进一步投资60余万元后，在微信上向被害人赵某某、刘某预警，告知对方自己是骗子，提醒对方停止投资，向平台申请退款，并立即向公安机关报案。预警后王某自行脱离犯罪团伙。

被害人赵某某、刘某立即向公安机关报案。公安机关对此立案侦查。赵某、杨某等人因害怕被公安机关查处，于9月7日向刘某退还人民币144950.78元。10月31日，该电信诈骗团伙成员被公安机关陆续抓获归案。王某到案后，退赔被害人刘某剩余损失5170元，被害人赵某某的损失也由同案犯全部退赔。王某取得二被害人的谅解。

一审法院以诈骗罪分别判处主犯赵某、杨某十年六个月、六年六个月有期徒刑,罚金人民币六万元、三万五千元。王某被判处有期徒刑三年九个月,罚金二万。一审宣判后,王某不服,提出上诉。

南京中院认为,王某的预警行为,客观上避免了损失扩大,也使被害人得以挽回部分损失,并直接导致本案案发,公安机关及时破获该电信诈骗团伙,避免更多被害人被骗,应予正面评价。

王某大学刚毕业,加入诈骗团伙时间较短,在实施电信网络诈骗犯罪一个月后即自行脱离犯罪团伙,主动向被害人坦承犯罪,帮助被害人及时止损并追回被骗款项,其主观恶性不深,犯罪情节较轻,有悔罪表现,社会危害性相对较低,预警行为客观上在诈骗团伙的破获及被害人的经济挽损方面起到积极作用。结合其系从犯,当庭自愿认罪,退赔刘某的损失,取得二被害人的谅解,主动缴纳罚金等情节,法院认为应对王某减轻处罚并适用缓刑。

综上,南京中院二审改判王某有期徒刑二年六个月,缓刑三年,并处罚金二万。

(北青-北京头条记者 李铁柱 https://new.qq.com/rain/a/20211122A0AY8S00)

案例点评:

电信网络诈骗犯罪严重侵害人民群众切身利益和财产安全,广大人民群众对此深恶痛绝。2021 年 4 月,习近平总书记对打击治理电信网络诈骗犯罪工作作出重要指示。为打击电信诈骗,保护人民群众,2022 年 9 月 2 日第十三届全国人民代表大会常务委员会第三十六次会议通过了《中华人民共和国反电信网络诈骗法》。就某个单项的罪行单独立法,在我们国家只有两个,另外一个是 2021 年的《中华人民共和国反有组织犯罪法》。对于刑法而言,它的主要任务当然是打击犯罪保护人民。但是我国刑法也规定,刑罚的轻重,应当与犯罪分子所犯罪行和承担的刑事责任相适应。就本案而言,王某犯罪,应当惩处自不待言。但是他涉案不深、罪行不重、良心未泯,理应根据法律相应处刑。

思考与讨论:

1. 你认为本案对王某的终审判决反映了哪些中国特色社会主义法治道路的原则?
2. 你如何评价王某的预警行为?

实践 方案

方案 1　法律知识竞赛

活动目的:通过法律知识竞赛,激发同学们知法、懂法的热情和兴趣,巩固课堂所学的法律知识,树立法治意识。

活动方式:班级活动,以小组为单位参加竞赛。

活动步骤:

1. 制定活动计划,包括活动的时间、地点,活动进行的方式,拟定竞赛规则;做好人员分工(主持人、评委以及工作人员等)。

2. 参赛各小组成员进行分工,完成收集资料,阅读教材等准备工作。
3. 按计划进行比赛;活动结束时,组织者进行总结,对优胜者给予适当奖励。

方案2　旁听法庭审判

活动目的:旁听法庭审判不仅可以学习到法律知识,了解审判的一般程序,更重要的是它可以最直观地让旁听者感受法律的氛围,加深学生对法律的信仰,坚定守法的信念。

活动方式:小组活动。

活动步骤:

1. 小组同学了解学校附近的人民法院最近将开庭审理的案件的公示,选择旁听法庭审判的内容;法庭审判的内容多种多样,除了涉及国家安全和个人隐私的案件以外,在履行一定程序后都可以旁听。
2. 了解旁听法庭审判的基本要求;做好相应准备。
3. 在旁听审案时,应遵守相关规定。
4. 旁听后,撰写活动报告,总结活动经验和学习体会。

方案3　法治宣传志愿者

活动目的:每年12月4日是我国"国家宪法日"和"法制宣传日"。在此前后,组织同学们在校园或邻近社区中开展宪法法律宣传活动,普及法律知识,展示法治建设成就,尽己所能,弘扬法治精神,为建设和谐社会做贡献。

活动方式:班级活动或小组活动。

活动步骤:

1. 讨论并设计活动具体方式和内容,如展板、图片、小品表演、微视频、发放宣传资料等;选定活动时间、地点,并联系有关部门(如学校学生活动的相关管理部门或社区管理部门),征得同意和支持。
2. 按计划分工协作,准备好宣传活动所需的材料、用具等。
3. 实施活动计划。
4. 撰写活动总结。

方案4　制定"班规"

活动目的:通过为班级制定一部"班规",并在日常学习中执行上述"班规",训练大学生行使权利、履行义务的实践技能。

活动形式:班级活动。

活动步骤:

1. 讨论确定制定"班规"的程序安排,包括:"班规"应当如何被起草,以怎样的程序被通过,如何判定哪些"班规"是有效的,等。
2. 讨论"班规"与"校规"的关系。
3. 按照第一个步骤确定的程序,制定一部"班规",比如:大学生在课上和课下应当遵循怎样的行为规则,班级活动组织与开展的规则,以及对违反规则的同学应当如何处理,等。

4. 在日常学习中执行上述"班规",确定同学们遵从规则、违背规则、执行规则的动机和原因,寻找促成"班规"实施或者阻碍"班规"执行的因素等,并讨论解决办法。

附录1 社会调查的方法

一、选择研究课题

进行任何一项科学研究,最重要的就是做好选题工作。如果课题选得好,研究方法恰当,就可以使整个科研工作事半功倍,取得理想效果;反之,则可能事倍功半,甚至造成人力、物力、财力和时间上的浪费。因此,研究者一定要高度重视选题工作。

(一)课题选择的原则和策略

对于一个研究者尤其研究新手来说,需要根据自己的主客观条件,先大体上确定一个研究方向,然后在这个方向内选择适当的研究课题;或者先选一个适当的课题做起来,然后在做的过程中逐步形成自己的研究方向。

1. 课题选择的原则。

一般来说,正确选择研究课题应遵循以下原则:

(1)可行性原则。它是指研究课题必须是切实可行的,研究者必须具备研究和解决该课题的主客观条件,以保证选题能保质保量地完成。主观条件主要是指研究者的知识储备、理论水平、研究能力和研究方法的掌握与运用等;客观条件主要是指外在的客观环境、研究资料、设备工具以及必要的人力、财力和时间等。

(2)合适性原则。它是指研究课题必须适合研究者的个人特点,包括研究者对课题的兴趣、与课题相关的社会生活领域的熟悉程度以及研究者所具有的各种资源、条件与该课题的要求相符合的程度等。

(3)科学性原则。它是指研究课题必须是科学合理的,必须在一定的科学理论指导下进行,具有一定的事实根据和科学依据。如果选择的研究课题违背了被实践反复证明了的有关科学理论,那么,它就难以达到预期效果,也不可能得出正确的结论。

(4)价值性原则。它是指研究课题必须是有价值、有意义的,能满足社会发展和学科建设的需要,能解决现实生活中的问题,具有重要的现实意义和应用价值。

(5)创造性原则。它是指研究课题必须具有新颖性、独特性特点,要解决前人没有解决或没有完全解决的问题。如果选择的课题总是在同一领域、同一范围、同一层次上重复别人的研究、重提已有的结论,那就从根本上失去了科学研究的意义。

(6)伦理性原则。它是指研究课题必须是符合道德的,不会对人类造成生理和心理上的伤害,也不会对人类所生存的自然环境或社会环境造成损害。

2. 课题选择的策略。

在遵循上述原则的基础上,研究者需要掌握一些选题策略:

(1)现实观察。通过对日常生活的观察,发现研究课题。在日常生活中,我们要善于观察、勤于思考,养成对各种社会现象、社会行为、社会心理、社会问题问个"为什么"的习惯。

(2) 个人经历。从研究者个人的经历、经验尤其是个人特定的生活环境、生活感受中发现研究课题。研究者在社会生活中的各种经历、体验、观察、感受，常常是研究课题的最初来源。

(3) 社会需要。根据社会需要，审时度势，选择当前社会实践中迫切需要解决的一些问题作为研究课题。

(4) 理论发展。依据现有理论找出值得探讨的理论问题，通过解释、检验、修正和完善，或通过否定和推翻来选择研究课题。具体可以从三个方面入手：①为证实他人或自己的某一理论观点而选择相应课题；②根据不同理论观点之争而选择课题；③通过对现有理论观点进行质疑而提出课题。

(5) 研究文献。通过查阅和评价已有的研究文献，发现已有研究的空白点、不足之处以及结果之间互不一致甚至矛盾之处，从而为提出课题找到突破口。具体可以从以下四个方面着手：①注意已有研究文献中的空白点；②注意发现研究结果中相互矛盾的地方；③注意已有研究在方法学方面存在的问题；④根据研究文献对现有的某些研究进行必要的重复。

(6) 科研过程。随着某项科研活动的深入，对文献资料的进一步阅读和思考，常常会构思出与当时所进行的研究课题有关的许多新课题；发现许多自己过去不知道、未想到的好课题；也可能会偶然发现与所研究问题无关的现象和课题。

(7) 科技进展。科学技术在理论、方法、研究对象等方面的新进展会催生出新的研究课题。如根据科学方法的新进展选择研究课题，根据研究技术手段的新进展选择研究课题，根据学科交叉所产生的空白区选择课题，根据本学科各分支的新进展选择课题。

(二) 提出研究假设

研究假设是指研究者根据一定的科学理论、已有的知识经验和事实资料，对所要研究问题的答案的推测和设想。在确定研究课题之后，就要对研究课题中的具体问题提出大胆而合理的假设。

1. 研究假设的基本类型。

根据研究假设的性质不同，可以分为以下三类：

(1) 预测性假设，即对客观事物存在的某些情况，特别是差异情况作出推测判断。

(2) 相关性假设，即对客观事物之间相互联系的性质、方向、密切程度作出推测判断。

(3) 因果性假设，即对客观事物之间因果联系的推测判断。

根据研究假设陈述的概括性程度，还可以将其分为一般假设和特定假设两种类型。

2. 提出研究假设的方法。

提出研究假设的基本方法有演绎法和归纳法。演绎法是指从一般到个别，即从某一理论或一般性陈述出发来考察某一特定的对象或现象，对这一特定对象或现象的有关情况做出推论。归纳法则刚好相反，是指从个别到一般，即从许多个别事实中概括出有关事物、现象的一般性认识或结论。

3. 评价研究假设的标准。

在提出研究假设之后，需要对其有用性做出评价：①研究假设必须有一定的科学依据；②研究假设一般应对两个或两个以上的变量间的关系做出推测；③研究假设应以陈述句的形式出现；④研究假设应当是可以检验的；⑤研究假设应简单、明了。

二、查阅文献资料

在确定研究课题和提出研究假设之后,就需要查阅相关文献资料。

(一) 查阅研究文献的方法和途径

研究文献主要是指记录、保存、交流和传播学科知识的一切印刷品和视听材料的总称。下面介绍几种常用的文献资料:

1. 书籍。主要包括:教科书;专著;手册;年鉴。

2. 期刊。主要包括:学术杂志;大学学报;文摘。

3. 会议和学位论文。会议论文是指研究者在学术会议上宣读和发表的论文,具有学术性强、内容新颖等特点。学位论文则是指作者为获取某种学位而撰写的研究论文,如学士论文、硕士论文和博士论文等。

4. 报纸。报纸是以刊登新闻报道和评论为主的定期连续出版物。

5. 专题文献汇编。可能是某一方面的资料集,也可能是某大型课题研究的副产品,还可能是为配合形势、研究而汇编的某些专题资料。

6. 电子期刊。随着互联网的广泛应用,研究者可以借助互联网方便快捷地查找到所需要的期刊资料。一般可通过搜索引擎、大型期刊网站、大学图书馆网站以及作者个人网站等进行检索查阅。

面对如此丰富的文献来源,研究者需要掌握一些常用的搜集文献的方法和技巧,以便更快、更准确地查找所需要的文献资料。查阅文献主要有两种方法:一是检索工具查找法,二是参考文献查找法。两者各有优劣,因此,在实际文献资料的搜集中,可以将这两种方法结合起来交替使用。

(二) 撰写文献综述

研究者在搜集和阅读了大量文献后,就需要对有关资料进行归纳整理和分析鉴别,对某一学科或专题在某一时间内的研究成果进行比较系统、全面的综合叙述和评论,以便更好地论证选题,做好科学研究工作,这就是文献综述。可见,文献综述既不是对过去科研成果的简单堆砌,也不是对某一阶段的科研进展和动态的简单介绍,而是经过研究者阅读和研究大量文献后,系统地总结某一研究领域在一定阶段的进展,并结合本国、本地区、本部门的具体情况和需要提出自己的见解的一种科研工作。

1. 文献综述的格式和内容。

(1) 序言,即问题提出部分,主要阐明综述撰写的目的、意义和重要性,介绍其基本内容、性质、适用范围和读者对象等。

(2) 历史发展,即纵向对比各个阶段的发展状况和特点,特别是重大发展阶段的特点和意义等。

(3) 现状分析,即横向对比当前各国、各派、各观点、各方法的发展状况、特点和亟须解决的问题等,并客观评价其优劣。

(4) 趋向预测,即根据发展历史和现状分析,以及其他专业、领域可能给予本专业、领域的影响,根据在纵横对比中发现的主流和规律指出几种发展的可能性和对生产、社会生活可能起到的重要作用以及可能出现的问题等。

(5) 改进建议,即根据上面的分析、评论和预测,并参照国内外的研究状况和现实需要,提出更加具体的发展步骤和研究方案、设想等。

(6) 参考文献目录，即撰写综述过程中所参考的研究文献。

2. 文献综述的基本要求。

(1) 搜集的文献资料应当全面且真实可靠。

(2) 坚持材料与观点相统一，观点应以客观材料为依据，做到言之有据。

(3) 综述要有针对性，即为解决实际问题服务。

(4) 综述应突出重点，表述应注意详略得当。

(5) 可以适当使用图表来说明研究课题的过程和现状，让人一目了然。

(6) 注意区分文献中的观点和作者的观点。

三、收集研究数据的主要方法

在科学研究中，研究者可以采用的数据收集方法有很多种，包括访谈法、问卷法、观察法和测验法，等，这里主要介绍访谈法和问卷法。

(一) 访谈法

1. 访谈法的概念。

访谈法是研究者通过与研究对象进行口头交谈的方式来收集数据资料的一种研究方法。访谈者要在访谈过程中掌握主动权，积极影响访谈对象，尽可能使其按照预定的访谈计划回答问题。同时，访谈不同于一般的交谈或聊天，它有特定的目的和一整套设计、编制与实施的原则和方法。

2. 访谈法的类型。

根据不同的标准，访谈法可分为不同的种类。根据访谈内容和过程有无统一的要求和程序，可分为结构访谈和非结构访谈；根据访谈双方的接触方式，可分为直接访谈和间接访谈；根据访谈对象的人数，可分为个人访谈和集体访谈；根据访谈对象的特点，可分为一般访谈和特殊访谈。

3. 访谈法的设计。

访谈法的设计主要包括以下几方面：

(1) 研究问题的确定。前面已经讲过，这里不再赘述。

(2) 访谈程序的制定。

第一步，确定访谈目的和研究的具体变量。依据研究问题，明确访谈的目的，即通过访谈搜集哪些数据资料，并将其细化，详细列出研究涉及的所有变量。

第二步，设计访谈问题的形式。在访谈设计中，访谈问题的形式主要有以下两种：一是封闭式问题，即要求访谈对象在事先确定的几个答案中选择一个自己认为最适合的答案；二是开放式问题，即要求访谈对象根据自己的想法，用自己的语言来做出回答。研究者要根据访谈研究的具体目的、访谈对象的具体情况，以及访谈者的知识经验来确定使用哪一种访谈形式。

第三步，编制具体的访谈问题。在编制访谈具体问题时，需要注意以下几点：①问题要清晰；②问题的文字表达要适合访谈对象；③访谈对象能回答所编制的问题；④每一个问题都要紧紧围绕某一个研究变量；⑤避免使用引导性问题和奉承性问题，要保持客观和中立；⑥对某些需要解释说明的问题，应统一制定说明用语。

第四步，选择访谈问题的回答方式。在选择反应方式时，应考虑研究变量的性质、统计处理需要的数据类型、反应的灵活性、完成访谈所需的时间、各反应潜在反应误差的大小和计分的难易程度等。

最后，进行试谈，并修订访谈设计。选择与正式访谈对象一致的试谈对象进行试谈，检验访谈问卷的合理性以及存在的问题，并在此基础上不断修改和完善。

（3）访谈对象的选取。根据研究问题和研究变量，认真选取符合访谈设计的访谈对象，选取时应考虑访谈对象的代表性。

（4）访谈人员的选择与训练。如果一项访谈研究所涉及的范围较小且比较简单，研究者既是访谈问卷的设计者，也是收集数据资料的访谈者。但如果研究涉及范围较大且复杂，就需要多名访谈人员协助收集数据资料。对访谈人员的选择除了要求工作认真负责，耐心细致，具有较强的交往能力和亲和力，除对访谈研究有兴趣外，还应尽可能在年龄、职业、社会地位等背景条件上与被访谈对象接近。

选好访谈人员后，就需要对其进行统一的培训，以保证访谈结果的可信度和有效性。

4. 访谈的实施过程与技巧。

在实际访谈过程中，访谈人员需要了解访谈的实施过程，掌握各种访谈技巧，注意访谈中的有关事项，以便获取真实有用的访谈资料。

（1）做好访谈前的准备工作，这是保证访谈成功的重要前提。需要注意以下几个方面：①事先了解访谈对象的有关情况和特征；②熟悉访谈问卷的内容；③带齐访谈所需的相关材料；④选择恰当的访谈时间和地点。此外，访谈人员应随身携带可以证明个人身份的有关证件和标志。

（2）接近被访谈对象。具体按照以下几个步骤进行：①恰当地称呼对方；②简明地自我介绍；③简单说明访谈研究的目的、意义、完成访谈所需的时间以及选择被访谈对象的原因。在接近访谈对象时，需要注意以下几个方面：①访谈者的衣着打扮应干净整洁；②访谈者在自我介绍和说明访谈研究时要沉着自信；③访谈者应用正面肯定语气邀请被访谈对象参加访谈；④通过适当方式告诉访谈对象保密原则，使其没有戒备；⑤注意观察访谈对象的特征，以此调节自己接近对方的方式。

（3）应付拒绝访谈的技巧。在实际访谈过程中经常会碰到拒绝交谈的情况。对此，访谈人员一定要耐心，尽力弄清被拒绝的原因并有针对性地做出各种努力，来获取对方的配合，不要轻易放弃。

（4）谈话与提问的技巧。为了创造有利于访谈的气氛，除了对访谈对象表示礼貌外，在进入正题之前，可以先谈谈访谈对象较熟悉的事情，以消除拘束感，然后逐步把话题引向调查的内容；访问开始时，访谈人员提问的速度应相对慢一些，以使访谈对象有一个逐步适应的过程；在访问过程中，访谈人员应通过提问、插话以及表情和动作等方式来控制访谈的进程。

（5）追问的技巧。在实际访谈过程中，当访谈对象的回答不够完整、含糊不清、过于笼统或答非所问时，就需要访谈人员进行适当的追问，引导访谈对象更全面、更精确地回答问题。比如，当对方犹豫不决或对问题不理解时，可采用重复发问的方式；当对回答答案的正确与否没有把握时，可采用重复问题的方式；要鼓励访谈对象继续谈下去时，可用言语或非言语方式表示已经明白或听懂；当访谈对象回答不全时，可采用沉默不语的方式；当需要访谈对象提供更多信息时，可采用中性提问或评论的方式，等等。不同的方式有不同的用途，这就需要访谈人员在实际交谈过程中根据具体情况灵活地加以运用。

（6）访谈的记录。一般在访谈过程中都需要做记录，主要有两种方式：一是笔纸记录，包括速记、详记、简记。二是录音记录。在正式访谈前,应向访谈对象说明,征得对方同意。

(7) 访谈结束与再次访谈。需要做好以下几个方面:①严格控制和掌握访谈时间;②根据访谈具体情况,灵活把握访谈的结束时间;③访谈结束时,要感谢访谈对象的合作与帮助;④如果有需要,应为再次访谈做好铺垫和安排;⑤如果可能,对访谈对象的某些合理要求应予以满足。

5. 访谈结果的整理。

访谈结束后,研究者需要对访谈结果进行整理与分析。首先,要完善访谈记录;其次,对访谈内容进行编码;最后,对访谈结果进行计分,量化访谈结果。

对访谈记录,应按科学研究的伦理道德要求妥善处理,不得泄露访谈对象的个人信息,不得对访谈对象有任何不利影响。

(二) 问卷法

1. 问卷法的概念。

问卷法是研究者通过书面的方式,用统一严格设计的问卷来收集数据资料的一种研究方法,被广泛应用于科学研究中。

2. 问卷法的类型。

问卷法根据不同的标准可以分为不同的种类。根据问卷中提出的问题有无限定答案,可分为开放式问卷和封闭式问卷;根据填答的方式不同,可分为自填问卷和访问问卷;根据问卷的传递方式不同,可分为发送问卷、访问问卷和邮寄问卷。

3. 问卷的设计。

(1) 探索性工作。即先摸底,熟悉和了解基本情况,以便对各种问题的提法和可能的回答有一个初步的认识。做这种探索工作的常见方式,是研究者围绕所要调查的问题,自然地与各种对象交谈,并留心观察他们的特征、行为和态度。通过交谈,可以避免在设计问卷时出现许多含糊的问题,也可以避免设计出不符合客观实际的答案来。

(2) 设计问卷初稿。设计问卷初稿可以将卡片法和框图法结合,即先根据调查内容的结构,在纸上画出问卷总体的各个部分及其前后顺序;然后将每一部分的内容编成一个个具体的问题,写在一张张小卡片上;最后,调整问题间的顺序,并将整理好的问题卡片打印出来,形成问卷初稿。

(3) 试用。问卷初稿设计好后,不能直接将它用于正式调查,而必须对其进行试用和修改。试用问卷初稿的具体方法有以下两种:①客观检验法,即将问卷初稿打印若干份,然后采取非随机抽样的方法选取一个小样本,用这些问卷初稿对他们进行调查,最后认真检查和分析试调查的结果,从中发现问题和缺陷并进行修改。②主观评价法,即将设计好的问卷初稿抄写或复印若干份,分别送给该研究领域的专家、研究人员以及典型的被调查者,请他们直接阅读和分析问卷初稿,并根据他们的经验和认识对问卷进行评论,指出不妥之处。

(4) 修改定稿并印制。根据上述方法找出问卷初稿中所存在的问题后,逐一对问卷初稿中的问题进行认真分析和修改,最后才能定稿。只有经过了试用和修改,并对校样反复检查后,才能把问卷送去印刷,并用于正式调查中。

问卷设计中需要注意避免几种常见的错误:①概念抽象;②问题含糊;③问题带倾向性;④问题提法不妥;⑤问题有多重含义;⑥问题与答案不协调。

4. 问卷法的实施。

(1) 选取调查对象。在实施过程中，通常采用抽样的方法选取调查对象。由于受到主客观因素的影响，问卷的回收率和有效率一般达不到100%，所以，样本数应适当多于所需的研究对象的数量。

(2) 分发问卷。根据研究的具体情况，选择特定的分发方式：发送问卷、访问问卷或邮寄问卷。

(3) 回收问卷。问卷的回收情况依分发问卷方式的不同而不同。一般来说，访问问卷的回收率最高，其次是发送问卷，而邮寄问卷的回收率往往比较低。

(4) 分析和处理问卷结果。在回收问卷之后，要把所有问卷进行逐一审查，淘汰无效问卷，分类整理、编码和登记，再对合格的问卷进行统计和分析。

(三) 研究结果的处理与解释

1. 研究结果的处理。

通过访谈、问卷等方法收集到大量的数据资料后，接下来的任务就是要对这些原始资料进行某种特定方式的处理，使之成为进行统计分析的基本数据。

(1) 原始资料的审核与复查。①资料的审核。它是指研究者对所收集的原始资料进行初步的审查和核实，校正错填、误填的答案，剔除乱填、空白和严重缺答的废卷。②资料的复查。它是指研究者在调查资料收回后，又由其他人对所调查的样本中的一部分进行第二次调查，以检查和核实第一次调查的质量。

(2) 资料转换与录入。①资料转换。如果问卷数量较大，资料转换任务就会十分繁重，需要多人共同完成。为了减少资料转换工作中的误差，保证数据的质量，研究者需要编制一份编码手册（也称编码簿），以便数据录入人员统一按编码手册的要求，进行资料转换工作。②数据录入。数据录入的方式主要有两种：一种是直接从问卷上将已经编码的数据输入计算机；另一种是先将问卷上的数据转录到专门的编码表上，然后再从编码表上将数据输入计算机。前者的长处是避免了再次转录中可能出现的差错；但它的不足是录入的速度相对较慢，效率较低。后者相对来说比较快，但却要冒增加差错的风险。

数据录入完成后，要仔细对数据进行清理审核，确认无误后再用适当的方法进行统计处理。

(3) 对研究结果进行定量或定性分析，从而得出科学的结论。定性分析即运用分析和综合、比较和分类、归纳和演绎等分析方法，对数据资料进行思维加工，从而为解释研究结果和构建科学理论提供依据。定量分析即通过描述统计、推论统计等基本统计分析方法、多元分析方法以及电子计算机统计分析方法，对研究数据进行统计分析，从而使研究者能够描述、推断和预测研究对象及其发展变化，为研究者验证假设和构建理论提供依据。

2. 研究结果的解释。

在对研究数据资料进行深入分析后，需要研究者对研究结果进行解释，即客观地对已分析的数据及其关系进行说明，并揭示研究结果的意义。同时，研究者也要根据研究结果做出概括性的结论，构建某种理论，使研究结果适用于更一般、更普遍的情景或群体。

附录 2　怎样撰写研究报告

撰写研究报告是科学研究的重要环节,是完成研究的最后一步,也是研究成果交流与评价的基础。

一、撰写研究报告的程序

(一) 拟定提纲

在撰写研究报告之前,要对其进行总体规划,考虑到研究成果的表达、报告的层次和顺序安排等各个方面。在拟定提纲时,一般按照从大到小、由粗到细的顺序逐层地思考拟定。首先确定报告的结构,然后考虑如何组织材料。常用的提纲有三种形式,包括标题提纲、句子提纲和段落提纲,分别用词语、句子和段落表示研究报告的内容、特点和详略等。研究者要根据实际情况而具体选用。

(二) 写作初稿

研究者应按照研究报告的基本格式撰写初稿,至于先写哪部分可根据自己的习惯而定。一般来说,先写前言,然后写方法、结果和讨论分析,最后写结论和摘要。

(三) 修改定稿

初稿完成后,研究者应请专家或同行修改,也可自己修改,经过反复推敲,使之完善后方可定稿。

二、研究报告的基本格式

(一) 标题

标题是研究报告主要思想和内容的高度概括,应当做到准确、概括和简洁。此外,还应标明作者姓名及其工作单位,以便研究者之间的进一步交流与合作。研究报告的标题具有重要作用,既可以反映所要研究的问题,也可以为论文索引和收录提供依据。

(二) 摘要

摘要又称内容提要,是对研究内容的简短概述,应当做到精炼而完整。它需要说明研究的目的、对象、方法、结果和结论等,其中研究对象和研究结果是必不可少的,其字数一般限制在 300 字以内。

(三) 关键词

关键词是表达研究报告主题思想的词或词组,是对研究报告内容最高度的概括,也是文献检索的标志。关键词的表达要规范,要能精确反映报告的主旨。在一篇研究报告中,关键词通常限制在 3~8 个,位于摘要之后。

(四) 前言

前言又称序言、引言或问题的提出,是研究报告的重要组成部分,是用来陈述研究问题、表明研究目的、回顾以往文献和解释所要验证的理论等。它主要包括以下三个方面:首先，说明研究问题和研究目的，指出研究的必要性以及研究的理论意义和实践意义。其次，回顾以往有关文献，即文献综述。主要是对以往研究进行评述，指出已有的研究已经解决了哪些问题，还有哪些问题没有解决，哪些问题值得商榷等，切忌对以往研究进行简单罗列。最后，提出研究假设。

（五）方法

方法就是详细说明执行研究的细节，主要包括样本选取、研究工具与材料、研究设计与程序等。样本选取主要是说明样本的大小、特征和取样方法；研究工具与材料主要是指在研究过程中所使用的仪器、设备、量表和一些特殊材料；研究设计与程序主要是研究的类型和实施研究的具体步骤。

（六）结果

结果是对所收集到的研究数据资料进行统计分析所得的结果，用图表或文字客观、准确地叙述出来，不必对结果进行解释和评论。在结果部分，运用图表可以有效直观地表达数据资料，使读者一目了然。

（七）讨论与分析

讨论与分析是研究报告中最重要的部分，研究者需要评估研究结果，说明研究假设是否得到支持，综合分析研究的理论意义和实践意义等。具体包括以下几个方面：①解释研究结果，并说明研究假设是否得到支持及其原因；②依据研究结果，与他人的研究结果比较，分析其异同和原因；③综合分析研究结果，指出研究的理论意义和应用价值；④说明研究的局限和进一步改进的建议。

（八）结论

结论是研究报告正文的最后一部分，是对研究结果和发现的总结，应当做到客观、恰当和概括。

（九）参考文献和附录

引文，是研究论文或报告中所参考引用的主要文献资料，可放在当页下端即脚注，也可以放在报告正文的后面即尾注。引文必须写明文献的作者、篇名或书名、出版社、出版时间、版次以及参考内容和引文所在的页码等。参考文献是在研究过程中阅读、参考过的，对自己的研究有启发和借鉴作用的资料、文献。引文、参考文献排列形式很多，可以按在研究报告中出现的顺序排列，也可以按姓氏笔画排列，还可以按姓氏的拼音字母顺序排列。英文参考文献多按姓名的字母顺序排列。

附录是正文的补充部分，主要列举一些不便在正文中介绍的有关数据资料和研究工具，包括数学公式的推导、问卷、未公开出版的测验、计算程序等。在公开发表的研究报告中，除了需要特别说明外，这部分一般被省略。

三、统计表与统计图

（一）统计表

1. 统计表的类型。统计表是用表格呈现研究的数量化结果的一种形式，主要有原始数据表、次数分布表和分析结果表等类型。

2. 统计表的构成。从统计表的结构上看，通常由表号、总标题、横行标题、纵栏标题、数字注释和资料来源等要素构成。

3. 统计表的制作。在制作统计表时，应注意以下几个方面：

首先,表的标题要简短明了,要能确切说明表中数据的内容,使人一目了然。

其次,表的纵栏标题与横行标题要准确反映变量取值的含义,它们的排列顺序也应具有一定的逻辑结构。

第三,表中的数据资料必须注明计量单位,比如频数单位(人数、个数、户数等)和频率单位(百分比)。如果表中只有一种计量单位(如只有百分比)或以一种计量单位为主要单位,则可将其写在表的右上角,而将次要的计量单位用括号注明。

第四,对于一般频数分布表,应列出合计栏,以便获得整体情况的资料。

统计表一般采用三线格,表内只有横线,没有竖线。表顶和表底用双线或粗线画,表内的横线则用细线,表的左右两边不封闭。

(二)统计图

1. 统计图的类型。统计图是用图形的形式呈现统计分析结果的一种形式,主要有线型图、条形图、圆形(扇形)图和地图等。

线型图一般用来表示一段时间内数据的变化关系或连续数据的发展变化情况;条形图一般用来表示内容独立不连续的数据;圆形(扇形)图一般用来表示各种数据在整体中所占的不同比例的比较情况;地图一般用来表示与地理位置有关的某些分布情况。

2. 统计图的构成。统计图主要由图题、变量说明、坐标轴及单位、图形(如点、线、条、面等)四部分构成。

3. 统计图的制作。在制作统计图时,应注意以下几个方面:

第一,统计图的标题应简明扼要地指出数据的意义,放在图的正下方。

第二,坐标轴应有小标题,且应标示出坐标轴的单位和刻度。横轴的单位应由左到右依次增大,纵轴的单位应由下到上依次增大。

第三,横轴和纵轴若不是由原点开始,则应标示缺口。

参考文献:

1. 董奇. 心理与教育研究方法 [M]. 北京:北京师范大学出版社,2004.
2. 黄希庭,张志杰. 心理学研究方法 [M]. 北京:高等教育出版社,2005.
3. 风笑天. 现代社会调查方法(第三版)[M]. 武汉:华中科技大学出版社,2005.

思考与练习

绪论　担当复兴大任　成就时代新人

姓名：　　　　　　　　　　学号：

一、多项选择题

1. 中国特色社会主义进入新时代，意味着（　　）。
   A. 中华民族迎来了从站起来、富起来到强起来的伟大飞跃
   B. 科学社会主义具有强大的生机活力
   C. 中国特色社会主义道路、理论、制度、文化不断发展
   D. 中国特色社会主义为第三世界国家提供更多选择

2. 中国梦是历史的、现实的，也是未来的。这表明（　　）。
   A. 中国梦是每个个体美好梦想的汇聚
   B. 中国梦是近代以来无数仁人志士不懈追求的梦想
   C. 中国梦的实现要靠青年一代接续奋斗
   D. 我们比历史上任何时期都更接近中华民族伟大复兴的目标

3. "功崇惟志，业广惟勤"是指青年人（　　）。
   A. 要有崇高的理想信念，牢记使命，自信自励
   B. 要锤炼高尚品格、崇德向善
   C. 要有高强的本领才干，勤于学习
   D. 要有志气、骨气、底气

4. 思想道德素质包括（　　）。
   A. 思想观念
   B. 政治立场
   C. 价值取向
   D. 道德品质

5. 法治素养是指人们（　　）的品质与能力。
   A. 掌握法律知识
   B. 理解法律本质
   C. 运用法治思维
   D. 维护法律权利

二、简答题

1. 中国特色社会主义新时代有哪些特征?
2. 中国特色社会主义新时代对大学生提出了哪些要求?
3. 大学生为什么要提高思想道德素质和法治素养?

第一章　领悟人生真谛　把握人生方向

姓名：　　　　　　　　　　　学号：

一、单项选择题

1. 人生观是人们关于人生目的、人生态度、人生价值等问题的总观点和总看法。对人的认识，核心在于认识(　　)。
   A. 人的本质　　　　　　　B. 人的阶级关系
   C. 人的行为　　　　　　　D. 人的属性

2. 人生观主要是通过人生目的、人生态度和人生价值三个方面体现出来的。其中核心是(　　)。
   A. 人生目的　　　　　　　B. 人生态度
   C. 人生价值　　　　　　　D. 人生意义

3. 人生观主要是通过人生目的、人生态度和人生价值等体现出来。其中回答人为什么活着的是(　　)。
   A. 人生目的　　　　　　　B. 人生态度
   C. 人生价值　　　　　　　D. 人生道路

4. 人生价值是一种特殊的价值，是人的生命及其实践活动对于社会和个人所具有的作用和意义。人生价值包含了人生的自我价值和社会价值两个方面。下列关于社会价值和自我价值的说法中正确的是(　　)。
   A. 人生的自我价值是指个人对社会的责任和贡献
   B. 一个人社会价值的大小与他对社会的贡献无关
   C. 人生的自我价值和社会价值共同构成了人生价值的矛盾统一体
   D. 人生的社会价值是个体的人生活动对自己的生存和发展所具有的价值

5. 爱因斯坦说过："一个人的价值，应该看他贡献什么，而不应当看他取得什么。"这句话的启示是(　　)。
   A. 人的自我价值是无足轻重的　　B. 人的自我价值与社会价值不能同时实现
   C. 社会价值是人的唯一价值　　　D. 人的价值在于奉献而不在于索取

6. "为掩护战友身负重伤的扫雷英雄"杜富国，"用爱照亮山区女孩人生梦想的教育燃灯者"张桂梅，"为莫高窟研究保护倾尽一生的敦煌女儿"樊锦诗，"60多年深藏功名的战斗英雄"张富清，以及在黄山风景区分别从事环卫保洁和迎客松守护工作的"中国好人"李培生、胡晓春等平凡英雄，他们最可贵的地方就是在平凡的工作中创造了不平凡的业绩。他们的事迹告诉我们,评价人生价值的根本尺度,是看一个人的( )。

    A. 劳动以及通过劳动对社会和他人作出的贡献

    B. 个人社会地位的高低

    C. 个人成绩的大小

    D. 实践活动是否符合社会发展的客观规律,是否促进了历史的进步

7. 认识和处理人生问题的重要着眼点和出发点是( )。

    A. 个人与群众的关系问题   B. 个人与社会的关系问题

    C. 个人与国家的关系问题   D. 个人与集体的关系问题

8. 个人与社会的关系,最根本的是( )。

    A. 人的自然属性与社会属性的关系

    B. 个人需要与社会需要的关系

    C. 享受个人权利与承担社会责任的关系

    D. 个人利益与社会利益的关系

9. "塞翁失马,焉知非福",这句话对我们辩证对待人生矛盾的启示是( )。

    A. 不要拘泥于个人利益的得失   B. 不要满足于一时的得

    C. 不要惧怕一时的失   D. 要树立正确的幸福观

10. ( )是引发自私自利、权钱交易、行贿受贿、贪赃枉法等丑恶现象的重要思想根源。

    A. 实用主义   B. 享乐主义

    C. 个人主义   D. 拜金主义

二、多项选择题

1. 习近平总书记在湖南大学岳麓书院考察调研时表示,新时代是一个英雄辈出的时代,青年人正逢其时。习近平总书记希望同学们不负青春、不负韶华、不负时代,珍惜时光好好学习,掌握知识本领,树立正确的世界观、人生观、价值观,系好人生第一粒扣子,走好人生道路,为实现中华民族伟大复兴贡献聪明才智。世界观、人生观、价值观是紧密联系在一起的,世界观和人生观的关系是( )。

    A. 世界观决定人生观

    B. 有什么样的世界观,就会有什么样的人生观

    C. 世界观从属于人生观

    D. 人生观对世界观的巩固、发展和变化起着重要的作用

2. 人生目的是人生观的核心,这是因为( )。

    A. 人生目的决定人生道路   B. 人生目的决定人生态度

    C. 人生目的决定人生价值选择   D. 人生目的决定人的本质

3. 马克思说:"人是最名副其实的政治动物,不仅是一种合群的动物,而且是只有在社会中才能独立的动物。"就人生价值而言,这说明,人生价值应包括社会价值和自我价值两个方面。对人生价值认识正确的是( )。

    A. 人生的自我价值的实现是个体为社会创造更大价值的前提

    B. 人生的社会价值的实现是个体自我完善、全面发展的保障

C. 没有社会价值，人生的自我价值就无法存在

D. 衡量人生社会价值的标准是社会对自我的满足程度

4. 王继才生前是江苏省灌云县开山岛民兵哨所所长。1986年，26岁的王继才接受了守岛任务，从此与妻子以海岛为家，与孤独相伴，在没水没电、植物都难以存活的孤岛上默默坚守，把青春年华全部献给了祖国的海防事业。2014年，王继才夫妇被评为全国"时代楷模"。2018年7月27日，王继才在执勤时突发疾病，经抢救无效去世，年仅58岁。习近平总书记对王继才同志先进事迹作出重要指示强调，要大力倡导这种爱国奉献精神，使之成为新时代奋斗者的价值追求。以下说法正确的有（　　）。

   A. 评价人生价值的根本尺度，是看一个人的实践活动是否符合社会发展的客观规律，是否促进了历史的进步

   B. 社会价值的实现总是以个人价值的牺牲为代价

   C. 社会对于个人的价值评判主要是以个人对国家和社会所作的奉献为衡量标准

   D. 人生的自我价值是个体生存和发展的必要条件

5. 复旦大学生命科学学院教授钟扬胸怀科技报国理想，长期致力于生物多样性研究和保护，率领团队在青藏高原为国家种子库收集了数千万颗植物种子；他艰苦援藏16年，足迹遍布西藏最偏远、最艰苦的地区，为西部少数民族地区的人才培养、学科建设和科学研究作出了重要贡献。2017年9月25日，钟扬在赴内蒙古为民族干部授课途中遭遇车祸，不幸逝世，年仅53岁。高尚的人生目的总是与奋斗奉献联系在一起。钟扬的一生体现了"服务人民、奉献社会"的高尚品质。确立服务人民、奉献社会的高尚的人生追求，才能（　　）。

   A. 清楚地把握人生的奋斗目标

   B. 以正确的人生态度对待人生、解决实际生活中的各种问题

   C. 掌握正确的人生价值标准

   D. 懂得人生的价值首先在于奉献

6. 近年来，一些地方政府出于社会利益考虑，准备在某些地点设立垃圾场、核电厂、殡仪馆等设施，这往往引起当地居民或单位的不满，滋生"不要建在我家后院"的心理。"邻避效应"涉及个人与社会的关系问题。个人与社会的关系，最根本的是个人利益与社会利益的关系。社会利益是（　　）。

   A. 社会发展的根本目标

   B. 作为社会成员的个人的根本利益和长远利益的体现

   C. 个人利益得以实现的前提和基础

   D. 所有人利益的有机统一

7. 比较客观、公正、准确地评价社会成员人生价值的大小，除了要掌握科学的标准外，还需要掌握恰当的评价方法，坚持（　　）。

   A. 既要看贡献的大小，也要看尽力的程度

   B. 既要尊重物质贡献，也要尊重精神贡献

   C. 既要注重社会贡献，也要注重自身完善

   D. 既要注重社会地位，也要注重社会影响

8. "文王拘而演《周易》；仲尼厄而作《春秋》；屈原放逐，乃赋《离骚》；左丘失明，

厥有《国语》；孙子膑脚，《兵法》修列；不韦迁蜀，世传《吕览》；韩非囚秦，《说难》《孤愤》；《诗》三百篇，大抵贤圣发愤之所为作也。"司马迁这段话对我们辩证对待人生矛盾，树立正确顺逆观的启发有（　　）。

　　A. 顺境和逆境是人生历程中两种不同的境遇
　　B. 在人生旅途中没有永远的顺境，也没有永远的逆境
　　C. 受磨难而奋进，这是身处逆境的学问
　　D. 有多少逆境，就会有多少顺境

9. 辩证对待人生矛盾，要树立正确的荣辱观。中国古人向来注重荣与辱。以下名言体现出中国古人注重荣与辱的有（　　）。

　　A. "知耻近乎勇"　　　　　　B. "无羞恶之心，非人也"
　　D. "舍生取义"　　　　　　　C. "礼义廉耻，国之四维"

10. 当代大学生承担新时代赋予的历史责任，应当（　　）。

　　A. 与历史同向　　　　　　　B. 与祖国同行
　　C. 与人民同在　　　　　　　D. 与时代同进步

三、判断题

1. 人生观就是人们关于人生目的、人生态度、人生价值等问题的总观点和总看法。　　　　　　　　　　　　　　　　　　　　　　　　　（　　）
2. 人生价值是指人们通过生活实践形成的对人生问题的一种相对稳定的心理倾向和精神状态。　　　　　　　　　　　　　　　　　　　　　　（　　）
3. 人生的社会价值是社会存在和发展的重要条件，人生社会价值的实现是个体自我完善、全面发展的保障。　　　　　　　　　　　　　　　　（　　）
4. 服务人民、奉献社会是高尚的人生追求，与我们普通人无关。（　　）
5. 消费越多证明自身能力越强，也说明人生越幸福。　　　　（　　）

四、简答题

1. 怎样理解马克思主义关于人的本质的认识？
2. 人生目的在人生实践中有着怎样的重要作用？
3. 正确评价人生价值的方法有哪些？

思考与练习

第二章 追求远大理想 坚定崇高信念

姓名： 学号：

一、单项选择题

1. 以下关于理想的看法，正确的选项是（   ）。
   A. 理想是人们对社会实践活动理性认识的结晶
   B. 需要和欲望越多的人理想越远大
   C. 只有近期理想才有实现的可能性，长远理想没有实际意义
   D. 个人的道德理想决定个人的职业理想

2. 理想与现实的关系表现为（   ）。
   A. 有了坚定的信念，理想定能变为现实
   B. 理想只有变成现实才有意义
   C. 理想包含着现实中必然发展的因素
   D. 理想与现实总是矛盾对立的

3. 下列关于信念的看法中错误的是（   ）。
   A. 信念是认知、情感和意志的统一
   B. 信念具有多样性，没有高低层次的分别
   C. 信念是理想实现的保障
   D. 信念可以上升为信仰

4. 一个人抱有坚定的信念，就会全身心地投入到为实现目标而努力奋斗的事业中去，不被诱惑所扰，不为困难所惧，这反映出信念具有（   ）的特征。
   A. 执着性   B. 支撑性
   C. 多样性   D. 科学性

5. 当代中国发展进步的根本制度保障是（   ）。
   A. 中国特色社会主义理论体系   B. 中国特色社会主义制度
   C. 中国特色社会主义道路   D. 中国特色社会主义文化

6. 理想的（   ）不仅体现为它受时代条件的制约，而且体现为它随着时代的发展而发展。
   A. 超越性   B. 实践性
   C. 时代性   D. 多样性

7. 个人理想与社会理想的关系实质上是(　　)关系在理想层面的反映。
   A. 公民与国家　　　　　　　B. 公民与社会
   C. 个人与社会　　　　　　　D. 个人与集体

8. "樱桃好吃树难栽，不下功夫花不开。"理想是美好的，令人向往的，但理想不能自动实现。把理想变为现实的根本途径是(　　)。
   A. 勇于实践、艰苦奋斗　　　B. 认真学习科学理论
   C. 逐步确立坚定信念　　　　D. 大胆畅想美好未来

9. 关于个人理想和社会理想的关系，下列理解中不正确的是(　　)。
   A. 要排斥和抹杀个人理想
   B. 社会理想是个人理想的汇聚和升华
   C. 当社会理想同个人理想有矛盾冲突时，有志气、有抱负的人可以作出最大的自我牺牲，使个人的理想服从于全社会的共同理想
   D. 个人理想的实现依赖于社会理想的指引

10. 理想与现实是对立统一的，二者的矛盾与冲突，属于(　　)的矛盾。
    A. "内容"与"形式"　　　　B. "必然"与"偶然"
    C. "现象"与"本质"　　　　D. "应然"与"实然"

11. (　　)是指社会集体乃至社会全体成员的共同理想，即在全社会占主导地位的共同奋斗目标。
    A. 个人理想　　　　　　　　B. 社会理想
    C. 家庭理想　　　　　　　　D. 职业理想

12. 信仰有盲目和科学之分，以下表述中，属于科学信仰的是(　　)。
    A. 生死有命，富贵在天
    B. 金钱万能，有钱就是一切
    C. 社会只是达到个人目的的一种手段
    D. 共产主义远大理想的实现需要一代又一代人的不懈奋斗和接续努力

13. 理想信念是人类特有的(　　)。
    A. 物质现象　　　　　　　　B. 精神现象
    C. 自然现象　　　　　　　　D. 经济现象

14. 马克思主义深刻揭示了自然界、人类社会、人类思维发展的普遍规律，为人类社会发展指明了方向，这鲜明体现了马克思主义的(　　)。
    A. 科学性　　　　　　　　　B. 坚定性
    C. 实践性　　　　　　　　　D. 时代性

15. 理想信念不是拿来说、拿来唱的，更不是用来装点门面的，只有见诸行动才有说服力。大学生要把(　　)的精神落实到日常的学习、生活和工作中。
    A. 敢于吃苦、勇于奋斗　　　B. 追求金钱至上
    C. 努力当上大官　　　　　　D. 享受佛系人生

二、多项选择题

1. 信念是(　　)的有机统一体，为人们矢志不渝、百折不挠地追求理想目标提供了强大的精神动力。

A. 认知 B. 情感
C. 道德 D. 意志

2. 理想具有（　　）特征。
   A. 超越性 B. 实践性
   C. 时代性 D. 主观性

3. 关于个人理想与社会理想的关系，以下看法中正确的是（　　）。
   A. 个人理想决定社会理想
   B. 社会理想制约着个人理想
   C. 个人理想与社会理想无关
   D. 社会理想的实现体现在个人的实践中

4. 马克思主义作为我们立党立国的根本指导思想，是因为它具有（　　）。
   A. 科学性 B. 人民性
   C. 实践性 D. 开放性

5. 关于共产主义远大理想，以下说法错误的是（　　）。
   A. 共产主义是关于无产阶级解放的学说，同时也是一种现实运动
   B. 共产主义既是面向未来的，又是指向现实的
   C. 共产主义离现实太遥远、太渺茫
   D. 共产主义没有经过实践检验，是无法实现的

6. 现实是此岸，理想是彼岸。大学生要实现人生的美好理想，就要做到（　　）。
   A. 志存高远 B. 敢于担当
   C. 躬身实践 D. 知行合一

7. 如何使理想变为现实（　　）。
   A. 辩证看待理想与现实的矛盾
   B. 自强不息，艰苦奋斗
   C. 靠冒险就能实现理想
   D. 付诸实践，因为实践才是通往理想彼岸的桥梁

8. 理想指引方向，信念决定成败。理想信念可以（　　）。
   A. 昭示奋斗目标 B. 催生前进动力
   C. 提供精神支柱 D. 提高精神境界

三、判断题

1. 理想信念是人类特有的精神现象。（　　）
2. 理想和信念总是相互依存。（　　）
3. 确立什么样的理想，怎样去实现理想，以及理想最终能否实现，跟我们所处的社会与时代其实没什么关系。（　　）
4. 共产主义是现实运动和长远目标相统一的过程。（　　）
5. 马克思主义科学预测了未来社会的理想状态，指明了人类社会的发展方向。共产主义社会是物质财富极大丰富、实现按劳分配、人的精神境界极大提高、每个人自由而全面发展的社会。（　　）

四、简答题

1. 为什么大学生要确立马克思主义信仰?
2. 怎样认识个人理想与社会理想的关系?
3. 当代青年还需要艰苦奋斗吗?

第三章 继承优良传统 弘扬中国精神

姓名： 　　　　　　　　　学号：

一、单项选择题

1. 千百年来，中华民族始终心怀梦想，不懈追求，盘古开天、女娲补天、伏羲画卦、神农尝草、愚公移山等古代神话传说深刻反映了中国人民的（　　）。
   A. 伟大奋斗精神　　　　　　B. 伟大创造精神
   C. 伟大梦想精神　　　　　　D. 伟大团结精神

2. 习近平在纪念五四运动 100 周年大会上的讲话中指出："爱国主义是我们民族精神的核心，是中华民族团结奋斗、自强不息的精神纽带。"对每一个中国人来说，爱国是本分，也是职责，是心之所系、情之所归。对新时代中国青年来说，热爱祖国是立身之本、成才之基。当代中国爱国主义的本质就是（　　）。
   A. 坚持爱国和爱党、爱社会主义高度统一
   B. 维护社会和谐和民族平等的统一
   C. 对民族和文化的归属感、认同感的统一
   D. 坚持立足民族和面向世界的统一

3. 中国特色社会主义进入新时代。为了大力弘扬爱国主义精神，中共中央、国务院印发了《新时代爱国主义教育实施纲要》，明确规定弘扬新时代爱国主义要坚持的着力点是（　　）。
   A. 坚持维护祖国统一和民族团结
   B. 坚持依法治国和以德治国相结合
   C. 坚持立足中国又面向世界
   D. 坚持实现中华民族伟大复兴的中国梦

4. 国家安全一般是指一个国家不受内部和外部的威胁、破坏而保持稳定有序的状态。当前我国国家安全面临的问题非常复杂，因此必须坚持总体国家安全观，其中，要以（　　）为根本。
   A. 政治安全　　　　　　　　B. 经济安全
   C. 人民安全　　　　　　　　D. 军事安全

5. 时代精神是一个国家和民族在新的历史条件下形成和发展的，体现民族特质并顺应时代潮流的思想观念、价值取向、精神风貌和社会风尚的总和。时代精神的内涵十分丰富，其核心在于（　　）。

A. 实事求是 B. 与时俱进
C. 改革创新 D. 自强不息

6. 确立总体国家安全观，必须既重视外部安全、又重视内部安全；既重视国土安全、又重视（　　）安全；既重视传统安全、又重视非传统安全；既重视发展安全、又重视安全问题。

 A. 自身 B. 公民
 C. 国民 D. 人民

7. 闻名世界的都江堰水利工程设计巧妙，将岷江水引入成都平原腹地，打开了成都平原与长江的通道，并在战国以后逐渐演变成以灌溉为主的水利工程，在2000多年中持续使用，使成都平原成为水旱从人、沃野千里的"天府之国"。这体现了中国人民的（　　）。

 A. 伟大创造精神 B. 伟大奋斗精神
 C. 伟大团结精神 D. 伟大梦想精神

8. 古人认为"不义而富且贵，于我如浮云"，强调"道德当身，故不以物惑"，崇尚"一箪食，一瓢饮，在陋巷，人不堪其忧，回也不改其乐"的精神追求。这表现出中华民族（　　）。

 A. 对物质生活与精神生活相互关系的独到理解
 B. 对道德修养的重视
 C. 对理想的不懈追求
 D. 对品德养成的重视

9. 一百年前，中国共产党的先驱们创建了中国共产党，形成了坚持真理、坚守理想，践行初心、担当使命，不怕牺牲、英勇斗争，对党忠诚、不负人民的（　　），这是中国共产党的精神之源。

 A. 伟大革命精神 B. 伟大奉献精神
 C. 伟大奋斗精神 D. 伟大建党精神

10. 当今世界越来越成为你中有我、我中有你的命运共同体。以下选项不正确的是（　　）。

 A. 中国的命运与世界的命运紧密相关
 B. 要维护国家发展主体性
 C. 国家仍然是民族存在的最高组织形式
 D. 可以以一个或几个国家的政治制度、价值观念和意识形态来衡量多样性的世界

11. 实施创新驱动发展战略，必须把创新摆在国家发展全局的核心位置，最紧迫的是要（　　）。

 A. 增强自主创新能力 B. 破除体制机制障碍
 C. 深化科技体制改革 D. 加强国际交流与合作

12. （　　）是一个民族在长期共同生活和社会实践中形成的，为本民族大多数成员所认同的价值取向、思维方式、道德规范、精神气质的总和。

 A. 爱国主义 B. 集体主义
 C. 文化传统 D. 民族精神

13. 下列关于中国共产党人精神谱系的说法，不正确的是（　　）。
   A. "两弹一星"精神、载人航天精神、探月精神在改革开放和社会主义现代化建设新时期形成
   B. 中国共产党领导人民锻造了"上下同心、尽锐出战、精准务实、开拓创新、攻坚克难、不负人民"的脱贫攻坚精神
   C. 矢志不渝的理想信念、人民至上的价值追求、实事求是的思想路线、至诚报国的爱国情怀和不惧牺牲的革命精神是贯穿中国共产党人精神谱系的主线
   D. 中国共产党人精神谱系集中体现了中国共产党的坚定信念、根本宗旨、优良作风

14. 在几千年历史长河中，中国人民始终革故鼎新、自强不息，开发和建设了祖国辽阔秀丽的大好河山，开拓了波涛万顷的辽阔海疆，开垦了物产丰富的广袤粮田，治理了桀骜不驯的千百条大江大河。这些体现了（　　）。
   A. 伟大奋斗精神　　　　　　B. 伟大梦想精神
   C. 伟大创造精神　　　　　　D. 伟大团结精神

15. 爱国主义的基本内涵主要表现在四个方面，检验一个人对祖国忠诚程度的试金石是（　　）。
   A. 对骨肉同胞之爱　　　　　B. 对祖国大好河山之爱
   C. 对祖国灿烂文化之爱　　　D. 对自己国家之爱

二、多项选择题

1. 中华民族崇尚精神的优秀传统，主要表现在（　　）。
   A. 对物质生活与精神生活相互关系的独到理解
   B. 对理想的不懈追求
   C. 对道德修养和道德教化的重视
   D. 对品格养成的重视

2. 民族精神是一个民族在长期共同生活和社会实践中形成的，为本民族大多数成员所认同的（　　）的总和，是一个民族赖以生存和发展的精神支柱。
   A. 价值取向　　　　　　　　B. 生活习惯
   C. 道德规范　　　　　　　　D. 思维方式

3. 爱国主义体现了人民群众对自己祖国的深厚感情，反映了个人对祖国的依存关系，是人们对自己故土家园、民族和文化的归属感、认同感、尊严感与荣誉感的统一。在我国，爱国主义（　　）。
   A. 既是道德要求，又是法律规范
   B. 既继承了优良传统，又具有时代特征
   C. 体现了爱国主义与爱社会主义的一致性
   D. 体现了爱国主义与拥护祖国统一的一致性

4. 以下关于爱国主义说法正确的是（　　）
   A. 当代中国，爱国主义的本质就是坚持爱国和爱党、爱社会主义高度统一
   B. 在5000多年的历史发展进程中，中华民族形成了以爱国主义为核心的民族精神
   C. 在不同历史条件下，爱国主义具有相同的内涵和特点

D. 作为中华儿女，我们要增强做中国人的志气、骨气、底气

5. 改革开放以来，党带领我国人民在继承和弘扬伟大民族精神的基础上，立足新的时代条件，形成了以改革创新为核心的时代精神。这一时代精神体现为（　　）等。
   A. 突破陈规、大胆探索　　　　B. 理想远大、志向坚定
   C. 自强不息、锐意进取　　　　D. 不甘落后、奋勇争先

6. 鲁迅曾说："惟有民魂是值得宝贵的，惟有他发扬起来，中国才有真进步。"中国精神是兴国强国之魂，这是因为（　　）。
   A. 中国精神是激发创新创造的精神动力
   B. 中国精神是凝聚中国力量的精神纽带
   C. 中国精神是推进复兴伟业的精神支柱
   D. 中国精神是政治文明建设的重要内容

7. 新时代大学生置身于实现中华民族伟大复兴的时代洪流之中，勇做改革创新的实践者，首先在树立改革创新的自觉意识上，要求大学生（　　）。
   A. 增强改革创新的责任感
   B. 树立敢于突破陈规的意识
   C. 树立大胆探索未知领域的信心
   D. 增强改革创新的能力本领

8. 坚持（　　），这是两岸关系的政治基础。
   A. 一个中国原则　　　　　　　B. 和平发展
   C. "九二共识"　　　　　　　　D. 交流合作

三、判断题

1. 儒家把"君子""圣人"作为自己的理想人格，道家推崇逍遥于天地之间的"真人""至人"，近代启蒙思想家梁启超呼吁"新民"的理想人格。这些表现出中华民族对品格养成的重视。（　　）
2. 爱国爱党爱社会主义是高度统一的，统一于实现中华民族伟大复兴的历史进程。（　　）
3. 构建人类命运共同体的理念，源于中国，属于中国。（　　）
4. 改革创新是当代中国最显著特征。（　　）
5. 中国精神是民族精神和时代精神的统一。（　　）

四、简答题

1. 中国精神的内涵是什么？
2. 伟大建党精神的主要内容是什么？
3. 大学生如何做改革创新的实践者？
4. 为什么要旗帜鲜明反对历史虚无主义？
5. 如何做新时代的忠诚爱国者？

思考与练习

第四章 明确价值要求 践行价值准则

姓名：　　　　　　　　　　　　学号：

一、单项选择题

1. 在社会主义核心价值观的基本内容中，回答了我们要建设什么样的国家的重大问题的是（　　）。
   A. 富强、民主、文明、和谐
   B. 自由、平等、公正、法治
   C. 爱国、敬业、诚信、友善
   D. 民主、自由、平等、公正

2. 2018年3月，十三届全国人大一次会议把国家倡导社会主义核心价值观正式写入了（　　）。
   A. 宪法　　　　　　　　　　B. 民法总则
   C. 公务员法　　　　　　　　D. 教育法

3. 国家的文化软实力，根本上取决于（　　）的生命力、凝聚力、感召力。
   A. 文化话语权　　　　　　　B. 文化立场
   C. 核心价值观　　　　　　　D. 价值追求

4. 社会主义核心价值观的根本特性是（　　）。
   A. 优越性　　　　　　　　　B. 先进性
   C. 人民性　　　　　　　　　D. 真实性

5. 下列说法不正确的是（　　）。
   A. 社会主义核心价值观倡导的民主是全过程人民民主
   B. 社会主义核心价值观倡导的和谐是人与人、人与社会、人与自然以及人的自我身心的有机统一
   C. 社会主义核心价值观倡导的自由是所有人的自由和绝对的个人自由
   D. 社会主义核心价值观倡导的爱国是把个人价值的实现同推动国家的繁荣发展对接

6. （　　）是当代中国精神的集中体现，是中国特色社会主义道路、理论、制度、文化的价值表达，凝结着全体人民共同的价值追求。
   A. 全人类共同价值　　　　　B. 社会主义核心价值体系
   C. 社会主义核心价值观　　　D. 社会主义先进文化

7. （　　）是最深沉、最持久的情感，是每个公民应当遵循的最基本的价值准则，也是中华民族的优良传统。
   A. 爱国　　　　　　　　B. 敬业
   C. 诚信　　　　　　　　D. 友善

8. （　　）是社会主义核心价值体系的精神内核，它体现了社会主义核心价值体系的根本性质和基本特征，反映了社会主义核心价值体系的丰富内涵和实践要求，是社会主义核心价值体系的高度凝练和集中表达。
   A. 社会主义意识形态　　B. 社会主义核心价值观
   C. 爱国主义　　　　　　D. 科学发展观

9. 党的（　　）提出要倡导富强、民主、文明、和谐，倡导自由、平等、公正、法治，倡导爱国、敬业、诚信、友善，积极培育和践行社会主义核心价值观。
   A. 十七大　　　　　　　B. 十八大
   C. 十九大　　　　　　　D. 二十大

10. 当今世界，文化越来越成为综合国力竞争的重要因素，成为经济社会发展的重要支撑，文化软实力越来越成为争夺发展制高点、道义制高点的关键所在。文化软实力的竞争，本质上是不同文化所代表的（　　）的竞争。
    A. 国家领导人单个人意志　　B. 民主思想
    C. 国家经济实力　　　　　　D. 核心价值观

11. 社会主义核心价值观不是无源之水，无本之木。深深地根植于（　　），是社会主义核心价值观历史底蕴的集中体现。
    A. 中华优秀传统文化
    B. 中国革命、建设、改革过程中的经验总结
    C. 西方普世价值论
    D. 改革开放以来的有益成果

12. （　　）是社会主义核心价值观的实践依据。
    A. 中国特色社会主义道路建设
    B. 中国特色社会主义文化建设
    C. 中国特色社会主义建设
    D. 中国特色社会主义理论建设

13. "名非天造，必从其实"体现了社会主义核心价值观的道义力量源于它的（　　）。
    A. 人民性　　　　　　　B. 科学性
    C. 真实性　　　　　　　D. 广泛性

14. 习近平总书记指出："人生的扣子从一开始要扣好，"与其意思相对应的是（　　）。
    A. 青年的价值观养成十分重要　　B. 对价值观的认识十分重要
    C. 践行价值观十分重要　　　　　D. 价值观引导十分重要

15. （　　）是树立社会主义核心价值观的重要基础。
    A. 勤学　　　　　　　　B. 知识
    C. 立志　　　　　　　　D. 善思

二、多项选择题

1. 以下关于核心价值观说法正确的是（　　）。
   A. 一个民族、一个国家最持久、最深层的力量是社会共同认可的核心价值观
   B. 核心价值观是一定社会形态、社会性质的集中体现，在一个社会的思想观念体系中处于主导地位
   C. 核心价值观是决定文化性质和方向的最深层次要素
   D. 核心价值观既是个人的德，也是国家的德、社会的德

2. 社会主义核心价值观深刻解答了（　　）等重大问题。
   A. 建设什么样的国家　　　　B. 建设什么样的社会
   C. 培育什么样的公民　　　　D. 发展什么样的文化

3. 社会主义核心价值观是（　　）。
   A. 坚持和发展中国特色社会主义的价值遵循
   B. 提高国家文化软实力的迫切要求
   C. 推进社会团结奋进的"最大公约数"
   D. 构建人类命运共同体的行动指南

4. 大学生要努力把社会主义核心价值观的要求变成日常的行为准则，并身体力行地将其推广到全社会，为实现（　　）的中国梦凝聚强大的青春能量。
   A. 国家富强　　　　　　　　B. 民族振兴
   C. 社会和谐　　　　　　　　D. 人民幸福

5. 对于大学生而言，要切实做到（　　），使社会主义核心价值观成为一言一行的基本遵循。
   A. 勤学　　　　　　　　　　B. 修德
   C. 明辨　　　　　　　　　　D. 笃实

6. 社会主义核心价值观反映人类社会发展进步的价值理念，其先进性体现在（　　）
   A. 体现社会主义的本质属性　　B. 扎根中华优秀传统文化土壤
   C. 吸纳世界文明有益成果　　　D. 彰显人民至上的价值立场

7. 中国真诚呼吁世界各国弘扬和平、发展、（　　）的全人类共同价值，促进各国人民相知相亲，尊重世界文明多样性，以文明交流超越文明隔阂、文明互鉴超越文明冲突、文明共存超越文明优越，共同开创人类更加美好的未来。
   A. 公平　　　　　　　　　　B. 正义
   C. 民主　　　　　　　　　　D. 自由

8. 社会主义核心价值观倡导的文明包括（　　）、生态文明，是全面建设社会主义现代化国家的题中应有之义，是实现中华民族伟大复兴的重要支撑。
   A. 物质文明　　　　　　　　B. 政治文明
   C. 精神文明　　　　　　　　D. 社会文明

三、判断题

1. 富强、民族、文明、和谐，反映了人们对美好社会的期望和憧憬，是衡量现代社会是否充满活力又和谐有序的重要标志。这一价值追求回答了我们要建设什么样的社会的重大

问题。( )

2. 当今世界，文化软实力越来越成为争夺发展制高点、道义制高点的关键所在。而核心价值观是文化软实力的灵魂、文化软实力建设的重点。( )

3. 社会主义核心价值观是通过国家强制力来发挥作用的。( )

4. 青年是引风气之先的社会力量。( )

5. 诚信是维系良好人际关系和社会关系的基本价值准则。( )

四、简答题

1. 如何理解社会主义核心价值观的先进性、人民性、真实性？
2. 当代大学生应当如何坚定价值观自信？
3. 联系实际，谈谈当代大学生如何成为社会主义核心价值观的坚定信仰者、积极传播者、模范践行者？
4. 2019年9月29日，中华人民共和国国家勋章和国家荣誉称号颁授仪式在人民大会堂隆重举行。国家颁发国家勋章和国家荣誉称号，对全社会弘扬和践行社会主义核心价值观有何重要意义？

第五章 遵守道德规范 锤炼道德品格

姓名：　　　　　　　　学号：

一、单项选择题

1. 马克思主义伦理学认为道德起源的客观条件是（　　）。
   A. 劳动
   B. 社会关系的形成
   C. 社会分工的出现和发展
   D. 人类自我意识的形成和发展

2. 关于道德的作用和功能，以下说法中错误的是（　　）。
   A. 道德的功能是多元的、多层次的
   B. 道德是一种非强制性规范
   C. 道德发挥作用的性质与社会发展的不同历史阶段相联系
   D. 道德是社会历史发展的最终决定因素

3. 社会主义道德建设的核心是（　　）。
   A. 集体主义
   B. 为人民服务
   C. 精神文明建设
   D. 物质文明建设

4. 关于中国革命道德的内涵，下列说法中错误的是（　　）。
   A. 它是对中国传统美德的继承和发展
   B. 它是马克思主义与中国革命、建设、改革的伟大实践相结合的产物
   C. 它形成于社会主义建设时期
   D. 它是超越了传统道德局限而形成的一种崭新道德

5. 社会公德涵盖了（　　）。
   A. 人与人、人与社会、人与动物之间关系
   B. 人与人、人与社会、人与环境之间关系
   C. 人与人、人与社会、人与自然之间关系
   D. 人与人、人与社会、人与世界之间关系

6. 《诗经》提出"夙夜在公"的道德要求，《尚书》也有"以公灭私，民其允怀"的思想，两者都体现了中华传统美德中（　　）的基本精神。

A. 重视整体利益，强调责任奉献
B. 推崇"仁爱"原则，注重以和为贵
C. 提倡人伦价值，重视道德义务
D. 追求精神境界，向往理想人格

7. 下列不属于公共生活的特征的是（   ）。
   A. 活动范围的广泛性　　　　　B. 活动内容的开放性
   C. 交往对象的复杂性　　　　　D. 活动方式的一致性

8. 下列的内容中不属于网络生活中的道德要求的是（   ）。
   A. 正确使用网络工具　　　　　B. 健康进行网络交往
   C. 实名制登记上网　　　　　　D. 加强网络道德自律

9. 青年马克思在谈到选择职业的理想和价值时曾经写道："如果我们选择了最能为人类福利而劳动的职业，那么，重担就不能把我们压倒，因为这是为大家而献身；那时我们所感到的就不是可怜的、有限的、自私的乐趣，我们的幸福将属于千百万人，我们的事业将默默地、但是永恒发挥作用地存在下去，面对我们的骨灰，高尚的人们将洒下热泪。"这体现了正确的择业观中（   ）的要求。
   A. 树立崇高的职业理想　　　　B. 服从社会发展的需要
   C. 做好充分的择业准备　　　　D. 培养创业的勇气和能力

10. 恋爱中的道德规范不包括（   ）。
    A. 自觉承担责任　　　　　　　B. 尊重人格平等
    C. 文明相亲相爱　　　　　　　D. 不与他人交往

11. 个人品德是个体对某种道德要求认同和践履的结果，集中体现了道德认知、道德情感、道德意志、道德信念和（   ）的内在统一。
    A. 道德实践　　　　　　　　　B. 道德行为
    C. 道德表现　　　　　　　　　D. 道德内容

12. 道德修养是一个循序渐进的过程，古人云："不积跬步，无以至千里；不积小流，无以成江海。"下列名言中与这段话在含义上近似的是（   ）。
    A. 仁远乎哉？我欲仁，斯仁至矣
    B. 勿以善小而不为，勿以恶小而为之
    C. 君子求诸己，小人求诸人
    D. 有能一日用其力于仁矣乎？未见力不足者

13. 在对待传统道德的态度问题上，下列说法正确的是（   ）。
    A. 道德建设的最终目标是要形成以中国传统文化为主体的道德体系
    B. 中国传统道德从整体上在今天已经失去了价值和意义
    C. 必须从整体上对中国传统道德予以否定
    D. 要从文化自觉和文化自信出发，加强对中华传统美德的挖掘和阐发

14. 我们在处理个人与集体、个人与他人的关系时，应当遵循的原则是（   ）。
    A. 主观为自己，客观为他人
    B. 只有集体利益，没有个人利益
    C. 先集体后个人，先他人后自己
    D. 以自我为中心，一切从个人利益出发

15. 马克思说过:"真正的爱情是表现在恋人对他的偶像采取含蓄、谦恭甚至羞涩的态度,而绝不是表现在随意流露热情和过早的亲昵。"他的意思是说,在恋爱过程中双方应( )。
    A. 平等履行道德义务
    B. 把个人纵欲作为爱情的目的
    C. 有高尚的情趣和健康的交往方式
    D. 追求脱离现实生活的"纯精神"关系

二、多项选择题

1. 在道德的功能系统中,道德最基本的功能包括( )。
    A. 认识功能
    B. 规范功能
    C. 评价功能
    D. 调节功能

2. 以下关于中国传统道德的说法,正确的是( )。
    A. 中华传统美德是传统道德的精华
    B. 中华传统美德中蕴含着丰富的中国智慧
    C. 中国传统道德整体上已经失去了价值和意义
    D. 中华传统美德注重道德修养和实践

3. 集体主义是社会主义道德的基本原则,以下对集体主义原则理解正确的是( )。
    A. 社会主义社会中个人利益与集体利益并无冲突
    B. 任何时候个人利益都应绝对服从集体利益
    C. 集体主义以保障个人根本长远利益为目的
    D. 个人正当利益是集体利益的组成部分

4. 择业是指个人依照自己意愿和社会需要,选取自己所从事工作过程。对大学生来说,正确的择业观包括( )。
    A. 树立崇高职业抱负
    B. 服从社会发展需要
    C. 做好充分择业准备
    D. 养成良好行为习惯

5. 美好的爱情总是为人们所渴望和追求,恋爱作为一种人际交往,也必然要受到道德的约束。以下选项中正确的是( )。
    A. 恋爱双方在人格上都是独立的
    B. 恋爱的一方一旦主动追求另一方,相互关系就不平等了
    C. 恋爱关系不同于婚姻关系,不需要为对方承担责任
    D. 恋人出入公共场合所也要遵守社会公德

6. 以下关于中国革命道德当代价值的表述正确的有( )。
    A. 有利于培养良好的社会道德风尚
    B. 有利于引导人们树立正确的道德观
    C. 有利于培育和践行社会主义核心价值观
    D. 有利于加强和巩固社会主义和共产主义的理想信念

7. 孔子曰:"三人行,必有我师焉,择其善者而从,其不善者而改之。"这句话对个人自我修养的启示有( )。
    A. 要善于实践

    B. 要善于学习别人的优点和长处
    C. 与人同行时不要做任何坏事
    D. 发现缺点和错误要及时改正
8. 下列选项中，对于道德的理解，正确的有（　　）。
    A. 道德通过社会舆论、传统习俗和人们的内心信念来维系
    B. 道德属于上层建筑的范畴，是一种特殊的社会意识形态
    C. 道德是阶级社会特有的社会意识形态，所以原始社会没有道德
    D. 道德是对人们的行为进行善恶评价的心理意识、原则规范和行为活动的总和

三、判断题

1. 道德的本质是由经济基础决定的。（　　）
2. 道德修养要与人们改造客观世界和主观世界的实践活动相联系。（　　）
3. 继承和弘扬中华民族优良道德传统是加强社会主义道德建设的内在要求。（　　）
4. 集体主义重视和保证个人的一切利益。（　　）
5. 只有毫不利己、专门利人才是为人民服务。（　　）

四、简答题

1. 运用马克思主义的观点，简述道德的本质。
2. 中国革命道德的主要内容包括哪些？革命道德的当代价值是什么？
3. 大学生如何做到文明使用网络工具？
4. 大学生应该树立怎样的择业观和创业观？
5. 家庭美德的主要内容有哪些？大学生如何为家庭文明建设做出自己的贡献？

思考与练习

第六章 学习法治思想 提升法治素养

姓名：　　　　　　　　　　　学号：

一、单项选择题

1. "法律不但由国家制定和认可，而且由国家强制力保证实施"，这句话的含义是（　　）。
   A. 法律具有国家强制性
   B. 法律是国家机关制定的
   C. 国家强制力是保证法律实施的唯一力量
   D. 法律是由一定物质生活条件决定的

2. 我国社会主义法律是（　　）的主张和人民意志的共同体现。
   A. 个人　　　　　　　　B. 党
   C. 群众　　　　　　　　D. 集体

3. 我国社会主义法律的运行具有（　　）的中国特色。
   A. 明显　　　　　　　　B. 独特
   C. 鲜明　　　　　　　　D. 模糊

4. 习近平法治思想首次被提出并确立为全面依法治国的指导思想和根本遵循是在哪一次会议上？（　　）
   A. 十八届四中全会
   B. 十九届五中全会
   C. 2020年11月中央全面依法治国工作会议
   D. 党的二十大

5. 以下哪项不是习近平法治思想的主要内容？（　　）
   A. 坚持党的领导　　　　B. 坚持人民主体地位
   C. 坚持法律面前人人平等　　D. 坚持司法独立

6. 中国特色社会主义法治道路的核心要义是什么？（　　）
   A. 坚持党的领导　　　　B. 坚持社会主义制度
   C. 坚持三权分立　　　　D. 坚持司法独立

7. 宪法的生命在于：（　　）
   A. 制定　　　　　　　　B. 实施

C. 解释 D. 监督

8. 我国现行宪法是在哪一年通过的？（ ）
   A. 1954 年 B. 1975 年
   C. 1982 年 D. 2019 年

9. 法治思维的基本含义是什么？（ ）
   A. 以法治价值和法治精神为导向的思维模式
   B. 以个人道德标准为导向的思维模式
   C. 以社会公序良俗为导向的思维模式
   D. 以政治权力为导向的思维模式

10. 法治思维是一种逻辑思维，它以（ ）为依托分析问题、处理问题、解决纠纷。
    A. 法律手段与法律方法分析
    B. 情感和直觉
    C. 经验和传统
    D. 权威和指令

11. 法律在人类社会的历史发展中起着重要作用，以下说法正确的是（ ）。
    A. 法律是人类社会永恒的现象
    B. 法律是阶级社会特有的现象
    C. 除非人类消灭，否则法律不会消亡
    D. 社会主义法律不存在阶级性

12. 我国宪法是国家各项制度和法律法规的总依据，这表明（ ）。
    A. 宪法规定了国家根本制度
    B. 宪法规定了人民主权原则
    C. 一切法律、行政法规、地方性法规的制定都必须以宪法为依据，遵循宪法的基本原则，不得与宪法相抵触
    D. 宪法是党和人民意志的集中体现

13. 走中国特色社会主义法治道路，是由（ ）决定的。
    A.《中华人民共和国宪法》 B. 社会主义国家性质
    C.《中华人民共和国民法典》 D. 深厚的人民基础

14. 根据《法治中国建设规划（2020—2025 年）》，（ ）法治国家、法治政府、法治社会基本建成，中国特色社会主义法治体系基本形成，人民平等参与、平等发展权利得到充分保障，国家治理体系和治理能力现代化基本实现。
    A. 2049 年 B. 2039 年
    C. 2025 年 D. 2035 年

二、多项选择题

1. 在保证法律实施的过程中，除了国家以其强制力保证实施外，（ ）也发挥着重要作用。
   A. 法律意识 B. 道德观念
   C. 价值观念 D. 纪律观念

2. 下列哪些因素决定了法律的本质、内容和发展方向？（   ）
   A. 物质资料生产方式　　　　B. 地理环境
   C. 人口因素　　　　　　　　D. 文化传统

3. 我国立法活动必须遵循哪些原则？（   ）
   A. 公正　　　　　　　　　　B. 公平
   C. 公开　　　　　　　　　　D. 透明

4. 全面依法治国的"十一个坚持"中包括哪些内容？（   ）
   A. 坚持党的领导
   B. 坚持法律面前人人平等
   C. 坚持依法治国和以德治国相结合
   D. 坚持司法独立

5. 建设中国特色社会主义法治体系需要形成哪些体系？（   ）
   A. 完备的法律规范体系　　　B. 高效的法治实施体系
   C. 严密的法治监督体系　　　D. 独立的司法体系

6. 以下哪些是加强宪法实施的措施？（   ）
   A. 坚持依宪执政　　　　　　B. 坚持依法立法
   C. 坚持严格执法　　　　　　D. 健全宪法解释机制

7. 法律至上的具体表现包括哪些？（   ）
   A. 法律的普遍适用　　　　　B. 法律的优先适用
   C. 法律的不可违反　　　　　D. 法律根据客观变化的立改废

8. 公平正义主要包括哪些内容？
   A. 权利公平　　　　　　　　B. 机会公平
   C. 规则公平　　　　　　　　D. 救济公平

9. 社会主义法律的运行是法律从创制到实现的过程，它包括（   ）。
   A. 法律制定　　　　　　　　B. 法律执行
   C. 法律适用　　　　　　　　D. 法律遵守

10. 法律权利是指由一定的社会物质生活条件所制约的行为自由，法律义务是由一定的社会物质生活条件所制约的社会责任。以下表述中不正确的是（   ）
    A. 法律权利的行使方式包括直接行使和间接行使
    B. 法律权利是由法律规定的公民应有的权利，因此行使权利是绝对的
    C. 一般来说，行使权利是对自己有利的，而履行义务总是对自己不利的
    D. 法律权利的行使要遵循程序正当原则

11. 坚持中国特色社会主义法治道路必须遵循的原则包括（   ）。
    A. 坚持中国共产党的领导　　B. 坚持改革开放
    C. 坚持人民主体地位　　　　D. 坚持法律面前人人平等

12. 完善党内法规体系的重点内容包括（   ）。
    A. 党的组织法规制度　　　　B. 党的领导法规制度
    C. 党的自身建设法规制度　　D. 党的监督保障法规制度

三、判断题

1. 法律所体现的统治阶级意志具有整体性，不是统治阶级内部个别人的意志，也不是统治者个人意志的简单相加。（ ）
2. 法治思维是基于对正义的尊崇和对公正的信念判断是非、权衡利弊、解决问题的思维方式。（ ）
3. 中国共产党领导是中国特色社会主义最本质的特征。（ ）
4. 公正司法是法治的龙头环节。（ ）
5. 严密的法治监督体系，是以规范和约束权利为重点的监督网络。（ ）
6. 我国社会主义法律是维护人民利益和公民权利的有力武器，是国家机关、社会组织和全体公民的活动规则和行为准绳。（ ）
7. 资本主义法律是资产阶级共同意志的体现，其根本任务是维护工人阶级的政治、经济和社会秩序。（ ）
8. 法律的运行是一个从创制、实施到实现的过程，包括法律制定、法律执行、法律适用、法律遵守等环节。（ ）
9. 全面依法治国是坚持和发展中国特色社会主义的本质要求和重要保障。（ ）
10. 法制是治国理政的基本方式，法制兴则国兴，法制强则国强。（ ）

四、简答题

1. 如何理解社会主义法的特征和本质？
2. 如何理解我国宪法的地位和基本原则？
3. 简述习近平法治思想的主要内容。
4. 大学生应如何提升法治素养？

后 记

本书在 2023 年版《〈思想道德与法治〉学生学习手册》基础上进行了部分修订，以适应一年来国内外形势的变化和"思想道德与法治"课程创新创优创效的需要。及时对教学辅助用书进行修订，充分反映了高校思想政治理论课教学持续深入推进习近平新时代中国特色社会主义思想"三进"、有机融入马克思主义中国化时代化最新成果、锲而不舍保持与时俱进的特色。

本次修订，依据教材和相关学科最新成果，重点对各章"文献阅读""学者论坛""管中窥豹""案例讨论"等专栏的内容进行了更新，对各章"思考与练习"也做了部分修改调整。由于各种原因，其中难免有所疏漏，我们将在今后的修订中不断加以完善。

本书是集体合作的成果，凝聚着教学团队的集体智慧。本次修订，编写组调整了人员及分工。主编由李辽宁、郭绍均担任，负责拟定修订方案以及最后的统稿；陈青、谢卫东任副主编。各部分的编写者分工如下：绪论，李辽宁、吴敏；第一章，陈青、杜敏、李恩；第二章，王丽鸽、王瑕莉、石立春、徐靖焱；第三章，杨兵、申圣超、何艺新；第四章，李建华、郭绍均、陈朝东、王军；第五章，李燕红、张娇阳、阳乐；第六章，谢卫东、李琰、王秋月；附录，黄丽珊。张洪松、李世红参加了 2021 年版的编写工作，对他们的贡献，我们表示感谢！

2018 年我们编写的《〈思想道德修养与法律基础〉学生学习手册》就被列为"四川大学精品立项教材"，2022 年出版的《〈思想道德与法治〉学生学习手册》获评"四川大学校级立项建设教材"，多年来得到四川大学教务处的大力支持和"思想道德与法治"课程师生的高度肯定；四川大学马克思主义学院领导给予编写组以指导和条件保障；四川大学出版社的领导、编辑和工作人员，一直以极大的热情支持着我们，并以辛勤的工作保证了教学用书按时付梓。

作为教学辅助用书，本书汇集了大量文献资料，引用了国内外学者、专家的研究成果，我们都一一注明了原作者和出处，以示对他们的劳动成果的尊重，在此一并表示衷心的感谢！因客观原因，我们无法与本书汇集、引用的文章、著作的原作者直接联系。见书后烦请有关作者与四川大学出版社联系，我们将按规定支付薄酬。

本书编写组
2024 年 7 月 8 日